作者简介

黄 汇

江西上饶人，1979年9月出生。西南政法大学教授，博士生导师，法学博士，新科技法治创新研究中心主任，知识产权保护与人才培养创新工作室领衔专家。中国法学会知识产权法学研究会理事，中国科技法学会常务理事，国家版权局国际版权研究基地兼职研究员，国家社科基金重大项目首席专家，中共重庆市委组织部首批英才计划入选者，重庆市高校第五批优秀人才支持计划入选者，重庆市法学学术技术带头人后备人选。重庆市人民检察院、重庆市第一中级人民法院、重庆市第三中级人民法院等多家机关特约咨询专家。校学术评价委员会委员，《现代法学》杂志副主编。曾先后到美国德州大学奥斯汀分校和韩国东国大学交流访问。在《中国法学》《政法论坛》《现代法学》《法商研究》《法律科学》《法学评论》《法学》《光明日报》《人民日报》以及日本北海道大学《知的财产法公共政策研究》等国内外报刊上共计发表论文六十余篇，多篇论文被《中国社会科学文摘》《新华文摘》《人大复印资料·民商法学》转载摘登。曾获“中国法学优秀成果奖”三等奖（2023）、“国家级教学成果奖”二等奖（2023）、“重庆市社科优秀成果奖”三等奖（2022）、“重庆市教学成果奖”一等奖（2022）、“方德法治研究奖”二等奖（2021）、“钱端升法学研究成果奖”三等奖（2018）、“重庆市政府发展研究”三等奖（2018）以及西南政法大学“西政好老师”奖（2018）、金平教育基金会西南政法大学“永泰”教学贡献奖（2017）和“教书育人”奖（2012）等荣誉奖励十余次。

INTELLECTUAL
PROPERTY

中国知识产权的
理论新建与制度创新

黄 汇◎著

中国法制出版社
CHINA LEGAL PUBLISHING HOUSE

目录

第一编 商标权基础理论探讨

第二编 著作权理论逻辑展开

第三编　理论研讨与制度展望

第一编

商标权基础理论探讨

全球化背景下商标使用地域性原理的公共政策意蕴及体系化理解*

在法律全球化的今天，地域性原则仍然是各国商标立法和司法的根本原则，商标使用地域性的理解和适用问题则是其中的难点。区分商标注册维持使用、侵权使用和在先使用制度的不同价值取向，对其进行语境化和类型化的解读，剖析不同制度的公共政策目标之差异，同时借鉴发达国家商标理论和制度经验探索其适用的科学路径与方法，这不但有助于进一步完善我国商标立法，而且有助于丰富相关司法理论，使我国有关商标使用地域性原理的阐释向着科学化、体系化和逻辑化的方向演进，为我国类似纠纷的科学解决提供统一的方法论基础和解释论基础。

一、商标使用地域性原理的立法原点及价值构造

对商标使用地域性的理解还得从商标权的地域性原理入手。商标权的地域性是指除非有国际条约、多边或双边协定之规定，否则商标权的效力仅及于本国境内。商标权作为一种法定权利，系主权国家公共选择和公共政策的产物，其内容和范围都要受到各国国内法的强制性规定。商标权的地域性原理可追溯至《保护工业产权巴黎公约》第6条有关商标权“独立性”原则的内容。根据该原则，一国为何和如何保护商标权，商标权的取得、维持、变更与丧失之条件以及权利保护的范围、强度和程度等内容，都应由该国的国内法在不违反国际法原则的前提

* 原载《中国法学》2019年第5期，本次选入对标题和部分内容进行了修改。另，本书对所收录文章均有不同程度的修改，以下不再提示。

下自主确定。以地域性为基础建立国际知识产权制度被认为是“19 世纪后期世界政治秩序一个合乎逻辑的结果，即便在当今，每个国家政府在其地域范围内享有主权仍然被认为是构建国际法律和政治秩序的首要原则”①。

商标权具有地域性从根本上是由商标法的地域性决定的。商标法的重要特征之一是国家性，其适用必须以主权国家的地理疆界为范围。以我国注册商标权维持制度为例，能够产生我国《商标法》第 49 条第 2 款意义上维持注册商标专用权效力的使用必须是在我国境内的使用行为，至于在我国境内怎么使用，是在正规的市场上销售，还是在夜市或不定地点叫卖，都不会影响使用的效力。之所以如此，主要是因为注册商标权系依我国商标法产生，因此和权利保留有关的商标使用行为，都应当以我国境内为纽带和连结点。通过商标在我国境内的使用，促成我国产业经济的发展并最终促进我国劳动力就业和社会主义市场经济的繁荣，这样的商标使用行为才能获得我国商标法的肯定性评价。反之，在我国境外的使用并不能产生维持我国境内注册商标专用权之效果。诚如有学者所言，“如果商标的使用与特定的地域范围之间无法建立起联系，那么虽然在事实层面该使用事实确实存在，在法律层面也无法得到法律的承认，产生其应有的影响和意义”②。我国国家商标局在认定具有维持注册效力的使用行为时给出的权威解释也认为“我国《商标法》第 49 条第 2 款所称商标的使用地点应当在中国境内，包括在中国境内从事商品的生产、加工、销售或提供的相关服务”。③ 即通过注册后在我国境内使用商标来补正商标注册时未使用之事实，从而使注册商标权重新奠定在使用这一“权利自然正当”④ 的理论基点上，最终实现国家保护商标权的对价目标。

商标权只能根据各个主权国家的国内法而存在。在知识产权世界里，其发展演绎的规律化进程表现为知识产权化、产权财产化、财产法律化、法律全球化。

---

①［美］弗雷德里克 · M. 阿伯特、［瑞士］托马斯 · 科蒂尔、［澳］弗朗西斯 · 高锐：《世界经济一体化进程中的国际知识产权法（上册）》，王清译，商务印书馆 2014 年版，第 100 页。

② 赵建蕊：《商标使用在 TRIPs 中的体现及在网络环境下的新发展》，中国政法大学出版社 2014 年版，第 13 页。

③ 国家工商行政管理总局商标局、商标评审委员会编著：《商标法理解与适用》，中国工商出版社 2015 年版，第 195 页。

④ 黄汇：《商标权正当性自然法维度的解读——兼对中国〈商标法〉传统理论的澄清与反思》，载《政法论坛》2014 年第 5 期。

知识产权发展至今，知识产权法律全球化的趋势日益明显，并引导着各个国家国内立法进程。其原因可归结为四个方面：知识创新的全球价值认同、知识价值的全球溢出效应、知识资本的全球利益需求、知识保护的国别法治落差。但是知识产权法律全球化绝不等于法律的一体化、统一化和去主权化。虽然随着 TRIPs 等一大批国际公约的诞生，各国的知识产权立法与实施越来越趋于一致，但知识产权的确立与保护仍然是各国主权范围内的事。[①] 各国的国内法仍是包括商标权在内的各种知识产权权利划定、权利分配和权利边界确认的重要依据。诚如有国际法学者所言：“尽管知识产权国际公约创造了一体化的规范，但它并非统一立法，缔约国仍然保留了相当大的灵活性以决定是否将这些规定纳入其本国法律体系。”[②] 因此，在法律全球化的今天，地域性原则仍坚如磐石。以各个国家的地理疆界和司法主权为限保护商标权，仍然是各国商标立法和司法的基本立足点和出发点。这既源于现代商标法国家竞争工具的禀赋和主权国家属地管辖优越性的特征，也是商标法作为一种制度文明之社会历史根源的必然要求。正是在这三种因素的共同作用下，商标权的地域性特征至今仍牢不可破。

二、地域性原理在注册维持使用制度中的理论突破与制度反思

虽然商标权地域性原理并不复杂，但结合商标使用的具体形态，因不同使用制度的政策目标存有巨大差异，故对其适用方法和理解立场亦存在很大不同。选择何种解释方法以符合每项制度之本意，不但涉及对每种商标使用制度的正确理解逻辑还涉及法解释技术问题，关系到不同知识产权公共政策在每种商标使用制度中的正确贯彻与落实。因此，殊值学理认真探讨。

（一）对地域性的合理突破：视出口为合法使用

我国《商标法》第 49 条明确规定了注册维持使用制度，即通常所说的 3 年不使用即撤销制度，但《商标法》并未从地域性的角度明确何种地域范围的使用才是有效的，这在实践中引起了巨大的争议。争议焦点之一即我国商标行政管理部

---

① 参见高光伟：《走进商标，走进商标法》，人民出版社 2004 年版，第 334 页。

② 何隽：《全球化时代知识产权制度的走向：趋同、存异与变通》，载《比较法研究》2013 年第 6 期。

门能否以企业在国内注册了商标但因其商标产品3年未在我国境内使用而是出口到境外销售为理由，撤销其境内的商标注册。直至2018年，最高人民法院再审“定牌加工‘USAPRO’商标争议案”，[①]学界仍有争议。笔者认为，对此类案件不可教条化地适用商标使用地域性原理。理由在于：首先，在国家鼓励企业走出国门，尤其是在当前我国实施“一带一路”倡议的背景下，很多出口型企业的目标就是境外市场，如果因商标商品3年未在我国境内销售即撤销其注册商标专用权，对该类企业非常不公平。而且如果商标因3年未使用被撤销，该商标在国内被其他主体注册的话，其产品就可能因商标侵权在国内被海关提前扣留，这显然不利于越来越多外向型企业走出国门、开拓全球市场。[②]而“众所周知，出口、投资、消费是拉动我国经济增长的三驾马车，因商标撤销导致出口经济受损既不符合我国企业‘走出去’战略的实施，也不利于社会主义市场经济的发展”[③]。其次，《商标注册马德里协定》第6条规定了国际注册的“中心打击”原则，即“在5年期间内，如国际注册的申请人在原国内的申请遭到质疑并在此后失去效力，不管是整体还是部分而言，其根据马德里协定获得的保护在所有的其他国家也就失去效力”[④]。这对我国出口型企业极为不利，因而，教条化地适用商标使用地域性原理将导致其国际注册被质疑，甚而产生“多米诺骨牌”效应，并最终影响其出口贸易。

为鼓励出口型企业输出商标产品以占领国际市场，一些国家的商标法灵活突破了使用的地域性要求，将商标产品出口境外的行为也包括在了有效的使用范围之内。典型者如《法国知识产权法典》第L.714–5条第2款第（c）项、《英国商标法》第46条之（2）和《意大利商标法》第42条之（2）的规定。而早在2011年，国际保护知识产权协会（AIPPI）于印度海德拉巴德召开的“为维持注册保护的商标真实的使用要求”国际大会上，与会者也达成一致意见，认为“仅为出

---

① 参见最高人民法院（2018）最高法行申第8135号行政裁定书。本书所选取的案例皆出自中国裁判文书网等公开来源，以下不再另作提示。

② 参见黄汇：《公共政策衡量视角下商标权地域性原则的突破》，载《人民法院报》2015年7月29日第7版。

③ 张凌博：《地域性原则在商标授权确权行政诉讼中的适用与突破》，载《中华商标》2018年第8期。

④［英］杰里米·菲利普斯：《商标法：实证性分析》，马强主译，中国人民大学出版社2014年版，第386页。

口目的的商品制造行为，也被认为是对所贴附商标的真实商业使用行为”[①]。近年来，我国这方面的代表性案例除2014年最高人民法院提审的“贴牌加工‘mine’商标案”[②]外，当属北京市高级人民法院审理的“‘SCALEXTRIC’案”，该案判决明确指出，“虽然来料加工的成品并未实际进入中国大陆市场流通领域，但如果不认定来料加工行为构成商标使用，相关商标权将会因未使用而被撤销，这既不公平也与国家的贸易政策严重相违背，这并不利于我国外向型企业的发展”[③]。笔者认为，无论是从公平正当、保护企业出口、促进我国外向型经济发展的角度看，还是从与范式国家商标法全面接轨的角度看，该判决都值得肯定。

当然，从法解释学的立场来看，之所以应当将出口型企业商标产品“出口”到境外市场销售的行为也“视为”有效的商标使用行为，是因为真实的“意图使用”也属于商标法上的使用，可以产生维持注册商标权的效力。对出口型企业而言，其在国内加工贴附商标的下一步即是将商标产品出口到境外市场销售，因此国内的贴牌加工行为已足以表明其具有真实使用商标的意图，从而与一般的以维护注册垄断特权为目的的“象征性使用”完全有别，将其纳入得以维持注册商标专用权效力的范围并不扭曲该制度之本意。对此，正如北京知识产权法院在审理“定牌加工‘SODA’商标行政复议案”时所作的裁决：“虽然商标产品直接出口至国外未进入中国市场流通领域，但因其生产行为仍发生在中国。这种行为实质上是在积极使用商标而非闲置商标，符合我国商法的相关规定。”[④]也就是说，注册维持使用制度遵循的是“我用故我在”而非“我注故我在”的原理，其目的是激活已有的商标资源，而非使越来越多的注册商标落入被撤销之境地。与其他制度不同，注册维持之使用考察的重心在于使用人是否有真实使用商标的意图。“任何能够体现商标注册人使用意图的行为，均可构成该条规定的使用，而不必拘泥于具体的使用形式。”[⑤]

---

① 胡刚：《仅为出口的贴牌加工中商标使用的法律问题——近期相关司法判例解读》，载《中国专利与商标》2013年第2期。

② 参见最高人民法院（2014）行提字第30号行政判决书。

③ 北京市高级人民法院（2010）高行终字第265号行政判决书。

④ 北京市知识产权法院（2015）京知行初字第5119号民事判决书。

⑤ 曹佳音：《我国商标法中“商标使用”概念辨析——以贴牌加工为线索》，载《北方法学》2016年第2期。

实际上，从比较法视角看，在商标注册维持使用问题上，欧盟的判例法法律实践经验较为丰富。比如在“Ansul BV v. Ajax Brandbeveiliging BV 案”中，欧盟法院就认为：“某些情况下，如果已注册的商品曾经被销售但不再流通时也可以视为实际使用，只要商标权人持续以注册商标使用在其销售的原始商品整体之部分或部件上也构成商标在原始商品上的实际使用。起同样效果的是，原始商品的保养或维修服务甚至也可视为在相关原始商品上商标的实际使用。”[①] 因此，结合到使用地域性原理，视“出口”行为为有效的商标使用行为并产生维持我国境内注册商标权之效力，完全是法律的一种拟制，并非商标法的常态。在很大程度上，这是基于我国世界工厂地位对出口型企业的一种保护性制度设计和制度安排，否则，中国制造将难以走出国门，也与我国当下正在实施的“一带一路”倡议难以吻合。

（二）对突破地域性的反思：“相关公众”的扩大解释

针对注册维持使用，另一个值得讨论的问题是：法院能否突破地域性原理，通过扩大解释“相关公众”的范围，将境外的消费者也视为“相关公众”，进而认为在境外的商标使用行为亦构成在我国境内的使用，使之得以产生维持我国境内注册商标权之效果？我国曾有过类似案例，典型者如 2016 年的“‘Roadage’商标案”，浙江省高级人民法院再审时就以原被告双方的商标产品将出口到墨西哥市场销售、将在墨西哥市场导致消费者的混淆可能性为由，作为判定国内侵权的依据。[②] 该案系商标侵权案件，但其对注册维持制度是否具有借鉴意义？笔者认为，答案是否定的。理由在于，根据商标使用的地域性原理，能产生维持注册商标权效力的使用原则上必须是发生在注册国境内的使用行为，即可增进注册保护国境内消费者的福利，并促进其产业经济的发展的使用行为。外向型企业将商标产品出口到境外的行为也被“视为”商标使用行为完全是基于一国国家利益和公共政策所作的制度安排，并非商标使用效力的常态。

与我国不同，德国采取“注册取得”和“使用取得”二元并存的制度模式。《德国商标法》第 26 条第（1）项是有关商标使用的原则性规定：“因注册商标或注册

---

① *Ansul BV v. Ajax Brandbeveiliging BV*, Case C–40 /01, [2003] ERCI–2439.

② 参见浙江省高级人民法院（2016）浙民再字第 121 号民事判决书。

的维持提出的请求取决于该商标的使用，所有人必须在本国范围内将商标真正使用于注册的商品或服务上，除非有不使用的正当理由。”也就是说，按照《德国商标法》第 26 条第（1）项的规定，不管是申请注册时的使用还是注册维持之使用，原则上都必须在德国境内完成，该条后面各项才是“视为使用”的情况，包括第 26 条第（4）项规定的将为出口目的在德国境内贴附商标的行为“视为”合法使用的情形。笔者认为，德国的做法实际上非常合理。因为，不管是注册时的使用还是注册维持之使用都具有赋权性质（注册维持之使用不过是注册赋权的反面表达而已），所以都必须以商标在本国的实际使用为前提。

我国《商标法》第 1 条规定：“为了加强商标管理，保护商标专用权，促使生产、经营者保证商品和服务的质量……促进社会主义市场经济的发展，特制定本法。”依笔者之见，“促进社会主义市场经济的发展”的表述就明确表达了我国商标使用的属地性，强调了商标应在中国境内使用的地域范围要求。之所以如此，是因为国家为保护注册商标权花费了巨大的制度成本（包括国家成立市场监督管理部门对注册商标进行授权审查以及国家的公安、海关、检察院、法院、边境、检验检疫等部门对注册商标的行政和司法保护成本），其意图换取的“对价”利益就是通过商标在境内使用，增进本国消费者的福利，促进本国产业文化的进步。[①] 相反，针对境外消费者的使用不足以形成我国境内的商标权，也不足以产生维持我国境内注册商标专用权的效力。就像有学者所说，“商标的本国使用是对商标使用的地域范围要求”[②]，商标的使用必须与特定的空间，即特定的国家和地区相关联，才能够进行相应的法律评价。否则，商标使用如果离开了基本的属地依归和属地原则，主权国家的商标法将难以实现其立法旨趣和目标。

实际上，“‘Roadage’商标案”中，法院的裁判之所以受到学术界诟病，还在于从比较法视角看，即使是针对侵权使用，也必须以商标使用导致本国境内相关公众的“混淆误认”为考察对象，而不能突破地域性原理以进口国（或者说目的国）相关公众为考察对象。比如，就涉案商品和商标分别出口、在欧盟境外贴附商标的“Beautimatic International Ltdv. Mitchel International Pharmaceuticals Ltd

① 参见［日］田村善之：《日本知识产权法》（第 4 版），周超、李雨峰、李希同译，知识产权出版社 2011 年版，第 4 页。

② 赵建蕊：《商标使用在 TRIPs 中的体现及在网络环境下的新发展》，中国政法大学出版社 2014 年版，第 13 页。

案"[①]，针对该境外贴牌加工行为究竟是否构成对欧盟境内商标权人的侵权，欧洲有学者就明确指出："这种案件的混淆可能性究竟如何评估，我们所能确定的是，由于这种附加行为依据的是《欧共体商标法》，因此是否导致消费者的混淆要考虑的应是欧盟境内的公众。"[②]反之，如果以目的国相关公众混淆与否作为评估依据，则不免与商标法的地域性原则相冲突。

由此可见，因注册维持之使用具有保留注册赋权的功能，所以注册人对商标的使用就必须与注册保护国领土之间产生积极正面、客观稳定和合法有效的联系，通过使用，在注册国境内产生声誉影响并成就商誉价值，最终促进该国产业经济的进步和商业文明的发达。因为，当代国际社会由国家构成，只要有国家的存在，作为维护以领土和主权为特征的国家利益就有其合法性，即便"当前的全球一体化和国际化亦不能抹杀以民族国家为单位的交往和竞争格局"[③]。因此，在注册维持使用上强调商标使用的本土性无疑是国家之间经济竞争的必然要求，也是一国维护其商标权主权和商标法立法目标的必然要求和具体体现。

三、地域性原理在"在先使用"制度中的适用立场与解释逻辑

不仅在注册维持使用制度中，在"在先使用"制度中，地域性原理的理解与适用也十分复杂，需要学理加以探讨。我国对在先使用商标的保护主要限于"在先使用有一定影响"者，立法上体现在我国《商标法》第 32 条和第 59 条第 3 款的规定。但这两个条款实际上存有本质区别：前者系注册禁止条款，主要体现为对在先使用有一定影响商标的所有人禁止他人注册的保护，是一种消极保护；后者则属于具有一定程度赋权性质的先用权条款，赋予了在先使用有一定影响商标的所有人在他人注册商标后在原有范围继续使用商标的权利，是一种积极保护。虽然二者都以保护在先有一定影响的商标为旨趣，但二者的立法目标并不完全一致：前者以遏制非诚信的"抢注"为目的，后者则以平衡注册人与在先使用人的

---

① *See Beautimatic International Ltd v. Mitchel Internationl Pharmaceuticals Ltd and another*, [1999] ETMR912.

②［英］查尔斯·吉伦:《简明欧洲商标与外观设计法》，李琛、赵湘乐、汪泽译，商务印书馆 2017 年版，第 86 页。

③ 徐迅:《民族主义》(第 2 版)，东方出版社 2015 年版，第 263 页。

利益为旨趣。[①] 结合到使用地域性原理，这里最值得探讨的是“境外使用产生一定影响的商标”能否超越地域性原理而被纳入它们各自的调整范围。这同样存在法解释技术问题——如何选择正确的解释原则和解释方法方能符合二者的本意，同样需要进行法理上的剖析。

（一）地域性原理在消极“在先使用”制度中的适用立场

如前所述，我国《商标法》第 32 条属于注册禁止条款，意在禁止第三人以不正当手段将他人在先有一定影响的商标恶意抢注。[②] 但对于“境外使用在我国相关公众产生一定影响的商标”，其所有人能否启用我国《商标法》第 32 条规定禁止他人注册，学界仍存有争议。有学者就明确认为，依据我国《商标法》第 32 条规定，排除他人抢注的在先商标指的是“在中国境内在先使用并有一定影响者；反之，境外在先使用并有一定影响但如果未在中国境内使用，不宜依据该条款加以保护，甚至也不能依据我国《商标法》第 44 条第 1 款‘禁止以其他不正当竞争手段’的规定给予保护”[③]。笔者认为，此见解仍有商榷余地。

第一，我国《商标法》第 32 条之规定系对《商标法》第 7 条商标申请注册和使用应遵循“诚实信用”原则的逻辑贯彻。所谓诚实信用者，指的是“同一时空下人类社会多数众人超乎条文规范之秩序，所共同认同、期相遵循之社会生活规范”[④]。对于在先使用有一定影响商标消极的、具有禁止权能的保护显然不应有地域性要求。不管是境内使用者还是境外使用者，只要其商标在我国境内的相关公众中产生了一定影响，就应当有权禁止他人的恶意抢注。否则，在诚实信用这一价值的维护上，我国将违反 TRIPs 所要求的“国民待遇”原则，容易受到国际社会的诟病。

第二，从比较立法例看，将在先使用有一定影响的商标扩及境外使用者的做法，国际上不乏其例。比如《比、荷、卢经济统一联盟商标法》第 4 条第（6）项之 2、《韩国商标法》第 7 条第（1）项之 12、《日本商标法》第 4 条第（1）项之 19 都采取该做法。根据日本著名学者富田彻男先生之解释，《日本商标法》之所

---

① 参见程德理:《在先使用商标的“有一定影响”认定研究》，载《知识产权》2018 年第 11 期。

② 参见郎胜主编:《中华人民共和国商标法释义》，法律出版社 2013 年版，第 66—67 页。

③ 孔祥俊:《商标法适用的基本问题》（增订版），中国法制出版社 2014 年版，第 113 页。

④ 曾世雄:《民法总则之现在与未来》，中国政法大学出版社 2001 年版，第 39 页。

以采行该规定，“概因日本每年都有数百万人出国，这些人在国外看到过多种有影响的商标，如果把被广泛认识的范围仅局限在日本国内，那些在外国有名但在日本尚未被注册的商标将会被全部在日本注册。历史上，就曾发生过尚未在日本注册的外国商标被日本人模仿使用，因而遭到了外国驻日本大使馆抗议的事情”。因此，“为防止外国著名商标在日本境内被大量注册，才有了不管世界上任何地区的商标，只要它被广泛认识，就不允许其在日本国内注册的规定”[①]。《韩国商标法》第 7 条第 1 款第 12 项采取了同样的立场。因为，若不对本国或本地区之外的在先使用有一定影响商标加以保护的话，除会导致民事主体基于不正当竞争目的“抢注”外，还可能导致相关公众对商品的来源产生混淆误认，使其误以为所购之商品来源于本国或本地区之外的商标所有人，实际上却为本国或本地区内的注册人提供。总之，对在先有一定影响商标的保护系基于“民法上诚实信用原则、防止消费者混淆和反对不公平竞争行为”这三重目的之考量，赋予在先商标所有人遭他人不法“抢注”时以权利救济之机会。

如果认为“境外在先使用有一定影响商标”值得保护，其保护范围究竟多大才合适？是如《日本商标法》第 4 条第（1）项之 19 那样，只要是“在相同或近似商品上且以不正当目的使用商标就应当禁止注册，至于该商标是为日本境内相关公众还是为外国消费者间所广泛认知均在所不问”；还是无论境内或境外使用，在先商标都必须在我国境内相关公众当中产生影响，否则不能获得保护？笔者认为，宜采后者之立场。理由在于，我国《商标法》第 32 条对“在先使用有一定影响商标”的保护应以禁止不正当竞争目的的抢注为限。反之，如果在先使用商标仅在境外相关公众当中产生了影响而境内消费者根本无从知悉，第三人的注册就难谓“恶意”了。我国《商标法》第 32 条显然不能适用规制善意的注册者。该观点亦已得到了我国 2016 年新颁布的《商标审理及审查标准》的支持，考虑到对境外有一定影响商标的保护之不足，该标准第 3.2 部分在对我国《商标法》第 32 条进行解释时，特别增加了一款规定，即“当事人提交的域外证据材料能够证明该商标为中国相关公众所知晓的，应当予以采信”。其中，“中国相关公众所知晓”的要求就明确表明了，在境外使用产生一定影响的商标，只有其影响力

---

①[日]富田彻男：《市场竞争中的知识产权》，廖正衡、张明国、徐书绅、金路译，商务印书馆 2017 年版，第 29 页以下。

辐射到中国境内的相关公众时才能获得保护，从而体现出商标保护中国属地的基本要求。

此外，从解释学的进路来看，我们需要特别区分我国《商标法》第 32 条和第 13 条的规定。虽然这两条都系对未注册商标之保护，但前者系对“在先有一定影响商标”的保护，后者系对“在先未注册驰名商标”的保护；前者属于各国国内商标法自由创设的结果，后者则源于《保护工业产权巴黎公约》第 6 条之（2）的强制规定。根据奥地利学者博登浩森先生对《保护工业产权巴黎公约》第 6 条之（2）的解读，对境外驰名商标的保护不必以商标在有关国家的商业中人尽皆知为前提，也不必以申请或获得与驰名商标利益相冲突的注册人或使用人实际知晓该未注册驰名商标的存在为前提。[①]也就是说，对境外在先驰名商标的保护是绝对的。不管境内注册者是否知悉该驰名商标的存在，其所有人都有权禁止第三人在成员国注册。但我国《商标法》第 32 条对在先有一定影响商标的保护是相对的，其意在禁止的是第三人以不正当手段的恶意抢注，在对在先有一定影响商标进行保护时，“商标的一定影响不仅应及于特定地域内的相关公众，还应及于被异议人”[②]。因此，根据举重以明轻的法理，即使认为境外在先使用有一定影响商标的所有人可以动用我国《商标法》第 32 条来保护，但如《日本商标法》第 4 条第（1）项之 19 那样将保护范围扩大至“仅为外国消费者广泛认知者”也显然并不合理。因为，即使是对境外在先驰名商标之保护也并非说无须本国相关公众对商标的认知，而只是无须“人尽皆知”而已。我国《商标法》第 32 条中对境外在先有一定影响商标的保护显然不能比对在先驰名商标的保护水平更高。

不过，究竟如何认定“通过境外使用在我国境内相关公众当中产生了一定影响的商标”才更为合理？是否包括境外所有人的商品或服务虽未在我国境内销售和推广使用，但通过跨境“广告宣传”之方式使其商标在我国消费者当中产生了一定影响的情形？笔者认为应当包括。因为，即便是对境外未注册驰名商标之保护，TRIPs 第 16 条第 2 款区别于《保护工业产权巴黎公约》第 6 条之 2 的地方就在于，它将境外未注册驰名商标所有人虽未在成员国销售商品但通过“广告宣传”

---

① 参见［奥地利］博登浩森：《保护工业产权巴黎公约指南》，汤宗舜、段瑞林译，中国人民大学出版社 2003 年版，第 59 页以下。

② 冯晓青、罗晓霞：《在先使用有一定影响的未注册商标的保护研究》，载《学海》2012 年第 5 期。

在成员国驰名的情况也包括在内了。① 笔者认为，随着全球跨境电子商务的迅猛发展，境外商标通过跨境宣传在我国境内消费者当中产生一定影响者将越来越普遍，将它们排除在外显然不合时宜。只不过在跨境“广告宣传”的认定方面，我们宜借鉴英国之做法，“要求这种宣传必须以本国（中国）的消费者为目标才构成有效的商标使用行为”②。反之，境外商标所有人如果只是泛泛地针对全球目标客户所进行的广告宣传，则不能被认为是有效的商标使用行为，难以获得我国《商标法》第 32 条的保护。③

至于“境外在先有一定影响商标所有人可得禁止他人注册的商品范围”究竟多大才合理？是仅适用于相同或类似商品还是可不受商品类别的限制？我国《商标法》第 32 条对此并未明确规定。笔者认为，其范围应和我国《商标法》第 59 条第 3 款的规定保持一致，即应以相同商品或类似商品为限。否则易造成与我国《商标法》第 13 条之间的价值冲突。我国《商标法》第 13 条对于未注册驰名商标之保护也仅限于“在相同或类似商品上”，对境内外在先有一定影响商标的保护自然不得扩大到所有商品上。

（二）地域性原理在积极“在先使用”制度中的适用立场

对在先使用的积极保护主要体现为我国《商标法》第 59 条第 3 款之规定，它赋予在先商标所有人以继续使用商标的权利。不过，学界对《商标法》第 59 条第 3 款的性质究竟如何仍有争议。有认为属于先用权者，也有认为属于侵权抗辩者。④ 笔者倾向于先用权说。因为权利有实证权利和道德权利之分，前者依据法律条文的经验事实产生，后者则诉诸伦理的正当。但不管权利生成的程序如何，都不影响它们在等级次序上存在差异。⑤ 对在先有一定影响的商标通过“先用权”进行

① 参见［美］弗雷德里克·M. 阿伯特、［瑞士］托马斯·科蒂尔、［澳］弗朗西斯·高锐：《世界经济一体化进程中的国际知识产权法（上册）》，王清译，商务印书馆 2014 年版，第 523 页。

② *L'Oreal Sa & Ors v. Ebay Internatinonal Ag & Ors*, [2009] EWHC1094 (ch), a402.

③ 比如，不以中文方式而是使用其他语言所进行的广告宣传，就不能认为是针对我国境内相关公众所进行的广告宣传，其商标也难以被认定为我国《商标法》第 32 条规定的在先有一定影响的商标。

④ 参见杜颖：《商标先使用权解读——〈商标法〉第 59 条第 3 款的理解与适用》，载《中外法学》2014 年第 5 期。

⑤ 参见谢晓尧：《竞争秩序的道德解读：反不正当竞争法研究》，法律出版社 2005 年版，第 121 页。

保护具有道德上的正当性，即它将使在先使用人“因对在先商标的持续使用而赢得的商誉不至于因注册商标的出现归于无效”[①]。我国《商标法》第 59 条第 3 款亦从实证法的角度表明了该立场。虽然该条款未使用“先用权”之表达，而是规定“注册商标专用权人无权禁止他人在原使用范围内继续使用商标”，但笔者认为，“无权禁止”的反面表达即为有权使用。此外，从法理上看，所谓权利者包含四个本质的要素，即“主体的行为意志自由要素，主体的肯定性利益能力要素，社会评价的正当性要素以及社会规范的认同和保障要素”[②]，对在先有一定影响商标所有人而言，这四项要素皆具备。因此，将我国《商标法》“在先商标所有人继续使用商标的权益”定位为一种权利并无法理上之障碍。这大概是《日本商标法》第 32 条明确将在先商标所有人继续使用商标的法益定位为“权利”的重要原因。

既然我国《商标法》第 59 条第 3 款具有一定的赋权性质，赋予了在先商标所有人“先用权”，那么对其使用的要求显然应该更高，即同样必须在我国境内完成，且须对我国社会主义市场经济的进步做出贡献。从比较法上看，美国强调本土优先、实行严格的“先使用取得”制度，其立法明确要求所有的在先使用行为都必须在美国境内完成。例如，依据美国联邦宪法贸易条款制定的《兰哈姆法》第 1051 条（a）就明确要求：“在美国，联邦商标的权利取决于某一标识在洲际贸易中的采纳和使用。”[③]“商标之使用须在美国境内进行，从而促进美国洲际贸易的发展。”[④]反之，当事人在境外使用商标与其在美国境内创设商标权利的愿望无涉，因而不适用“先使用取得”。英国的普通法也采取同样之立场，比如在“Bernardin (Alain) et Cie v. Pavilion Properties Ltd 案”中，法院就认为，商标之商誉若想在英国得到保护，就必须和英国本土的消费者产生实际联系，当国外知名公司并未对本土消费者提供商品或服务时，尽管因国际物流、跨境旅游或互联网等使其商标在英国享有了声

① 王莲峰：《论对善意在先使用商标的保护——以“杜家鸡”商标侵权案为视角》，载《法学》2011 年第 12 期。

② 管从进：《权利四要素论》，载《甘肃政法学院学报》2009 年第 2 期。

③［美］谢尔登·W. 哈尔彭、克雷格·艾伦·纳德、肯尼思·L. 波特：《美国知识产权法原理》，宋慧献译，商务印书馆 2013 年版，第 355 页。

④ J. Thomas Mc Carthy, *Mc Carthy on the Trademarks and Unfair Competition*, § 17: 9 (Eagan: Thomson / West, 2008).

誉，但只要商标权人并未在英国本土经营，该种声誉也难以转化为商誉，从而获得普通法上的先用权保护。[①] 除美国、英国外，韩国商标法同样如此规定。《韩国商标法》第 7 条第 1 款第 12 项与我国《商标法》第 32 条类似，属于注册禁止条款，即并不要求商标在韩国境内使用。但该法第 57 条之 3 在规定“善意的在先使用商标”时（类似于我国《商标法》第 59 条第 3 款）则要求这种使用须在韩国境内完成。笔者认为，这种区分非常必要且极为合理。它不但使境外的先用权人可以对境内的不当注册提出异议和宣告无效，还使本国的注册商标权人始终背负一个境外的“先用权”负担，这显然不合理。

若一国如彻底放弃了知识产权的地域性，将意味着其完全放弃了知识产权保护的自主权，这将导致众多外国的知识产权主导本国市场，[②] 却使本国人的知识产权处于不受保护的公共领域境地，显然不利于激励国民的创新。因此，从解释学的立场来看，即使认可境外在先使用在我国境内产生了一定影响的商标可以获得我国《商标法》第 32 条禁止他人注册的消极保护，亦不能认为其同时获得了我国《商标法》第 59 条第 3 款意义上的“先用权”保护。国内有学者认为，我国《商标法》第 32 条和第 59 条第 3 款之间可以转换适用，即依据第 32 条享有禁止抢注消极权能的在先商标所有人如果未来得及撤销在后注册的话，仍然可根据我国《商标法》第 59 条第 3 款的规定享有继续使用的权利（先用权）。[③] 该观点如果仅做狭隘理解，即认为《商标法》第 32 条仅保护境内在先有一定影响商标的话，尚可成立；反之，如果认为不限于此而应包括对境外在先有一定影响商标之保护，就非常值得斟酌了。因为，无论从范式国家的商标法还是从激励本国人民创新的角度看，先用权显然都不能赋予外国商标所有人，否则，既不利于一国商标权管辖主权的实现，也不利于国家竞争能力的提升和创新收益的最大化。

四、地域性原理在侵权使用制度中的辩证理解与解读立场

对侵权使用地域性原理的理解，当前最具争议的问题莫过于标准定牌加工

① 参见董美根：《英国商誉保护对我国商标专用权保护之借鉴》，载《知识产权》2017 年第 5 期。

② 参见冯术杰、于延晓：《知识产权地域性的成因及其发展》，载《长白学刊》2004 年第 6 期。

③ 参见程德理：《在先使用商标的“有一定影响”认定研究》，载《知识产权》2018 年第 11 期。

（OEM）案件，即境内外就定牌加工产品分别有不同的商标权人，境内的加工方只负责贴牌生产，贴牌产品将全部出口到境外委托人所在的市场销售的情形。当前的争议在于：我国法院适用我国商标法，认定贴牌加工行为构成对境内商标权人的侵权并禁止有关产品的“出口”是否合理？笔者认为，鉴于国内的定牌加工方只负责加工生产，贴牌产品将全部出口到境外市场销售，因此不宜适用我国商标法对定牌加工产品的“出口”行为加以禁止的规定。结合到商标使用地域性原理，仍有许多理论问题需在此加以澄清。

（一）地域性原理与商标使用侵权混淆可能性之阻却

有观点提到，对商标侵权的认定只要有我国境内消费者发生“混淆可能性”就可以，不必有消费者实际混淆的发生。[①] 因为“实际混淆影响的只是商标侵权损害赔偿的主张，寻求禁令救济只需证明消费者有混淆可能性为已足”[②]。否则如何解释市场监管部门在侵权商品尚未出厂销售前，就可以对其进行查处。对商标侵权而言，“如果要求实际混淆，对于在产生严重损害前即需要采取保护行动的商标权人而言，无疑是一种惩罚”[③]。既然商标侵权判定采取的是“混淆可能性”标准，针对贴牌加工行为，我国境内商标权人自不必等到商标产品实际投放市场后才能主张侵权，而是在出口销售前就可以要求法院下禁令以阻止海关放行，否则难免与“混淆可能性”之标准相抵牾。

该观点固然没错，但混淆可能性标准只是针对在我国境内销售的产品才有意义。在侵权产品于我国境内销售，消费者有混淆的可能性，甚至可能因实际混淆而实质性地影响我国境内商标权人的市场垄断利益以及我国商标法激励境内商标权人培育商誉功能的实现时，为预防侵权行为的发生，将侵权的遏制提前到消费者混淆可能性之阶段非常必要。但在一般定牌加工情形下，由于贴牌产品直接销往境外，其必定不会带来我国境内消费者的实际混淆。此时，将侵权的遏制提前到混淆可能性阶段既不合理也没必要。因为地域性因素的介入，

① 参见彭学龙:《论“混淆可能性”——兼评〈中华人民共和国商标法修改草稿〉(征求意见稿)》，载《法律科学》2008 年第 1 期。

② *Resource Developers, Inc v. Statue or Libety-Ellis is land Foundation*, Inc., 926 F2d 134, 17U. S.P.Q. 2d 1942, 7th Cir. 1991.

③ *Lois Sportswear, U.S.A. Inc. v. Levi Strauss & Co.*, 799F. 2d 867, 230U. S.P.Q. 831, 2d Cir. 1986.

实际上已阻断了我国境内消费者实际混淆的发生，此时僵化地理解混淆可能性标准则可能引致我国境内消费者被推定有混淆的可能性，但终因定牌加工产品全部销往境外，国内消费者根本不会混淆、更不会因此而产生误认误购的悖论。笔者认为，在定牌加工案件中机械地推定我国境内消费者有“混淆可能性”不过是一种简单的臆测，终将被产品销往境外、我国消费者根本不会发生混淆的事实所证否。因此，在此类案件中适用混淆可能性标准无异于缘木求鱼，难谓合理。

（二）地域性原理与使用侵权商标法域外效力的反思

20世纪，随着知识产权跨境贸易的不断加剧，为了防止本国知识产权制度被实质性架空，一些国家采取了确认知识产权域外效力的做法，以对境外的知识产权活动加以规范，具体包括两种情形：一种是基于行为主义的域外效力，另一种是基于效果主义的域外效力。前者对于跨境知识产权法律的适用不但包括行为效果地法还包括不发生效果的行为地法，这使得一国的法律可以规制“从内到外”的行为；而后者仅针对“从外到内”的行为。① 但自其诞生之日起，基于行为主义的域外效力就饱受国际社会的质疑。因为它导致了非效果产生的行为地国在知识产权保护方面的规范管辖权扩张，在相当程度上违反了知识产权的地域性原则。②

针对定牌加工案件，我国理论界和法院有以《商标法》第57条第1款（2001年《商标法》第52条第1项）所谓的“双同规则”（商标和商品均相同）为依据，认为只要定牌加工者在相同的商品上使用了与我国境内注册商标相同的商标就构成侵权，而无需考虑我国消费者是否发生实际混淆的情况，从而对定牌加工产品进行从内到外的管辖，并禁止相关贴牌产品的出口。对此，笔者认为：

首先，该做法对我国《商标法》第57条第1款存在严重误读，因为该条款并非放弃了商标侵权混淆可能性标准而不过是采取“推定混淆”之做法，③ 而双同

---

① 参见阮开欣：《论跨境侵犯知识产权的法律适用——以涉外定牌加工问题为出发点》，载《上海交通大学学报》（哲学社会科学版）2018年第4期。

② 参见阮开欣：《论跨境侵犯知识产权的法律适用——以涉外定牌加工问题为出发点》，载《上海交通大学学报》（哲学社会科学版）2018年第4期。

③ 参见李明德：《美国知识产权法》（第2版），法律出版社2014年版，第572页。

规则下的“推定混淆”早已被 TRIPs 第 16 条所认可。[①] 从商标侵权判定的总体逻辑来看，诚如郑成思教授所言：“对商品来源造成误认和引起混淆，是认定商标侵权的总原则。”[②] 也就是说，是否构成商标侵权最核心的要件仍然为是否导致消费者的混淆误认。反之，如果在商标侵权判定中脱离市场，仅对原被告双方的商品和商标进行物理比对，则无异于是对“商标的生命来自使用”的漠视。因此，那种在定牌加工不会导致我国境内消费者混淆误认的情况下，试图以我国《商标法》第 57 条第 1 项的规定来直接判定定牌加工行为构成侵权之做法，显然犯了以“行为论”取代“结果论”的错误。

其次，即便是某些对本国知识产权保护水平较高的国家，在知识产权的域外适用方面也持较为审慎的态度，更多采取的是“从外到内”管辖的做法，针对域外的商标使用侵权行为，往往以被告是本国公民，境外的商标使用行为将对境内的贸易构成实质性损害，以及本国商标法的域外适用与外国商标法所确立的原则不冲突为前提。[③] 采用“从内到外”管辖的做法与国际上基于“效果主义”原则才会启动本国商标法对域外的侵权使用行为加以规制的趋势难以吻合。

最后，最为关键的是，定牌加工产品完全输出到境外销售根本不会导致我国境内商标权人的利益遭受实质性侵害，也不会导致我国境内的市场竞争秩序遭受实质性影响，适用我国《商标法》第 57 条第 1 项提前对定牌加工企业的“出口”行为进行“从内到外”的规制只会伤害民族产业的发展。而当前，我国仍处于世界工厂之地位，“中国制造”向“中国创造”转型尚未最终完成，定牌加工在相当时期内仍将在我国产业经济中占据一席之地。在此情况下，对定牌加工行为进行从内到外管辖的做法既不利于中国制造全球环境的营造，更不利于中国制造走出国门。诚如有学者所言的那样，“知识产权法律生成在中国具有不同于以往大国所具备的历史情境、社会环境和国际场景”[④]，“在全球化的今天，就我国的法制实践而言，我们应该坚持为自己立法，以我们的真正需求以及与我们共享时空他者的

---

① TRIPs 第 16 条第 3 项规定：“在对相同货物或服务使用相同标记的情况下，应推定存在混淆的可能性。”

② 郑成思：《WTO 知识产权协议逐条讲解》，中国方正出版社 2001 年版，第 73 页。

③ *See Vanity Fair Mills, Inc. v. T. Eaton Co.*, 234F. 2d 633 (2d Cir. 1956).

④ 吴汉东：《中国知识产权法律变迁的基本面向》，载《中国社会科学》2018 年第 8 期。

需求为根据采取法的行动”[1]。所以，结合当下中国社会发展的现实阶段，在定牌加工问题上，我们显然不宜抬高本国知识产权的保护水平。否则，突破商标地域性原则，不顾条件地对定牌加工行为进行从内到外的规制，将不利于我国企业与外国企业的竞争，不利于我国民族产业和民族工业的发展。[2]

（三）地域性原理与域外国家将出口界定为侵权使用的正确解读

针对定牌加工行为，还有论者从比较法的视角出发认为，欧洲范式国家的立法，如德国、英国和意大利的商标法，都规定了“出口带有本国注册商标标记商品的行为”构成商标侵权，[3] 因此我国法院对定牌加工产品“出口”至境外的行为进行规制理所当然。

对此，笔者认为，首先，上述规定都源于《欧共体商标条例》第 9 条第（2）款之规定，[4] 上述各国之所以将贴附了本国注册商标标记商品的“出口”行为定性为侵权行为是因为它们都系欧盟的成员国。而欧盟成立之时的一个重大目标就是推动欧洲统一市场的建立、促进欧洲贸易自由化的实现。在此背景下，商标产品在欧盟各成员国境内销售与出口至欧盟他国市场销售并无实质性区别。这大概是上述国家将“出口”定性为侵权行为的重要原因。其次，这里所谓的“出口”应当指第三人未经许可直接将境内商标权人的商标产品出口转售到其他国家的行为，即这里的“出口”实际上是出口销售的含义，其最本质的特征是跨境贩售。它与本文所探讨的定牌加工行为的情况完全不同：定牌加工在进口国有不同的商标权人，境内的加工方只负责贴牌加工，具体的销售行为由境外委托人来完成。这也是我国最高人民法院在 2014 年提审的“‘PRETUL’牌挂锁案”[5] 和 2016 年再审的“‘东风’商标案”[6] 中否定贴牌加工方行为构成“商标

---

① 王莉君：《全球化趋势下我国法律发展的自主性》，载《比较法研究》2013 年第 4 期。

② 参见冯晓青：《知识产权法利益平衡理论》，中国政法大学出版社 2006 年版，第 512 页以下。

③ 在《德国商标法》第 26 条、《英国商标法》第 46 条、《意大利商标法》第 42 条规定“出口”行为得以维持本国注册商标权效力之同时，《德国商标法》第 14 条之（3）、《英国商标法》第 10 条之（4）、《意大利商标法》第 1 条之（2）进一步规定了“出口带有本国注册商标标记商品的行为”构成对本国商标权的侵权。

④《欧共体商标条例》第 9 条第（2）款规定，只有商标所有人才有出口带有注册商标标识商品的权利。

⑤ 参见最高人民法院（2014）民提字第 38 号民事判决书。

⑥ 参见最高人民法院（2016）最高法民再 339 号民事判决书。

性使用”而认定其仅是一种物理贴附行为的重要原因。最后，从商标使用的地域性原则出发，当委托人在进口国有商标权的情况下，其进口后的销售行为也完全是基于其在另一地域市场上合法商标权的正当行为，已不受我国境内商标权人的控制。因为地域性作为主权国家意志的体现，“意味着任何一国法律赋予民事主体的权利，只能在本国有效”①。总之，笔者认为，以欧盟的德国、英国、意大利等国家商标立法为理由来当作我国法院应将定牌加工产品出口境外销售的行为作为商标侵权来对待的做法，显然属于对这些国家商标法误读之结果，同样不合理。

（四）地域性原理与使用侵权判定国际礼让原则的正确适用

针对定牌加工行为，近年来我国法院以境外委托人在进口国的注册商标系对境内商标的“抢注”为由，判决国内的定牌加工行为构成侵权。②笔者认为，从效果主义的原则立场出发，对这类案件，我国法院毫无疑问应积极行使管辖权。因为，如果境外委托人的注册确系“抢注”，将对我国境内商标权人的利益构成实质性损害，出于对境内商标权人利益之维护，我国法院主动作为完全有必要，尤其是在境外委托人又系中国公民的情况下。

与此同时，笔者认为，依据商标权的地域性原理，因每一个国家的商标法只能在本国有效，境外委托人的注册是不是合法、属不属于“抢注”，显然不能依据我国商标法进行评判。因为，根据知识产权法律适用的“国际礼让”原则，不得对域外知识产权的效力作出判定是知识产权国际保护的一项基本规则，已得到了国际社会的认同。比如《美国法律协会有关知识产权跨国争端、司法管辖和判决原则》就明确规定：“对于已经注册的知识产权，诸如商标权利的产生、效力、期限、属性、侵权及其救济等，都应当适用注册国的法律。”③欧盟也采用同样的立场，比如在一起专利侵权案件中，欧洲法院就认为：“当案件需要确认一项法国专利的有效性时，德国法院是无权就涉嫌在法国发生专利侵权行为案件的因果关系

① 刘春田：《知识产权解析》，载《中国社会科学》2003 年第 4 期。

② 这方面典型的判例当属“‘东风’商标争议案”，具体参见刘莉：《对涉外定牌加工商标侵权认定的再思考》，载《人民司法·案例》2016 年第 11 期。

③ The American Law Institute, *Intellectual Property: Principles Governing Jurisdiction, Choice of Law, and Judgments inTransnational Disputes, Proposed Final Draft* (*March* 30, 2007).

加以判定的。”[①]因各国实行不同的商标权取得制度，关于是不是抢注以及如何认定抢注，各国商标法的理念和具体的程序并不完全相同。从“国际礼让”原则出发，以我国商标法为依据来衡量外国委托人的注册行为是否构成对我国境内商标权的“抢注”显然衡诸失当。若不同国家超越地域性原理对在他国发生的商标使用行为进行效力评价，将不利于跨境贸易的自由发展，也不利于我国定牌加工产品走出国门。正因如此，我国有学者甚至认为：“即便存在我国知名商标在境外被抢注的问题，正确的方法也应是由当事人依被抢注国的商标或相关国际公约的规定由商标被抢注国处理，而不能因商标的抢注，就推定商标权人在我国受到了实质性损害，并进而认定定牌加工构成了对我国注册商标权的侵害。”[②]该观点具有相当的合理性。

当然，若境外委托方的注册确系对我国境内商标之抢注的话，从维护境内商标权人的利益出发，我国法院积极行使管辖权非常必要。只是在“抢注”的认定方面，不宜适用我国商标法，而应通过法律查明的方式适用注册国的法律。诚如有学者所说的那样：“此时不能因为外国法的查明非常复杂，就放弃对涉外定牌加工行为的规制，否则冲突法就失去了意义。”[③]总之，针对此类案件，从商标权的地域性原则出发，对域外商标注册之效力进行域内法之评判同样难谓妥当，值得从学理上进行反思。

（五）地域性原理与商标使用侵权中注意义务审查的检讨

针对贴牌加工案件，实践中有做法将“被告在相同或近似商品上对外国委托方商标权的真实性未尽到合理的审查义务”或者“明知国内相同领域有相同或近似的商标，却未尽到合理的避让义务”作为认定其构成侵权的重要依据。笔者认为，该做法同样值得从学理上进行再探讨。因为，如果说早期的“商标侵权规范源于普通法，其是恶意侵权之分支”，那么晚近以来的商标法则转向“使消费者免

---

① *Gesellschaft fur Antriebstechnik mb H & Co. KG v. Lamellen und Kupplungsbau Beteiligungs,* KG Case C-4/03.

② 李杨：《商标法基本原理》，法律出版社2018年版，第248页。

③ 阮开欣：《涉外定牌加工商标侵权行为新探——以商标法域外适用为视角》，载《中华商标》2015年第12期。

予混淆误认而非着眼于考察侵权者的主观动机"①。因此，侵权人对注意义务之违反更多的只对损害赔偿有价值。从比较立法例看，无论是国际公约还是美国的商标法都采行该做法。如《保护工业产权巴黎公约》第 10 条之 2 第 3 款第 1 项在规制反竞争的"混淆"行为时，就"并未将作为或不作为的故意或过失作为禁止混淆的前提条件，然而在处罚侵权行为的时候可以考虑恶意"②。美国《兰哈姆法》本身不要求以实际侵夺意图的确证作为侵权判决的前提，但依该法第 1117 条的规定，因侵权判决获得赔偿，意图是必要的。③也就是说，行为人是否违反相关的注意义务而在主观上存有过错，并非侵权行为成立的要件而恰是责任的承担要件，具体而言是损害赔偿责任的承担要件，行为人承担"停止侵害、排除妨碍、消除危险、返还财产的侵权责任，则不需要主观上有过错"④。针对定牌加工案件，因贴牌产品最终全部销往境外，鉴于地域性之阻隔，国内消费者根本不可能发生实际的混淆。在不会有国内注册商标权人利益受损害的情况下，根据"无损害即无责任"的基本法理，国内的定牌加工方显然缺乏承担侵权责任的根本性前提。此时，苛责境内的加工方尽到对委托方商标权合法与否的审查义务，系在对侵权行为成立与否未做根本判断的情况下提前对侵权责任（损害赔偿责任）的要件进行了判断，该做法显然误置了侵权责任法的逻辑，实在难谓科学。因此，法院以被告在相同或近似商品上接受境外委托加工时未尽到授权审查或合理避让的注意义务来认定国内受委托方的加工行为构成侵权，显然不符合民事侵权责任法的一般法理。

五、结语

"法律的权威有赖于法律适用的准确"⑤，针对商标使用的地域性问题，亟待区分注册维持之使用、侵权使用和在先使用的不同形态，应对其进行区别立法。否

---

① J. Thomas Mc Carthy, *supra* note 41, § 23: 104.

②［美］弗雷德里克·M. 阿伯特、［瑞士］托马斯·科蒂尔、［澳］弗朗西斯·高锐:《世界经济一体化进程中的国际知识产权法（上册）》，王清译，商务印书馆 2014 年版，第 911 页。

③ 参见［美］谢尔登·W. 哈尔彭、克雷格·艾伦·纳德、肯尼思·L. 波特:《美国知识产权法原理》，宋慧献译，商务印书馆 2013 年版，第 420 页以下。

④ 张新宝:《民法分则侵权责任编立法研究》，载《中国法学》2017 年第 3 期。

⑤ 马一德:《商标注册"不良影响"条款的适用》，载《中国法学》2016 年第 2 期。

则，作为一种社会化的组织工具，“如果（商标）法律不能充分解决由社会和经济的迅速变化所带来的新型争端，人们就不会再把法律当作社会组织的一个工具加以依赖”[①]。

在立法未作修改的情况下，法官的解释变得极为重要。因为，“法官对于法律不应只是盲目的服从，而应是一种有思考的服从。不能要求法官单纯逻辑地适用概念，而是要对其进行利益评价，从而形成考虑到法律之精神与意义的判决”[②]。在商标使用的地域性问题上，应充分区分注册维持之使用、在先使用和侵权使用的不同形态，对其进行语境化的解读，进而找寻到不同案件的规范起点，并确立起一套科学的解释路径和解释方法。

具言之，针对商标使用的地域性问题，在适用时应把握以下原则：对注册维持之使用，因其系商标注册赋权的反面表达，具有保留注册赋权之功能，所以原则上其必须在注册保护国的境内完成，以为其产业经济的进步和商业文明的发达做出贡献，反之，则不能获得保护。而视“出口”行为为有效的商标使用行为更多是一国公共政策和公共选择的产物，有利于保护出口型企业的发展，且并不会扭曲一国商标权保护“利益对价”机制的实现。对在先使用而言，则应区分积极的在先使用和消极的在先使用，前者因同样具有一定的赋权性质，所以基于一国知识产权收益最大化的考量，这种使用也必须在本国境内完成，通过使用，与本国境内的相关公众建立起识别性联系，以促进本国产业经济的进步和市场经济的发展；后者更多体现的是对商标诚信使用秩序的维护，因此这种保护不应内外有别，而是应平等地开放给境内外所有符合条件的在先使用者。侵权使用更多强调的是对境内相关公众混淆误认行为的遏制，从而为境内的商标权人创造商誉的劳动努力提供激励性动机。因此，在标准的定牌加工情形下，当贴牌加工产品最终全部销往境外时，因其不会导致我国境内消费者的混淆误认，不会引致我国商标法激励功能制度性失灵，所以，不将其作为侵权来对待不至影响我国商标法功能的实现。

现今，尽管包括商标法在内的知识产权法出现全球化趋势，但地域性仍然是

---

①[美]罗纳德·德沃金：《认真对待权利》，信春鹰、吴玉章译，中国大百科全书出版社 1998 年版，序言第 2 页。

② 吴从周：《概念法学、利益法学与价值法学：探索一部民法方法论的演变史》，中国法制出版社 2011 年版，第 13 页。

知识产权保护一个重要的特征和基本立足点。其原因主要为知识产权保护的国家政治目标不同、知识产权保护的国别政策选择存在区别、知识产权国际竞争工具的价值禀赋以及主权国家属地管辖优越性之特征。知识产权地域性具体表现在不同国家基于公共政策目标的差异在知识产权权利取得、保护客体、权利范围、保护强度、权利限制和侵权判断等方面存在强度、力度和程度的区别。对此，就我国的知识产权制度选择而言，既要注重知识产权全球化的发展进程，注重知识产权国际保护中国方案的输出；也要遵循知识产权保护的地域性原理，注重知识产权保护"国别场景化—社会语境化—本土条件化"的价值立场，并且在国际层面和国内层面上应当强调不同的知识产权保护原则，分别是国际层面上强调知识产权保护的国家利益最大化，促进知识产权保护的国际合作并切实维护国家知识产权安全；国内层面上则应强调知识产权保护主体之间的利益平衡以促进国家创新收益的最大化。关于国内层面，应特别强调保护创新和公共利益兼顾的理念，这有利于促进我国创新生态链的形成，有利于国家走可持续创新发展的道路。

商标权正当性自然法维度的解读

——兼对中国《商标法》传统理论的澄清与反思*

商标权的正当性是商标法中的核心问题，对该问题的探讨不但关系到商标法的逻辑前提与基础，还关系到其制度建构的合理与否。国内有许多学者注意到该问题的重要性，并为此做出了诸多努力[①]，提出了所谓的“经济理论”“人格学说”和“符号见解”等[②]，但这些进路或者无法触及商标权的本质，或者引发商标权的过度扩张。笔者认为，在商标权正当性的诸多解释进路中，作为知识产权世界的一个理论图腾[③]，洛克劳动所有权理论仍然是最经典的。另外，更关键的是洛克的理论被用来解释商标权时，得以克服用它来解释著作权和专利权时的许多传统理论困境，为澄清和反思商标制度中的许多重大认识误区提供了机会，有利于为商标法的观念重构和制度重组提供法理前提和基础。

---

* 原载《政法论坛》2014 年第 5 期。

① 国内学者这方面的努力和尝试，如汪泽：《论商标权的正当性》，载《科技与法律》2005 年第 2 期；李仕林：《重新审视商标法的哲学基础》，载《云南大学学报》2013 年第 1 期；邓宏光：《我们凭什么取得商标权——商标权取得模式的中间道路》，载《环球法律评论》2009 年第 5 期；郭之祥：《论商标财产权的正当性》，载《山东社会科学》2009 年第 5 期等。

② 商标权正当性的“符号说”的缺陷是，无法触及商标权的本体，该学说借助信息学上的信道、信号、信宿等概念，仅看到了商标传播学意义上的媒介本质，它无以挖掘隐藏在权利背后的伦理价值。商标权的“人格”学说，将商标当做具有人格意义的“作品”来对待，必然带来商标权的过度保护。最后的“经济学”观点，始终在权利的效率和正义价值之间挣扎，甚至动辄以牺牲后者来实现前者，因此都不足可取。

③ Peter Drahos, *A Philosophy of Intellectual Property.* DarlMonth Publishing Company & Limited. p. 3 (1996).

一、商标权正当性洛克劳动所有权前提和注册取得制度之反思

在探讨商标权的正当性之前，还得对洛克的劳动所有权理论进行简单的还原。约翰·洛克（John Locke）是英国17世纪著名的政治哲学家，古典自然法学派的杰出代表。洛克开启的劳动财产权论证的逻辑思路，为近代以来的私法制度及其观念的展开，提供了重要的知识支撑与观念基础。在洛克看来，“上帝将世界给予人类共有，但没有人对处在自然状态中的东西，原来就具有排斥其余人类的私人所有权”[①]，唯有通过劳动“使任何东西脱离了自然所提供的和那个东西所处的状态，在这上面掺加了他自己所有的某些东西，因而使它成为他的财产”。[②]此外，洛克的财产权进路中，还附注了两个重要的前提性条件，“其一，是必须为他人留下足够多同样好的东西；其二，是禁止浪费”。[③]洛克劳动所有权理论产生的当初，并未和商标权发生勾连，那么它究竟是如何切入商标权的正当性的？在对商标权的正当性展开分析前，首先必须明确的概念是“商标”。按通说，商标指的是：“经营者能将自己的商品或服务与其他经营者的商品或服务相区别的任何标识或标识的组合。”[④]商标并不是一个单纯的标记，它实际是使用商标的主体、商标使用的对象以及组成商标的标志三位一体的统一物[⑤]。在这个统一物中，最有意义的是“使用”，即有形的标志必须附着于商品或服务之上，通过实际地使用“劳动”，使标志形成了识别产品或服务来源之功效。因此，“使用”的劳动要求才是商标保护的起动器[⑥]，只有洛克意义上的“使用”劳动，才能赋予商标权以伦理生命，使注册的效率和统计价值与商标权的伦理价值相得益彰。

在此前，商标仅仅是一个“天然”的符号，就像洛克理论下“一块未开垦的土地”“一片未拓荒的原始森林”。这些自然条件下的土地和资源，“我们会发现

---

①［英］洛克著：《政府论（下篇）》，叶启芳、翟菊农译，商务印书馆1964年版，第18页。

②［英］洛克著：《政府论（下篇）》，叶启芳、翟菊农译，商务印书馆1964年版，第19页。

③［英］洛克著：《政府论（下篇）》，叶启芳、翟菊农译，商务印书馆1964年版，第19—20页。

④ 参见TRIPs协议第15条的规定。

⑤ 黄晖著：《商标法》，法律出版社2004年版，第23页。

⑥［美］罗伯特·P·墨杰斯等著：《新技术时代的知识产权法》，齐筠等译，中国政法大学出版社2003年版，第455页。

它的好处几乎为零”。[①] 因为它既未指示商品或服务的出处，更没能区别相同或类似商品的不同来源。因此，商标法保护的事物，并非洛克意义上处于“原始状态”下的标志，恰是具有社会属性的“符号构成”。人类赖以将一“标志”转化为“符号化”的商标并划归私有，其内在根据是：他如洛克所言使该标志脱离了自然所提供的这个标志所处的原始状态的“能指”状态，使其变得有“所指”[②]。这个过程中加入了他自己的劳动。

权利人通过洛克意义上追求商品质量、创新管理水平、提升企业文化、赋予商标内涵等使标志不断“符号化”的劳动努力，使标志在脱离了原始自然状态的同时，在其上加入了他自己所有的某些东西——商誉——因而使“符号化”后的商标成为自己的财产。

因此，商标法保护的实质是权利人通过使用劳动，赋予商标以商誉内涵的过程。“商标法的保护对象是通过来源表示功能等能够得到被商标象征了的信用。”[③] “商标只是在保护其商誉的范围内才具有授予禁止他人使用的权利。”[④] 至此，我们可以看出商标权之所以正当，是完全符合洛克的论证路径的。因为，处于自然状态的商标资源并没有任何价值，正是主体通过洛克意义上“生产性”（Productive）劳动的投入，才使这些无主的商标资源“从野生变为驯养、从原始变为文明、从无序变为有序、从无意义变为有意义”。[⑤] 所以，商标权的本质就在于保护“创造商誉的劳动投入”。通过使用劳动，取得商标权才是最符合商标的功能和商业道德，也才是最公平的[⑥]。但问题是：我国的注册制度却在不同程度上存在背离洛克劳动理论的情形。比如，注册取得商标权根本不需要以“使用”劳动为前提，甚至不需要“使用”劳动的承诺。未经使用先注册的商标可以享有专

---

①［英］洛克著：《政府论（下篇）》，叶启芳、瞿菊农译，商务印书馆 1964 年版，第 28 页。

②“能指”与“所指”，均属于符号上的概念，对它们的理解，请参见［法］巴尔特：《符号学原理》，利幼蒸译，三联书店 1988 年版，第 133—134 页。

③［日］森智香子、广濑文彦、森康晃著：《日本商标法实务》（序言），北京林达刘知识产权代理事务所译，知识产权出版社 2012 年版。

④ Prestonettes, Inc. v. Coty 264 U.S. 359 (1924).

⑤ William Fisher, *Theories of Intellectual Property,* New Essays in the Legal and Political Theory of Property, S. Munzer ed., Cambridge University Press, 2000.

⑥ 张玉敏：《论“使用”在商标制度建构中的作用——写在商标法第三次修改之际》，载《知识产权》2011 年第 9 期。

用权，未注册但使用在先的商标甚至是驰名商标，都不享有任何支配性权利[①]。注册的驰名商标可以获得反淡化保护，未注册的驰名商标只能获得普通的反侵权救济如此等。总之，我国的注册取得商标权机制，过分注重权利取得的注册形式而忽视了权利来源的自然法基础，从理论上而言，注册取得商标权制度无疑陷入了“合法化危机”[②]。

所以，为使注册取得商标权制度重归正当与合理，在世界范围普遍强调注册的效率和统计价值的大背景下，除了需要强化注册后，商标“使用劳动”的价值来源之外，对未注册商标尤其是未注册的驰名商标——这一“普通法上的商标权”给予足够的重视，使“注册取得”和“使用取得”并驾齐驱存在[③]。这样，才能使注册取得商标权制度和洛克理论下所有权的“劳动”来源之间，架构起联系与沟通的桥梁。否则，自然法意义上的商标权（未注册商标权）难免沦落为注册制度的附庸。

二、洛克劳动所有权理论与驰名商标反淡化保护

洛克劳动所有权理论，不但可以用来解释普通商标权的合理性，对驰名商标的反淡化保护亦有重大的解释价值。因为，驰名商标的淡化行为，虽然不会直接降低驰名商标的价值，也不会损害驰名商标权人的利益，却会占有和利用驰名商标权人在商标中投资的果实，且没有补偿投资者。[④]就像一个刚起家的钢琴制造商在钢琴上使用“柯达”商标，是因为他们想要搭便车，试图利用别人的商誉不劳而获[⑤]。所以，驰名商标反淡化保护，同样符合洛克劳动所有权的基本立场。

因为商标所有人打造驰名商誉的过程，正是通过洛克意义上的“劳动”，不断

---

① 在我国未注册的驰名商标并不具有实体意义上的商标权，仅享有程序上的禁止他人注册和使用及事后撤销的权利。

② 对“合法化”危机的理解，参见［德］尤尔根·哈贝马斯:《合法化危机》，刘北成、曹卫东译，上海人民出版社 2001 年版，第 91—97 页。

③“使用取得”至少应该保证“使用驰名”而取得，很多国家如德国《商标法》仍然保留了这种自然法上的商标权。

④ 冯晓青:《注册驰名商标反淡化保护之探讨》，载《湖南大学学报》2012 年第 2 期。

⑤［美］克里斯蒂·海德·非尔莉:《我们为何对商标反淡化法感到困惑》，秦洁译，载张玉敏主编:《西南民商法学阶梯（第 5 卷）》，法律出版社 2009 年版，第 117 页。

向品牌价值注入消费者所要求的独特品质，并使之保持恒定的结果。正是商标所有人的劳动努力，成就了品牌在消费者心中的声誉帝国。所以，商标权人的“罗马不是一天建成”，其打造驰名声誉的过程，就像是洛克劳动理论下：农民种庄稼，农夫犁田，果农培育果子。其投入的劳动越多，所施的肥料越丰富、养分越充足，也就越容易获得丰收之象。

商标所有人或培育驰名商誉不同的人基于自身的身体、知识、技能等的不同，添加到无用商标原料上的价值也自然不同，其既可以成就一个普通商标，也可以成就一个驰名商标。因各自辛勤劳动程度之不同所成就的不同商标，受保护的程度也迥然不同。就是在驰名商标内部，其保护也不一而足。就像人们看到“IBM”服装，其联想到“IBM”电脑的可能性，可能就远不如人们看到“可口可乐”轿车联想到“可口可乐”饮料的概率高。因此，“可口可乐”商标权人通过自己的使用劳动建立起来的商誉，显然能获得比“IBM”商标更强的保护。

驰名商标反淡化保护的程度，也完全取决于“商标所有人通过自己的劳动，使该商标建立起来的区别于其他商标显著性之程度”。① 驰名商标权人通过劳动，在商标上投射的商誉越强，该商誉的影子可覆盖的禁止他人使用的范围就越广。

在商标法日益接受“自然权利”理论的今天。对驰名商标的保护，就在于禁止他人通过擅自在非类似的产品上使用商标，以夺走销售力②。

我国 2013 年修订的《商标法》第 14 条第 5 款③明确规定，“生产、经营者不得将‘驰名商标’字样用于商品、商品包装或者容器上，或者用于广告宣传、展览以及其他商业活动中”。其目的就在于防止驰名商标保护“异化”的情况。即便如此，笔者认为中国的当务之急，仍然是应探讨如何尊重洛克劳动所有权的理论，对建立驰名商标的努力给予恰如其分的尊重。

所以，对于我国这样一个“无论在商标法律秩序的管理，还是在司法活动中，抑或在社会公众的法律意识中，都还没能把商标权浸润在民事权利的体系、制度、意识、思维等民法领域中。未能用与物权、债权本质相同的民事财产权思维，去

① Frank Schechter, *The Ratinal Basic of Trademark Protection,* 40 Harvard Law Review 831.

②［美］罗伯特·P. 墨杰斯等著:《新技术时代的知识产权法》，齐筠等译，中国政法大学出版社 2003 年版，第 551 页。

③ 本文发表于 2014 年，文中提到的《商标法》均为当时有效的法律，目前《商标法》已于 2019 年修改，以下不再另作提示。

认识有关商标的事务"[①]的保护状况来说，强调商标权取得的"劳动"根基，强调商标权洛克意义上的"自然正当"前提，显得更为必要。否则，放弃了该基础必然带来商标保护"公地悲剧"的灾难。

三、对洛克"劳动"性质的批判与反批判及在商标法的解释价值

洛克劳动理论自诞生起，就面临着诸多的争议与质疑。在利用洛克劳动理论来解释商标权正当性时，面临的第一个质疑是：劳动的性质如何？就像有学者批判道："把改变自然状态的行动称为劳动，又把劳动施加的对象视为是神圣不可侵犯的私有财产，这样定义私有财产权利是帝国主义的，它默许了'掠夺霸占'行为。例如欧洲殖民主义者对各大洋中各岛屿的名为拓荒，实为霸占的掠夺行为就会被说成合法，据说都是'改变自然状态'，因而算作是劳动。"[②]

对该质疑做何分析？笔者认为，该种忽视洛克所有权理论的整体性，对其"劳动"性质进行误读的做法，犯了以偏概全的错误。实际上，在《政府论》的开篇，洛克早就强调了"人们都是平等独立的，任何人不得侵害他人的生命、健康、自由和财产"[③]。因此，尽管洛克在论证所有权正当性时，充分依靠了"劳动"这一媒介，它在性质上是中立的。但洛克并不主张"弱肉强食"的正当性，而是强调在平等秩序下，对所有权的"合法"拥有。

所以，洛克理论下的"劳动"，恰是正义价值支配下的行为，而非鼓励"恃强凌弱"之行径。否则，洛克又何必要在《政府论》的下篇强调"政府"存在的必要性呢？更何况，如果真的认为洛克劳动所有权理论将带来"非法强占"的结果，那么人类几个世纪以来将其奉为私法理论的圭臬，就难以想象了。人们不禁会问：究竟是洛克的理论发生了问题？还是几个世纪以来，人们陷入了"群体性思考的堕落"？

凡此种种，都足以说明洛克劳动所有权理论并非无立场，而恰是建立在"正当"劳动基础之上。这样一来，基于对该理论"劳动"性质的误判，并以此为基

---

① 刘春田：《民法原则和商标立法》，载《知识产权》2010年第1期。

② 赵汀阳著：《坏世界研究——作为第一哲学的政治哲学》，中国人民大学出版社2009年版，第232页。

③［英］洛克著：《政府论（下篇）》，叶启芳、瞿菊农译，商务印书馆1964年版，第4页。

础来否定其合理性的做法就值得斟酌了。因为，一个建立在不可靠前提基础上的推论，显然不可能得出正确的结论。所以，在运用洛克劳动理论来解释商标权的正当性时，不但不会鼓励“恃强凌弱”的丛林法则，而恰是应从法律上对恶意“窃取”他人商标权的行为，予以否定之评价。

比如说，根据洛克劳动理论，商标法应首先明确“假冒”“反向假冒”和“反向混淆”为侵权。因为，商标“假冒”行为，就好比是“在别人的土地上播种”，哪怕你能种植出参天大树来，也不能享有土地的所有权。因为之前的所有人已在该土地上播种，并通过自己的劳动，使土地脱离了“自然状态”。所以“假冒者”在他人已经取得所有权的土地上的“复播”行为，不能获得任何权利。而所谓的“反向假冒”，是指“用别人的商品来打造自己商标之商誉”。“反向假冒”，类似洛克理论下“用别人的种子在自己的土地上播种”，尽管种植出了参天大树，耕种者亦付出了劳动，但种子是别人的，所以仍然不能享有树木的所有权。

最后的“反向混淆”侵权如同两个猎人在深山中“狩猎”。在一个瘦弱的猎人将野兔引诱出洞后，一路追奔，并将其顺利地赶进了事先铺设好的“天罗地网”时，另一个高大威猛的猎人从另一个方向举起了猎枪，将野兔狠狠地截杀在了网中。这里，在先的猎人实际已经捕获了猎物，通过自己的劳动使猎物脱离了原始的“自然状态”。“反向混淆”制造者如同在后的猎人，“凭借着强大的市场实力，以相似的商标对市场进行饱和性轰炸，并且淹没了在先的商标权人”①，将在先商标所有人业已建立起来的商誉攫为己有。

具言之，无论是“混淆”还是“反向混淆”，都是一种侵略和霸占。应受到商标法的非议与责难。因为，行为人并非如洛克所言，“通过自己的天然劳动和对象之间建立起第一联系”。恰恰相反，“混淆”者尤其是“反向混淆”者，正是基于强力，将他人已经取得所有权的对象攫为己有。总之，在利用洛克劳动理论来分析商标权的正当性时，不是我们是否要对“盗用”和“窃取”的行径加以制止，而是应研究如何加大商标权保护的力度，以保护权利人的“所有”正当。目前，值得探讨的是互联网环境下的“售前混淆”是否属于商标侵权？

所谓“售前混淆”，是指行为人利用他人的商标作为“诱饵”，将消费者吸引到自己的购物场景，从而利用商标权人成熟的商誉，为自己创造商业机会。比如

① 李明德著:《美国知识产权法》，法律出版社 2003 年版，第 307 页。

说，同样是提供快餐服务的“乡村基”，商标权人为了推销自己的商品，在高速公路出口处立广告牌，告知公众“往 NO.6 出口 500 米，将会有‘肯德基’出售”，但消费者最后来到的却是“乡村基”的店面。“乡村基”在高速公路口立“肯德基”广告牌的行为，显然不是试图通过自己的劳动努力来为“肯德基”的品牌拓荒，而恰是对“肯德基”已有商誉的侵略和霸占。属于洛克理论下“在别人播种的土地上收获”，有“前人栽花，后人摘之”的嫌疑，因此其和洛克劳动所有权“自然正当”的理论难以吻合，当属不合法。

四、对洛克劳动所有权平等性和“劳动 / 创造”二元理论的反思

有观点质疑道：洛克理论是用来解释“劳动”所有权正当性的，但劳动与创造之间存有质的区别，这从根本上否定了劳动学说对知识产权制度解释的可能[①]。笔者认为：该种质疑如果针对专利和版权制度而言是完全正确的，但对商标权则未必。因为，前两者保护的是人类的“创造”，后者恰好保护的是“去智力化”的劳动和投资[②]。因为从本质上来说“商标不依赖于新颖、创新、发现或任何智力工作。不要求虚构和想象，无需天赋、无赖辛勤思索。商标仅以劳动在先为依据”[③]。这大概就是美国知识产权宪法条款未将商标权纳入保护范围的重要原因。实际上，洛克本人对“创造”与“劳动”也早就有所区分，就像他所说的“人身体所从事的劳动和他双手所进行的工作正当地属于他”[④]。“双手工作”的隐喻，对应的是人类的“创造”活动，而“身体劳动”对应的恰好是诸如商标权这样的普通所有权。

因此，用洛克劳动理论来解释商标权，并不会遭遇“劳动 / 创造”二元理论的尴尬。相反，在商标法领域区分二者具有重大的意义。就像学者曹阳认为，“只有产生区别信息的劳动，才在商标法上具有价值。否则，将‘非商标法意义上的劳动’，也纳入其保护的范畴，必将鼓励本已经较为严重的商标投机与抢注行为，对我国商标体系造成损害”。如“蒙娜丽莎”的画像，尽管其凝聚着达芬奇丰富的创造与想象，但未和商品联系起来时，永远不可能成为商标，具有品牌价值。相

---

① 李琛著：《著作权基本原理批判》，知识产权出版社 2013 年版，第 5—16 页。

② 黄汇：《解释与转型：知识产权去智力化的阐明》，载《知识产权》2007 年第 1 期。

③ [美] 谢尔登·W. 哈尔彭等著：《美国知识产权法原理》，宋慧献译，商务印书馆 2013 年版，第 308 页。

④ [英] 洛克著：《政府论（下篇）》，叶启芳、瞿菊农译，商务印书馆 1964 年版，第 19 页。

反，诸如“LV”的包，标识本身并没有任何的创造性，但通过使用人建立商誉的劳作，完全脱离了“L”和“V”两个字母组合的简单含义，成了女士包等产品的国际知名品牌，凝聚着巨大的商誉价值。

总之，用洛克劳动理论来分析的话，对商标的保护就好比是人们用“锄头”播种，能否获得所有权的关键是看播种的效果，而不在于“锄头”的锋利。锋利的“锄头”可能对播种必不可少，但播种的成果不在于人们使用什么样的“锄头”，而在于利用“锄头”能在多大程度上使“土地”等自然物脱离自然状态，使其变成一片“绿洲”。锋利的“锄头”，好比是一个极具吸引力的臆造商标，人们可以对它享有另一种权利——著作权。但商标权的对象是用锄头改造“自然状态”后，使土地形成“绿洲”的状态，而绝非“锄头”本身。

也就是说，商标权刺激的是“洛克意义上将商标和商品相联系，并培育出商誉的劳动投入”，而非鼓励人们虚构品牌的“想象”。正如波斯纳法官所说：“我们无需为了确保有足够的单词而去保护商标，尽管我们会为了确保有足够的发明才去保护专利，或者为了确保有足够的图书、电影和音乐创作才需要著作权。”[①] 因此，用洛克劳动理论来解释商标权，符合以“劳动”为起源的产权原理。对劳动性质的辨析，反倒让人们明晰了：商标保护究竟为何物的问题？并有利于用其来反思我国实践中的种种错误做法。

比如说，近年来我国就发生因误判商标权的保护对象，而鼓励通过注册进行“符号圈地”的现象。如近年来在全国吵得沸沸扬扬的某商标案，仅仅作为注册人的深圳某冠公司，试图叫停通过使用劳动创造了无限商誉的某果公司再用某商标。这样的案件还有很多。总之，一个未经洛克意义上的劳动赋予商誉的天然标志，不应获得任何保护。注册不过能为洛克意义上的劳动所建立起来的商誉所有权，盖上社会普遍认可的印章。

所以，运用洛克理论来解释商标权的正当性时：除了要区分“合法”的劳动和“非法”的劳动，还应注意“建立商誉”的劳动和“创建商标”的劳动，“培育品牌”的劳动和注册“圈占符号”的劳动之间的区别。否则，混淆这两者，商标法只会鼓励对他人商誉的强取豪夺，导致毫无价值的垃圾商标丛生，导致商标领

---

①［美］威廉·M. 兰德斯、理查德·A. 波斯纳著：《知识产权法的经济结构》，金海军译，北京大学出版社 2005 年版，第 222 页。

域的符号"圈地运动"[1]。这不但荒废了人类的标识资源，还严重违反了洛克意义上"禁止浪费"的原则，扼杀了人们开发品牌的正当劳动努力，造成了商标法领域的"反公地悲剧"现象。使商标法成了不劳而获者的"摇钱树"，劳而不获者的"葬身地"和"断命草"。

五、对洛克劳动所有权"资源有限性"和商标权"物权化"现象的检讨

利用洛克理论来解释商标权的正当性，还有质疑声认为：洛克所有权学说是建立在"关于资源富足的理论假定"[2] 上的，但商标资源极度有限。因此，有观点就认为，用洛克理论来阐释商标权依据不足。笔者认为，这一质疑如果说在有形财产领域是正确的话，如土地、石油、矿藏、森林等自然资源是稀缺的。在商标法领域，该问题恰恰并不存在。因为，可做商标的符号资源永不匮乏，商标资源如同人类的"语言"，且问：历史上哪个时代曾因人类的语言贫乏而"失语"过？因此，可做商标的符号资源永不缺乏，如果说商标法领域存在"稀缺"的话，恰是洛克意义上能将自然资源的语言，转变成具有高附加值品牌"劳动"的稀缺。就好比说，世界上并不缺"苹果"，有的人只会把它当作食物消耗掉，有的人就是将其做成了世界知名品牌。因此，人类实际上并不缺"苹果"，缺的恰是能创造知名"苹果"的劳动。所以，在商标法领域，我们一定要承认和尊重知识的"商品化"，反对"劳动无用"的理论。

至于说，洛克理论下人们对所有权的享有是永久性的，但商标权要受时间限制（每次注册仅保护 10 年）。因此，商标权并非"自然性质"的权利。笔者认为，这其实也是一种误解。商标权虽然实行注册保护，但只要商标还有价值，注册就可以续展。正是续展制度的存在，才会有百年字号的存在。续展制度使商标区别于专利权和著作权，更具洛克意义上"自然权利"之性质。

商标权之所以可以续展，主要是为了避免洛克意义上"使他人的处境变得更

---

① James Boyle, *The Second Enclosure Movement and the Construction of the Public Domain,* 66 Law&Contemp. Prob. 33–74 (2003).

②［美］理查德·斯皮内洛著:《铁笼还是乌托邦——网络空间的道德与法律》，李伦等译，北京大学出版社 2007 年版，第 92 页。

坏”的要求，因为“假使商品生产者在其停售商品之前，就让其放弃商标名称，将会使消费者的处境变得更坏，将给消费者造成额外的搜寻成本，因为体现在该商标上的信息提前消失了”①。另外，规定注册商标一次保护10年的期限，是为了满足洛克意义上“为他人留下足够多同样好的东西”这一前提。因为，一经10年的保护期，如果商标已没有价值了，权利人可以放弃续展，“让其提前进入公有领域，为全民共享”②。

最后，在利用洛克理论来解释商标权的正当性时，还需认真加以评估的一个问题就是：洛克劳动所有权的边界究竟何在？正如黑汀格教授（Edwin C. Hettinger）曾经如此批评道：“如果说劳动果实是有价值的，对该劳动赋予财产权也只能限于其增加的部分的财产权，而不应是对该生产产品的全部价值。尽管区分二者十分困难。”③也就是说，“一般而言，利用公共资源（公共土地）创造劳动成果者，只应就其劳动成果（种植物）享有财产权，而不应就其利用的公共资源也化归私有”④。对该质疑，商标法该如何回应？笔者认为，该观点在商标法领域实际上很容易被反驳。因为，商标法永远保护的是商标的“第二含义”⑤，即通过“使用”劳动剥离商标“自然含义”后，所指代的“企业商誉”的含义。商标原本属于“公共”的含义——“第一含义”，仍然保留在公有领域任由人们使用，以满足“为他人留下足够多同样好的东西”这一条件。

比如说，如果有人将“法律人”丛书注册，当法界同仁需要用“法律人”来表达对法治社会的共同理想时，这一公共的含义并不为商标权人所独占。再比如，如果有人就“真的好爱你”在食品上获得了商标权，人们需要用它来表达喜欢的情愫时，同样属于自由合法。因为，商标权只及于洛克意义上所有人通过劳动添加价值，使其脱离原始状态之部分，“法律人”的原始含义，即“第一含义”则属于人们共同的遗产，并不为商标权人所独占。因此，从这个意义上说，商标既是私人的又是公共的，商标法鼓励人们“垄断商誉”，但永远不鼓励人们“霸

---

①［美］威廉·M. 兰德斯、理查德·A. 波斯纳著：《知识产权法的经济结构》，金海军译，北京大学出版社2005年版，第239页。

② Defiance Button Machine Co. v. C & C Metal Products Corp., 759 F2. 2d 1053 (2d Cir. 1985).

③ Edwin C. Hettinger, *Justifying Intellectual Proerty,* 18 Phil. & Pub. Aff. 37, 1989.

④ 胡朝阳著：《知识产权的正当性分析：法理和人权的视角》，人民出版社2007年版，第169页。

⑤ 彭学龙：《商标法的符号学分析》，法律出版社2007年版，第158页。

占语言”。

这里尤其值得批判的是，在知识产权日渐扩张的今天，很多权利人出于对商业信息的独占，既主张对商标商誉，即“第二含义”的占有，还主张垄断商标原本属于公共的“第一含义”，使商标权出现了严重的“物权化”趋向。如某房地产公司只是在其房地产广告——模特所背的包中，附带再现了某皮具公司的商标，原被告之间没有任何商业上的竞争关系，被告也非“在混淆来源的意义上”使用原告的商标。因此，被告实际上未在“商标法意义上”使用原告的商标，却被权利人主张商标侵权，要求巨额赔偿。

笔者认为，尽管商标权和所有权一样，都应遵循洛克劳动所有权的基本理论，需对劳动者添加价值的部分予以充分的保护。但商标权万不可“物权化”。物权是封闭的，商标原本是人类“语言世界”的一部分，是权利人通过洛克意义上的劳动，使“公有领域”的标志脱离自然含义成就其“第二含义”的结果。所以，“在商标领域，禁止市场上通过不实标识商品来源，以防止市场假冒行为，与禁止政治群体使用商标标志批判公司行为，或者禁止其他非商业性用途并不一样”①。因为，后者并没有侵入商标权人通过洛克意义上的劳动所建立的专有“领地”。

因此，商标法如果不考虑商标使用的性质，不考虑原被告双方是否存在竞争关系，只要有未经许可使用就认定商标侵权，必然使商标权“物权化”②，使商标如同封闭的“物”，失去其开放性、话语性和公共性。并使公众基于宪法对他人商标的“言论自由权”、基于公平竞争的对商标为“商业表达的自由权”和对商品进行正常描述的“信息自由权”被扼杀。总之，商标权和所有权虽然都发轫于洛克劳动所有权理论，但二者最终汇入的是不同观念的世界。

六、洛克劳动所有权理论与商标“共有”及“共存”学说的检讨

针对洛克劳动所有权的理论，近年来国外还有学者提出了新的质疑，认为“如果说劳动取得商标权，那么商标的商誉价值，是由商标权人与消费大众共同努力劳动创造的结果，如果说劳动创造了商标权，那么这个劳动也是公众与商家

---

① Lotus Dev. Corp. v. Borland Int’l, Inc., 49 F. 3d 807 (1st Cir. 1995), aff’d4–4, 116S. Ct. 1062 (1996).

② 李东海:《论消费者在商标法上的优越地位》，载《中华商标》2013 年第 4 期。

的共生物，商标所有权应当是共有产权，而不单单是商标权人的私权”。[①] 笔者认为，该质疑貌似合理，但实则不然。因为，以消费者为主体所形成的“相关公众市场”，好比是商标权人耕耘播种的“土壤”。按照洛克的理论，它是所有权占有的对象，“对象”怎么可能和主体共同成为所有权人呢？显然，消费者在使用标志时，并不具有将标志作为权利标的来加以占有的意思。

所以，那种认为消费者和注册人共同创造了商标，并应“共有”商标权的见解，犯了“反客为主”的错误。它不仅违背了17世纪以来，主体对客体建构关系的原理，还可能带来商标法领域“多数人暴政”的现象。比如说，近年来，我国就发生让商标权人被迫去接受由消费者创设，但违背了商标权人本意的“索爱”“伟哥”等口俗俚语化商标的现象。学术界甚至提出“被动商标使用保护论”，试图为公众创设商标权证明[②]，让商标权人被迫去接受由消费者创设出来的“毒树之果”。

笔者认为，以消费者聚合而成的“相关公众”市场，是商标权人需要耕耘的土壤。就好比是洛克理论范式下农民种植，其需要赤地千里，最后才能成就“万木葱茏”。但“相关公众市场”始终属于自在自为的事物，永远不可能和主体一起成为权利的共有者。否则，自17世纪以来所建立起来的主体哲学将完全被颠覆。所以，“消费者（或者说相关公众）绝不是商标法律关系的主体，他只是商标法中的虚拟人，被假借来作为混淆判断的审视者，正如专利法中的普通技术人员一样，他并不是利益保护的对象。商标法是财产法，它的目的并不是保护消费者，它从来也没有这样做”[③]。

因此，认清“相关公众市场”属于商标权人占有的对象，它是洛克劳动所有权理论下，商标权人成就商誉之树需精心浇灌的“土壤”。离开了该“土壤”，商标根本无以扎根。但土壤永远是一种“他在”，是洛克所有权理论下主体施动的对象。如果认为施动的对象也可以成为权利主体，就难免不会得出：依据洛克劳动所有权的理论，猎人和野兔将“共有猎物”的荒谬结论。所以，那种认为消费者

---

① Mohammad Amin Naser. Revisiting the Philosophical Foundations of Trademarks in the US and UK. Cambridge Scholars Publishing, 2010.

② 黄汇、谢申文：《驳商标的“被动使用”保护论》，载《知识产权》2012年第7期。

③ Mark P. Mc Kenna. *the normative foundations of trademark law.* vol. 82: 5 notre dame law review, p. 1916 (2007).

创造了价值，应“共有”商标权的理论，可谓“有百害而无一益”。

至于说洛克劳动所有权的理论，能否与“商标共存”的观点相协调？笔者认为，这完全没有问题。因为，商标所有人使商标脱离自然状态的程度，是以“相关公众市场”为判定标准的，由“商品的价格、品位、特色、销售渠道和销售方式”等所定义的“相关公众市场”，是商标权人耕耘的沃土。“商标共存”就如同是洛克理论下，不同的劳动者在不同的地块上播种，并使不同的土地脱离了自然状态。当商标所有人耕耘的是不同的“相关公众市场”时，他们都可培育出自己的商誉大树来，并同等地享有商标权。

比如说市场上既有“飞亚达”钟表，也有“飞亚达”服装，两者平分秋色地存在。因为当“飞亚达”服装注册时，钟表的商标权人并没有通过劳动，使该品牌驰名到必须禁止“飞亚达”服装使用的程度①。再比如，北京“鸭王”商标和上海“鸭王”餐饮也完全可以并存。因为，该案涉及的是商标权人在不同地域使用商标，前者的“相关公众市场”在北京，后者的“相关公众市场”在上海。“相关公众市场”具有严格的地理区隔。且二者都属餐饮业，“相关公众”较为固定，相互之间不会构成干扰和侵犯②。

总之，运用洛克劳动理论来解释商标权，不但不会和“商标共存”理论相排斥。同时，商标法还应根据该理论建立起以“相关公众市场”为对象的“劳动播种”理论，并构建起科学的“商标共存”制度。这不仅有利于我国商标法走向科学与完善，使不管是商标的侵权判定，还是商标权利冲突的解决，都扎根在“相关公众”的市场上。另外，建立这样的机制，还有利于避免对商标权凌空保护的现象，使大量仅注册但失去了公众认知的“死亡”商标，被清除出注册簿。

总之，长期以来，正是因为我国的商标法过度僵化地承认了注册取得商标权制度，没有考虑到洛克意义上，以“相关公众市场”为对象的“劳动播种”理论，致使部分应当适用“商标共存”的案件，都未得到很好的解决③。

---

① 具体案情参见罗立国、罗丽珍:《驰名商标的保护——兼评“深圳飞亚达”诉“常熟飞亚达”案》，载《中华商标》2011 年第 7 期。

② 黄武双、刘维等著译:《商标共存：原理与判例》，法律出版社 2013 年版，第 11—16 页。

③ 对案件进一步的反思和评论，参见陶鑫良:《后发使用显著商标的法律保护探析》，载张玉敏主编:《知识产权理论与实务》，法律出版社 2003 年版，第 123—135 页。

七、余论：中国《商标法》改革的未来

在商标权的性质问题上，诚如学者吴汉东教授所言："从权利来源论看，知识产权是一种自然权利，创造性活动是知识产权产生的源泉；从权利依据论看，它是一种法定权利，法律规定是知识产权产生的依据。"[①]一言以蔽之，商标权是古典自然法哲学和现代实证法学相结合的产物。但作为第一前提和基础，成文法上的商标权，其价值的源泉仍然是自然法意义上的"劳动"，现代成文法不过赋予了商标权以国家主权的外衣。只有认识了这一点，才能为人们认识、评价和反思现代商标制度提供依据和凭借，为商标法的观念重构和规范重组提供方法论基础。基于前面的分析，为使我国的商标制度更好地体现洛克"自然正当"的理念，笔者认为我国的《商标法》还需要做以下方面的改革性尝试：

第一，打破注册取得商标权一统天下的局面，使"注册取得"和"使用取得"并行不悖地存在，至少对使用驰名的商标，应赋予其商标专用权。

第二，应强化对驰名商标的保护，除了需引入标准的"反淡化"理论外，还应引入更为严格的惩罚性损害赔偿的制度。为制止现实生活中大量侵犯驰名商标权的行为提供依据。

第三，引入商标的"并存"使用制度，以遏制注册对使用的扼杀，使大量注册和未注册的商标各得其所，"并存"发展。

第四，严格撤销制度，强化注册后的使用要求，使大量注而不用的垃圾商标无藏身之地，以净化商标的"使用"环境。

第五，对恶意抢注者，除了要对其进行严厉的资格罚以外，还应在立法上限制其所注商标的贩卖、许可与自由转让，从而使抢注行为无地自容。

第六，引入科学的商标"使用"概念，以划清"商标使用"和"非商标使用"的界限，既维护公平竞争，又为他人的"合理使用"留下足够多的空间。

总之，只有通过这一系列的改革才能使《商标法》真正奠定在劳动价值来源的基础上，体现洛克"自然权利"的理论立场。否则，商标法自然权利观念的终结，就将是其规范能力解体和终结的开始。

---

① 吴汉东：《关于知识产权本质的多维度解读》，载《中国法学》2006 年第 5 期。

注册取得商标权制度的观念重塑与制度再造*

注册取得商标权制度是《商标法》[①]的核心制度，但是,《商标法》对商标权形成的内在价值却没有给予足够的重视，使得商标“抢注”和“注而不用”的现象频频发生。实践中不但出现了大量的“商标囤积”和“商标银行”现象，而且“仅凭注册就可以霸占他人的在先商誉”“仅凭注册就可以向当事人索要巨额损害赔偿”[②]以及未注册但将商标使用成了驰名商标“却不能享有任何专有权利”的现象时有发生。例如，武汉“扬子江”饭店被恶意注册案[③]、“IPAD”商标争议案[④]，都是适例。大量“抢注”和“注而不用”商标的存在，不但浪费了有限的商标资源，而且还延缓了我国从商标大国到品牌强国发展的进程。注册取得商标权制度无疑陷入了一种“内生性制度风险”[⑤]和“合法化危机”。[⑥]

为此，立法者在2013年修订《商标法》时作了一定的改革。但是，这一改革离理想的制度设计还有较大的差距，其对注册取得制度的弊端并未作根本性的改变，许多“弱化注册效力、强化商标使用”的制度也未真正建构起来。笔者认为，

---

* 原载《法商研究》2015年第4期。

① 本文发表于2015年，文章所涉相关法律规定依照2013年《商标法》及实施条例的内容。

② 参见邓宏光:《我们凭什么取得知识产权——商标权取得模式的中间道路》，载《环球法律评论》2009年第5期。

③ 参见武汉市中级人民法院（2012）武汉中知初字第00381号判决书，湖北省高级人民法院（2012）鄂民三终字第188号判决书。

④ 参见《最高人民法院公布2012年中国法院知识产权司法保护10大案件一:“IPAD”商标权属纠纷案》，载《人民法院报》2013年4月24日。

⑤ 参见吴汉东:《知识产权的制度风险与法律控制》，载《法学研究》2012年第4期。

⑥ 参见［德］尤尔根·哈贝马斯:《合法化危机》，刘北成、曹卫东译，上海人民出版社2001年版，第91—97页。

要重构我国的注册取得商标权制度，就需要进行观念上的重塑和体系化的制度再造。详述如下。

一、对注册体制下商标注册性质定位错误的批判与理念的重塑

在注册取得商标权的体制下，首先需要反思的是对注册性质的定位问题。一直以来，《商标法》都将注册定位为商标权取得的手段和工具，并赋予注册取得商标权效力的至上性、唯一性和排他性。因此，导致作为程序的注册被异化为实体意义上的授权。当前，在注册过程中之所以会出现"商标捐客"丛生、职业注标者泛滥、注而不用的"垃圾"商标涌现的现象，一定程度上就是法律对注册性质定位出现偏差的结果。

因此，在注册取得背景下，尤其需要纠正对注册性质的错误定位。法律只有将商标注册行为定位为权利的确认行为而非行政授权行为，将注册机关定位为商誉的保护机关而非分配机关、商标权取得的公共服务机关而非行政特许机关，注册机制才不失其正当性，注册取得商标权制度才能真正建立在合理的价值论基础之上。正如学者所说："所有权是映现在人与物之间关系侧面上的人与人之间的关系。"[①] 商标权的本质并非"权利人—商标"之间的对物所有关系，也非"注册机关—权利人"之间的行政特许关系，而是通过注册人的使用劳动所建立起来的"商标权人—公民社会"之间的法益秩序关系。

在注册取得体制下，单纯的注册行为仅仅是为商标权的获得提供一个逻辑起点。注册后能否获得商标权、在多大程度上获得商标权，全凭注册后商标使用劳动的程度。即"商标权是一项民事权利，商标注册是对民事主体正当主张的审查、确认和公示，商标权原本并非商标注册机构授予或让渡的结果，也不是商标注册机构代表国家授予民事主体。事情伊始，当事人从公共资源中选取元素进行设计，到商标的运用、产生价值，转化为财产或者因经营不善造成亏损，都是注册人自己的事情，与注册机构无从干系"。[②]

《商标法》在注册取得制度上过分注重权利取得的注册形式，忽略了权利存在

①[日]川岛武宜:《所有权法的理论》，日本岩波书店 1949 年版，第 7 页。

② 刘春田:《民法原则和商标立法》，载《知识产权》2010 年第 1 期。

的价值源泉。立法未能将注册定位为商标权获得的程序性范畴，而是强调注册在商标权取得上的制度性供给，强调注册对权利取得的绝对效力，再加之“低廉的商标注册成本与商标潜在商业价值相比的非比例性失调”。[①]由此，商标“抢注”“注而不用”现象的广泛存在就在所难免。

因此，《商标法》必须重新定位商标注册的性质和功能，即不能视注册为行政授权，而应将注册取得商标权所设定的一系列程序，如审查、异议、公告、撤销、宣告无效等，都视为国家服务于商标私权获得的一种公共政策工具。此外，也不能将注册定位为行政特许行为，二者之间存在本质上的差异：（1）在行政特许关系中，在获得特许之前，资源属于国家所有；在注册关系中，在商标注册之前，商标资源为公共所有。（2）在特许关系中，特许费是私人与国家之间就资源利用的对价；在注册关系中，注册费用是国家承诺保护和监管商标权的对价。（3）在特许制度下，特许权的期限届满，相关资源回归国家所有；注册商标专用权保护期限届满，如果商标不再使用，那么商标资源将回归公共所有。（4）在特许关系中，获得特许之前，相对人不享有任何权利；在注册关系中，如果未注册商标通过使用产生了显著性，那么实质意义上的商标权利就已经存在。

总之，商标注册不是行政授权行为，更不是行政特许，而应当是对通过使用产生之商标私权予以成文法上的认可。商标注册也不是分配商誉的过程，而是对商誉的一种制定法上的确认。只有这样定位商标注册的性质和功能，才不会出现商标权注册取得“制度性供给过剩”的现象，使商标注册机制回到应有的价值定位上来。

二、注册体制下我国商标权取得方式及相关制度的重构

虽然对商标注册效力的定位和认识我国在立法和理论上还存在种种误区和偏差，但是也不能因此否定注册取得商标权制度。因为注册制度在历史上的成功绝非偶然，其优势就在于“它使围绕着商标的使用所形成的法益，具有由外部可辨认的表征，并使法律关系透明化”。[②]“注册制度在私法层面上明确了商标权利的归

---

① 杜颖：《社会进步与商标观念：商标法律制度的过去、现在和未来》，北京大学出版社2012年版，第29页。

② 王泽鉴：《民法物权：通则·所有权》，中国政法大学出版社2001年版，第92页。

属和保障了交易安全，在公法层面上又有助于国家对于商标的适度管理和监控。”[①]因此，实行注册制度往往是政治国家公共选择的结果，其产生有必然性。应该说，我国注册取得商标权制度存在的根本问题不在于注册制度本身，而在于对注册效力定位错误，法律赋予了注册以权利取得的绝对效力。

（一）《商标法》对注册效力定位错误的立法表现

根据《商标法》第 4 条、第 31 条和《中华人民共和国商标法实施条例》第 19 条的规定，注册是商标权获得的唯一途径，在注册机制上采取先申请原则，只在概率极低的“同日申请”情况下，才考虑“谁先使用”的问题。如果是同一天提出商标注册申请，但申请人都没有使用或者同日开始使用的，那么通过协商或者抽签的方式来决定。商标注册不以商标的实际使用为前提，哪怕是“意图使用”的要求都不需要。

这也就是说,《商标法》规定的注册取得商标权制度，仍然以“注册即为财产”作为理论范式，将作为公示手段的注册当作商标授权的依据，并赋予注册取得效力的唯一性、绝对性和至上性。如此，注册取得商标权制度难免再度异化为一种形式化的“官僚财产”。[②]该种异化的后果是产生了大量注册者“钓鱼”的现象。

（二）外国对商标注册效力的定位和权利取得的经验

从比较法的角度看，外国在商标注册效力的定位和权利取得模式方面与我国的做法完全不同，其做法值得我国借鉴。

（1）在注册的效力定位方面，明确规定注册不是商标授权之依据。例如,《印度商标法》第 31 条规定:“注册为商标权有效的初始证据。”《埃及知识产权法》第 65 条规定:“除非有证据表明第三方已经在使用，否则凡进行商标注册并自注册之日起已使用 5 年者，应被视为注册商标的所有人。”这就表明，在埃及，即便商标已经注册并使用了 5 年，其所有人也仅仅是被“推定为”商标权人。这种所有权是不稳定的，如果注册出于恶意，那么仍有可能被他人“在先使用”的事

---

① 郑其斌:《论商标权的本质》，人民法院出版社 2009 年版，第 149 页。

② 参见付继存:《商标法的价值构造研究——以商标法的价值与形式为中心》，中国政法大学出版社 2012 年版，第 221 页。

实所推翻。

（2）在具体的授权条件和权利取得模式方面规定使用可以取得商标权，有的国家还明确要求商标已经实际使用或者“意图使用”。例如，德国明确规定注册、使用和驰名商标均可以获得商标专用权，加拿大商标权的取得要求以商标的“实际使用”（使用可以在国外进行）或者“意图使用”为条件。在“意图使用”的要求方面，美国《兰哈姆法》第1051条规定，“意图使用”仅是商标注册的条件，而非商标授权的条件。基于“意图使用”的申请者如果在经过两次延长后，最长在36个月的时间内仍然没有实际使用商标的，那么不能获得注册。也就是说，在美国“‘意图使用’注册也不过是一种初步注册，一个商标要真正成为成熟的商标，必须要有紧接着在商业中的‘实际使用’”。①

由此可见，上述国家的商标立法都倾向于认为，商标法的目的不应是鼓励人们创设大量的商标，更非鼓励人们通过注册去霸占和掠夺他人的在先商誉，而在于“通过给予每一个商人以可能的帮助，来保护其业已建立起来的事业，并最终促进商业的增长”。② 商标是在“使用”中产生的权利，对“使用”的保护是商标法价值的基点和立法的动因。商标不是美术作品，珍藏越多越好，也不是专利技术，拥占越多越能抢占市场竞争的制高点。商标的价值在于通过市场上的使用建立起自己的美誉度，从而拥有消费者市场。

（三）《商标法》重构商标权取得方式及相关制度的思路及理由

针对我国商标“抢注”和“注而不用”时有发生的现状，笔者这里介绍域外某些国家的合理做法，为我们提供参考。

1. 商标权取得方式和注册效力的重构

（1）参考《德国商标法》第4条的立法经验，规定商标的注册和使用均能获得商标专用权，尤其是未注册的驰名商标应赋予其商标专用权。其理由在于：一方面，“抢注”的商标绝大多数是驰名商标，而对驰名商标应当给予特别保护；另一方面，“《商标法》并非创设新商标权的途径，而不过是对通过使用业已存在的

①［美］罗伯特·P. 墨杰斯等：《新技术时代的知识产权法》，齐筠等译，中国政法大学出版社2003年版，第455页。

② H. Trueman Wood, The Registration of Trade Marks, 1875, pp.18–19.

普通法上的商标权，予以制定法上的认可罢了"。[①]"如果说商标权是一种'财产权'的话，那么这些财产权是通过商标在商业中'使用'取得的。并且，只要商标继续使用，权利就存在，反之就不存在。"[②]未注册驰名商标通过使用，业已展现了其法律上的保护之"力"，只有从立法上正面赋予其所有人以专有权，才能切中商标保护的本质。德国原来也只承认注册取得商标权，后来为了避免"抢注"的频繁发生，法院和立法机关才不得不认可在市场上具有声誉的商标，承认其与注册商标具有同等的效力。

（2）参考《印度商标法》第 31 条的经验，规定"注册仅仅是商标权有效的初步证据，在先使用人可以请求宣告注册商标无效"。[③]这样既兼顾了注册的效率价值，又很好地回归了注册仅是对商标权官方承认的制度本质，从而有利于纠正我国对注册效力的错误定性，使注册制度重新回到其"证据"和"公示"效力的价值定位上来。

（3）参考《英国商标法》第 48 条和《印度商标法》第 33 条有关"默认使用"的经验，规定"在先商标所有人在明知的情况下，如果连续 5 年默认某一注册商标的使用，则不再享有对该商标宣告无效的权利，也不能禁止他人在相同或类似商品上的使用，除非该商标注册构成恶意"。即将"默认使用"制度放在"注册的效力"部分加以规定，把它作为"权利取得"的一种方式。这样有利于平衡在先使用者和在后注册者的利益，起到有效防范和遏制商标"抢注"的作用。[④]

（4）参考美国《兰哈姆法》第 1052 条的经验，规定"无论商标注册申请的先后，两个或两个以上的申请人基于诚实的同时使用，只要不会导致对公众的混淆和欺骗，就可以在相同或者近似的商品上，分别注册相同或近似的商标"。引入同时使用的"并存"注册制度，既是对商标"使用秩序"的一种客观尊重，体现商标权自然正当的价值目标，也有利于遏制"抢注"者捷足先登，通过注册身份排

① Arthur R. Miller& Michael H. Davis, Intellectual Property, West Publishing Company, 1983, pp.149–150.

②[美]罗伯特·P. 墨杰斯等：《新技术时代的知识产权法》，齐筠等译，中国政法大学出版社 2003 年版，第 440 页。

③ 这里的"在先使用人"，既包括《商标法》第 32 条规定的"在先通过使用产生一定影响商标的所有人"，也包括普通的"在先使用人"。

④《商标法》第 45 条的规定意在督促"在先权利人"行使宣告无效请求权，至于在后注册者是否真实地使用了商标则在所不问。该规定显然不科学，因为它不利于遏制商标"抢注"现象的发生。

挤同时使用者。

2. 对注册取得商标权授权条件的重构

为从根本上杜绝我国商标“抢注”和“注而不用”的现象，应将商标的使用或者“意图使用”作为商标专用权取得的条件。在“意图使用”方面，进一步借鉴域外经验，规定“意图使用”可以获准注册的同时，基于“意图使用”的申请者，应至少在注册之日起 6 个月内向商标局提交“实际使用”的宣誓声明。如果最迟在注册申请提起的一定时间（24 个月或更长的时间）内，仍然没有将商标实际投入使用，那么“意图申请”注册的商标将自动无效。之所以强调商标的使用，是因为“使用才是商标保护的启动器，是商标价值的增长点和显著性力量的源泉，也是商标权人和政治国家之间对价保护的立场和‘基点’……如果说是商标的‘使用’赋予了商标以‘财产权’性质之生命的话，那么在权利诞生之处，商标的实际使用就必须业已存在”。[①] 而实际使用的“宣誓声明”看起来只是一种使用安排，但它实际上是注册者对国家的一种允诺，一份责任，一种担当，是注册者践行商标权“社会契约理论”的具体表现。

总之，在商标权的取得上，《商标法》的制度构架应牢牢建立在“使用”保护这一逻辑基点上，并尽力维持注册和使用的有机平衡。

三、对注册体制下弱化注册效力和强化商标使用的制度再造

需要注意的是，对注册取得商标权制度的绩效评价，不能仅从注册能否获得商标权去考察，还要考虑与其相关的其他制度对注册效力的影响，如商标法的立法宗旨、商标异议制度、商标撤销制度、商标权转让制度、商标的侵权救济制度等。这些制度对商标使用价值的强化、对“使用保护以弱化注册效力”的效果，都将反过来影响注册取得商标权制度的效力。

《商标法》在 2013 年修改时在这方面有所突破。例如，《商标法》总则部分明确规定注册和使用商标时，应遵守诚实信用原则，并扩大了“代理人、代表人抢注商标”可以异议的主体范围；“对恶意侵犯商标权的，可以处以惩罚性损害赔偿”，明确了商标侵权的判断标准是商标的使用产生了“混淆的可能性”；规

---

① Jeremy Philllips & Ilanah Simon, Trade Mark Use, Oxford University Press, 2005, p.179.

定"注册商标权人3年内未实际使用商标的，不能主张损害赔偿责任"。这些规定无疑是重大的进步，对遏制商标"抢注"现象具有重要的作用。但是，笔者认为《商标法》的规定仍然不够全面，离理想的制度设计仍有较大的差距，还须作进一步的改进。

（1）从商标法的立法宗旨看，2008年修订的《日本商标法》和2012年修订的《韩国商标法》的规定非常值得我国参考。《日本商标法》第1条明确规定其商标法的宗旨在于"通过保护商标，维护使用人在业务上的信誉，从而促进产业的发展并保护消费者的利益"。《韩国商标法》的规定与此大致相同。[①]也就是说，日本商标法和韩国商标法的终极价值在于通过保护商标所有人的使用及其积累的商誉，最终达到"促进产业经济发展"的目标。因此，"保护商标使用并促进产业经济的发展"才是商标法律制度的最高目标，而保护商标权不过是达到"促进产业经济发展"的手段。在日本，该立法目标还常常作为个案裁判的依据，用以考量商标侵权行为成立与否。

如果商标法的立法宗旨是"鼓励商标的使用并促进产业经济的发展"，那么那些"抢注"者和"注而不用"的商标"朽木"[②]就没有藏身之地，就应该被立刻逐出商标注册簿。因为"抢注"者根本无意使用商标，只不过是想通过注册这一正当程序为自己取得一个法律上的"特权"罢了，其不可能为产业经济的发展做出实质性贡献。遗憾的是，《商标法》并没有这样的价值构造，[③]人民法院也很少将商标法的立法宗旨作为裁判的依据。

因此，《商标法》应该将立法宗旨奠定在"保护商标使用并促进产业经济发展"这一目标之上。商标法开宗明义地强调"商标使用"的重要性，并把促进"产业经济的发展"作为最终目标，显然有利于减少简单的商标注册制度可能带来的副作用，为遏制商标"抢注"现象提供强大的基础。商标保护制度的宗旨决定了

①《韩国商标法》第1条规定："本法的宗旨，在于通过保护商标以维护商标使用者的商誉，从而促进产业的发展并保护消费者的利益。"

② 参见［英］杰里米·菲利普斯：《商标法实证性分析》，马强译，中国人民大学出版社2014年版，第375页。

③《商标法》（2013年修订版）第1条虽然也提出了"促进市场经济的发展"目标，但是该条并没有明确宣示"商标使用"的价值，也没有像日本、韩国那样把商标权的保护作为一种价值工具来看待，进而把"促进产业经济的发展"作为自己的最高价值目标。

“在商业活动中保护商标，通过使用使其发挥应有的经济功能与价值，才是对商标提供保护的根本理由”。[①] 反之，如果《商标法》不在立法宗旨中强调商标的使用，只是强调商标注册及其秩序的至上性，那么只会产生大量的不能转化成为生产力的注册商标，呈现出商标注册的虚假繁荣，而这对“产业经济的发展”毫无价值可言。

（2）关于商标“在先使用人”对“抢注”商标应享有的权利，《商标法》宜借鉴《法国知识产权法典》第L712—6条有关“追回权”或者说是“对物所有权”的规定：“如果商标注册申请人是通过欺骗或者其他不正当手段获得注册的，那么对该商标享有权利者可依合法程序追回所有权。对恶意注册者，追回权的行使不受时间限制。”这种立法构造，有利于“在先使用人”针对抢注行为直接行使对物所有权，而无须通过烦冗的无效宣告程序后再重新注册。这有利于减少“在先使用人”为遏制抢注行为所花的时间和精力成本，为其高效夺回商标权提供可能。

当然，为了更好地保护“在先使用人”的利益，《商标法》还可以借鉴《巴西知识产权法》第129条的规定，赋予“在先使用人”优先注册权，即规定“在优先权日或者申请日前的至少6个月内，已经在相同或者类似的商品上使用相同或者近似商标的自然人或法人，享有注册该商标的优先权”。该规定对“在先使用人”的保护提前到了注册申请的阶段，赋予其在一定条件下“优先注册”的权利，这对“在先使用人”的保护显然更加有效。

（3）《商标法》在注册商标连续3年不使用撤销制度方面还需作进一步的完善。首先，《商标法》应参考《意大利商标法》第42条的规定，将“注册人得知撤销之诉提起前3个月才开始紧急使用商标的行为”认定为无效。其次，为鼓励人们申请撤销他人“抢注”或者“注而不用”的商标，还可参考2012年《韩国商标法》第7条第4项的规定：“连续3年不使用的注册商标，自被撤销之日1年内，其他人可以在相同或者近似商品上申请注册该商标。”这一规定既是对商标“抢注”和“注而不用”者的一种惩戒，也有利于鼓励人们积极行使撤销权，尽早撤销不适格的注册，从而向市场释放更多的商标资源。并且，允许连续3年未使用的商标被撤销后1年内被注册，实际上也不会带来消费者混淆的问题。最后，可参考日本的司法实践经验，在商标系“恶意注册”的情况下，实行全部撤销制度。即虽然

---

① 吴汉东等：《知识产权基本问题研究（分论）》，中国人民大学出版社2009年版，第431页。

注册者在部分产品上使用了商标，但是一旦被认定为“恶意注册”，撤销之诉得针对所有产品提出。①

（4）在商标异议和无效程序方面，《商标法》可参考欧盟及其成员国的经验，规定“商标不使用的后果不仅是该注册商标将被撤销，而且也不能依据该商标对他人的商标提出异议、无效乃至于诉讼请求”。②例如，《英国商标法》第6A（2）条规定：“在异议程序中，若在先商标未满足使用条件，注册局长不得以其为理由驳回在后申请。”该制度设计的理由是：“这种长期不使用的在先注册死亡商标，如果仍然具有对抗正当使用需求的商标申请，必然会造成事实上的不合理，不但影响了商标的正常使用功能，还助长了商标买卖、投机牟利、商标抢注等不正当行为。”③

（5）在商标侵权救济方面，《商标法》可借鉴《德国商标法》第25条的规定：“如果商标注册满5年还没有按照规定投入使用，则注册商标所有人在商标侵权诉讼中将无权主张侵权禁令、损害赔偿金、销毁由侵权人占有的非法标记的产品等权利，也无权要求侵权者提供关于非法标记产品的来源和销售渠道的信息。”目前，《商标法》第64条仅仅规定了注册商标未使用者不得主张“损害赔偿”请求权。笔者认为，在我国“抢注”现象比较严重的背景下，不妨对“注而不用”者施以更严厉的惩罚，以净化商标的使用环境。未使用的商标原本是一个符号的“空壳”，由于缺少所有人基于商标的使用对其赋值，在商标侵权诉讼中，权利人不但无权提出“损害赔偿”的请求，也无权提起“侵权禁令”“要求销毁侵权物品”等诉讼请求。

（6）在商标的转让方面，为防止“抢注”者利用注册身份来挟持实际使用人，有学者提出“对取得后未使用商标的首次转让进行限制，如规定该种商标的转让，只能在商标取得三年后才能进行”。④该做法对那些试图通过注册“待价而沽”者，或者是对实际使用人进行“讹诈”者，将有重要的防范价值。再说，从一般的法理看，“当无企业商誉对商标赋值时，商标的转让原本就是无意义的”。⑤因此，对

---

① 参见［日］田村善之：《日本知识产权法》，周超、李雨峰、李希同译，知识产权出版社2011年版，第159—161页。

② 李明德等：《欧盟知识产权法》，法律出版社2010年版，第483页。

③ 邢冬生等：《浅论“闲置”商标的处置利用》，载《中华商标》2013年第12期。

④ 迟瑞：《商标“抢注”的分析及规制》，载《中华商标》2012年第2期。

⑤［美］戈登·史密斯、罗素·帕尔：《知识产权价值评估、开发与侵权赔偿》，夏玮等译，电子工业出版社2012年版，第47页。

注册后未使用商标的首次转让行为作一定的限制，完全符合商标法理。该规定的好处是，有利于倒逼注册者先占商标符号资源后诚实地使用商标，以兑现其“促进产业经济发展”的允诺，并减少其利用注册者身份对在后使用者形成路障的机会，减少其利用注册身份“守株待兔”“不劳而获”的种种可能。

（7）在司法程序方面，《商标法》还可参考日本和德国的规定，简化对“恶意注册”行为进行司法规制的程序。日本为遏制对驰名商标的“抢注”行为，其法院可根据《日本不正当竞争防止法》第2条第1款第1项的规定，在不触及商标注册效力的情况下，径直运用“禁止商标权滥用”的理论，判定抢注者构成“权利滥用”，从而保护在先驰名商标所有人的利益。根据《日本商标法》第39条的规定，在“注册商标权从事实上看，应在无效程序中被宣告无效”的情况下，法院可以直接判定“注册商标权人不得针对被告实施商标权”。这就意味着在个案中，“法院可以宣告注册商标权无效，而非等待特许厅作出该裁决”。①

上述规定不但很好地体现了《商标法》和民法“禁止权利滥用”原则之间的协调，可避免因循环诉讼带来的诉累，而且可以有效地保护“在先权利人”的利益。

此外，为了更好地从程序上遏制商标“抢注”行为，《商标法》还可借鉴《欧共体协调成员国商标立法89/104/EEC一号指令》第3（2）d项的规定，将“恶意注册”作为拒绝商标注册的“绝对事由”来加以规定。这样规定的好处是，一旦有证据表明注册系“恶意”所为，基于其属于驳回注册的绝对事由，任何人都可以要求宣告该注册无效。该制度设计与《英国商标法》第47条第3项的规定不谋而合。该条明确规定：“对恶意注册的商标，注册局长可以自行向法院提出申请，要求宣布该注册无效。”将“恶意注册”作为商标注册驳回的绝对事由，既宣示了法律对“恶意”的严惩，也从当事人方面扩大了得以请求宣告“恶意注册”无效的主体范围，为遏制“抢注”现象提供了条件。

四、结语

总之，注册取得商标权制度是我国商标法规定的核心制度。《商标法》的根本目的在于通过“刺激商标的使用以促进本国的经济活力，并推动产业经济的不断

① 李明德：《中日驰名商标保护比较研究》，载《环球法律评论》2007年第5期。

发展”。商标法如果允许大量“抢注”和“注而不用”商标僵尸的存在，那么只会带来表面上的商标注册繁荣，还会导致“披上注册外衣的非法垄断”后果。因此，为了有效遏制上述情况，并净化我国商标的使用环境，《商标法》既需要进行观念的重塑，重新定位注册的性质和功能，也需要进行体系化的制度再造，全面重构权利取得制度，并在其外围建立起一道“弱化注册效力，强化商标使用”的防火墙。这样，我国的注册取得商标权制度才能发挥其应有的作用。

商标法中的公共利益及其保护

——以“微信”商标案为对象的逻辑分析与法理展开*

一、问题的提出

于2014年发生的某某亚太科技山东有限公司（以下简称某某亚太公司）和某讯公司“微信”商标争议案引起了理论界和司法实务界的高度关注和巨大争议。①该案被称为《商标法》中公共利益讨论的一个试验场。该案的基本案情如下：某某亚太公司于2010年11月12日向国家商标局提出了“微信”商标的注册申请，国家商标局经初步审定后于2011年8月27日发布公告，确定该商标指定使用的服务为第38类信息传送、电话业务、电话通信、移动电话通信等。在此之前，某某亚太公司并未实际使用该商标。2011年1月21日，某讯公司首次推出命名为“微信”的即时通信服务应用程序，其虽晚于某某亚太公司商标申请日两个多月，但早于其商标初审公告日7个多月。此后，“微信”注册用户数量急速攀升，至2013年7月用户已达4亿，至2014年11月用户超过8亿，并且多地

---

* 原载《法学》2015年第10期。

① 该案一出，即引起了理论界和司法实务界的广泛热议和关注。对法院的判决，既有支持者，也有反对者。相关代表性论述参见孔祥俊：《论商标法的体系性适用——在〈商标法〉第8条基础上的展开》，载《知识产权》2015年第6期；王太平：《论商标注册申请及其拒绝——兼评“微信”商标纠纷案》，载《知识产权》2015年第4期；李扬：《“公共利益”是否真的下出了“荒谬的蛋”？——评微信商标案一审判决》，载《知识产权》2015年第4期；崔国斌：《商标挟持与注册商标权的限制》，载《知识产权》2015年第4期；黄武双、阮开欣：《商标申请人与在后使用人利益的冲突与权衡》，载《知识产权》2015年第4期；邓宏光：《商标授权确权程序中的公共利益与不良影响：以“微信”案为例》，载《知识产权》2015年第4期；张韬略、张伟君：《〈商标法〉维护公共利益的路径选择——兼谈禁止“具有不良影响”标志注册条款的适用》，载《知识产权》2015年第4期。

政府机关、法院、学校、银行等都推出了“微信”公共服务。对某某亚太公司的商标注册申请，案外人张某提出了异议。后经国家商标局初裁和商标评审委员会（以下简称商评委）复审，并经北京知识产权法院一审，法院最终支持了商评委的意见，认为在商标的核准注册程序中，在尊重“先申请原则”和“在先申请事实”的同时，亦应考虑公共利益和公共秩序。在本案中，一方面是“注册申请人基于申请行为产生的对特定符号的先占利益和未来对特定符号的使用可能产生的期待利益”，另一方面是庞大的微信用户已经形成的稳定认知，以及改变这种稳定认知可能形成的较大社会成本这一公共利益，两相权衡，后者更具保护的现实性和合理性。最后，法院依据《商标法》第 10 条第 1 款第 8 项有关“不良影响”的规定，判决支持商评委的复审裁定，禁止某某亚太公司注册“微信”商标。[①]

该案堪称近年来商标法领域非常有影响力的案件。法院判决一出，即引起了理论界的广泛热议。该案涉及的主要问题是，究竟何谓商标法中的公共利益？《商标法》第 10 条第 1 款第 8 项有关“不良影响”的规定，能否承担起保护公共利益的功能？如果能够承担，又应对该规定作出何种合理的解释？依据该条款为公共利益提供保护，是否会与《保护工业产权巴黎公约》所规定的商标“原样保护”原则相冲突？该案形成的原因究竟何在，其最终解决的出路如何？笔者将针对这些问题展开分析和论证，以期进一步丰富和完善商标法的相关基本理论，并为类似案件的解决提供科学的路径。

二、商标法中公共利益的界定

该案引发的最大争议是，何谓商标法中的公共利益。持反对意见者认为，法院依据《商标法》第 10 条第 1 款第 8 项有关“不良影响”的规定保护所谓的“公共利益”，不仅在法律适用上欠妥，而且对公共利益的界定也有失妥当。有一种观点认为，商标法中的公共利益应指诸如“禁止立体商标注册”“允许公众对他人的描述性标志进行正当使用”等，即具有“唯一所指的利益”的特征。反之，所谓消费者的“稳定认知利益”不能成为公共利益。否则，如果说对某讯公司“微信”

---

① 参见北京知识产权法院（2014）京知行初字第 67 号行政判决书、商标评审委员会商评字（2014）第 67139 号裁定和国家商标局（2013）商标异字第 7726 号裁定。

商标的保护涉及公共利益，那么每一个商标都对应着一个公共利益。[①]有学者甚至认为，“法院是扛着公共利益的大旗，在保护巨人企业——某讯公司的私益，系某讯公司的私益对公共利益的截杀”，[②]且该判决对《商标法》注册制度的“公示公信原则”和“先申请原则”造成了巨大的冲击，实不足取。[③]笔者认为，上述观点存在认识上的诸多误区和偏差，需予以理论上的澄清与检讨。

（一）公共利益的基本界定

对公共利益的解释从来都是一个见仁见智的问题？但按通常的理解，所谓的“公共利益”是指在最终价值诉求上表达为共同体全体成员的普遍利益。“公共利益不是单个人利益的总和，也不是人类的整体利益，而是一个社会通过个人的合作而生产出来的事物价值的总和。”[④]“公共利益融于个人利益之中，它非个人利益的简单相加，而是其有机总和。这种总和既过滤掉了个人利益中的任意性、偶然性和特殊性的因素，又综合并放大了其中的合理性、必然性和普遍性的成分，使某种普遍合理的利益得以生成和延续。”[⑤]具体说来，公共利益具有“可共享性”“开放性”“可还原性”和“层次性”等特征。[⑥]

可共享性是指公共利益为不特定的多数人共同享有。尽管“共同利益”未必是公共利益，但公共利益一定是共同利益，其享有的主体为不特定的多数人。开放性是指公共利益是一个不断发展的范畴，随着社会经济、政治、文化条件的改变而不断进化发展。比如，历史上的消费者利益并不被认为是公共利益，直至20世纪三四十年代，随着消费者运动的风起云涌，其才被现代国家所认可。可还原性是指公共利益最终都可还原为具体个体的利益。正如罗尔斯所言：“利益，不论

① 王太平：《论商标注册申请及其拒绝——兼评“微信”商标纠纷案》，载《知识产权》2015年第4期。

② 张伟君：《“公共利益”下出荒谬的蛋——评“微信”商标注册行政纠纷案一审判决》，载智合公众号，https://mp.weixin.qq.com/s/fyNKN55svkJ6XXl1AGFzzA，最后访问时间：2023年6月26日。

③ 参见孙远钊：《从政策视角点评“微信”商标案一审判决》，载360个人图书馆网，http://www.360doc.com/content/12/0121/07/25860520_479260819.shtml，最后访问时间：2023年6月26日。

④［美］E·博登海默：《法理学：法律哲学与法律方法》，邓正来译，中国政法大学出版社1998年版，第298页。

⑤ 杨通进：《爱尔维修与霍尔巴赫论个人利益与社会利益》，载《中国青年政治学院学报》1998年第4期。

⑥ 参见韦景竹：《版权制度中的公共利益》，中山大学出版社2011年版，第35—38页。

是个人的或集体的，最后都必须像饥饿或发痒那样，落实到个人，为个人所感觉到。换句话说，不存在不能落实为个人利益的国家利益或社会的集体利益。”①否则，公共利益将“被有计划地神秘化了”。②层次性是指公共利益具有不同的位阶，不同层级的公共利益将受到不同程度的保护。比如，国防利益和市政建设利益就属于不同位阶的公共利益，对其保护的力度也完全不同。公共利益的层次性既可在学理上被准确描述，也可在司法实践中由执法机构根据一定的标准予以认定。③

不过，需注意的是，长期以来我国学者对公共利益存在重大的认识误区，认为公共利益仅仅是指在“国防卫生、环境保护、桥梁架设、土地征用”等领域所作出的宪法意义上的考量因素。但实则不然，正如有学者所言：“公共利益虽然与国家的行政征收、征用有着密切的联系，但并不局限于此。公共利益在不同的部门法律规范中多有体现，在不同的语境中，公共利益往往表现出不同的作用和功能。”④

（二）商标法中的公共利益

商标法上的公共利益究竟是什么？根据上述分析和界定，笔者认为商标法上的公共利益是指与商标权的取得和运行紧密相关的不特定多数人的普遍利益，它同样具有开放性、可共享性和层次性等特征。首先，商标法中最高层级也是最抽象的一种公共利益，就是维护公平竞争的市场秩序。作为脱胎于反不正当竞争制度的商标法，其既要解放和促进竞争，也要防止和限制不正当竞争；既要促进自由竞争，也要实现公平竞争。商标法应该在这二者之间寻求合理的平衡。而“维护经济秩序的和平与安全、效率与竞争，原本就是公共利益的重要内容”。⑤具体而言，商标法通过科学界定何谓商标的“假冒”“反向假冒”和驰名商标的“淡化”行为，以及通过为未注册商标提供特殊保护和有效遏制商标的“抢注”等，维护公平竞争的市场秩序和市场环境。竞争利益是商标法律制度中最高层次的公共利

①[美]罗尔斯：《正义论》，何怀宏等译，中国社会科学出版社1998年版，第257页。
②[美]马尔库塞：《现代文明与人的困境》，李小兵等译，上海三联书店1969年版，第264页。
③参见王利明：《公共利益是否就等于“大家的利益”》，载《解放日报》2006年9月4日第13版。
④胡鸿高：《论公共利益的法律界定——从要素解释的路径》，载《中国法学》2008年第4期。
⑤孙笑侠：《论法律与社会利益——对市场经济中公平的另一种思考》，载《中国法学》1995年第1期。

益，维护公平的竞争秩序是商标立法的根本宗旨，[①] 它具有最高程度的抽象性，也是商标法的终极价值所在。

其次，商标法上的公共利益是商标的注册和权利限制制度所体现出来的公共利益。如我国《商标法》第 10 条禁止“违背公序良俗”的商标注册、“禁止县级以上行政区划的地名注册”，第 12 条禁止“功能性”的标志注册，如禁止“由商品自身的性质产生的形状”注册，以及第 59 条基于“信息自由”所界定的对他人商标的“正当使用”制度等，都被认为具有高度的公益色彩。它们在商标法合理地界定了权利人的权利之后，为与商标权人具有竞争关系以及不具有竞争关系的第三人共享商标的“符号利益”提供了空间。

最后，商标法中最具体的一种公共利益就是不特定多数消费者的利益。保护消费者的利益是商标权的起点，也是其终点。该种公共利益的具体内容包括发挥商标的产品指向功能，维护消费者认牌购物的消费秩序，并基于此反向激励商标权人稳定提高产品或服务的质量，以促进消费者福利不断地增进。商标权的正当性则在于“高效地传播可让消费者做出正确选择的商品或服务的信息，以解决生产商和消费者之间的信息不对称问题，从而确保商品来源的信息真实性，使消费者在毫无混淆顾虑的前提下，购买产品和接受服务”。[②] 反之，“商标法如不能有效地遵守该原则的话，必将迷失其方向”。[③]

结合本案，所谓的“公共利益”，就是指 4 亿用户在“微信”这种即时通信工具上和某讯公司之间的唯一对应关系，它涉及的是 4 亿公众对“微信”商标的稳定认知和消费秩序。反之，如果允许从未使用和从未在其上赋予商誉的企业通过先申请的方式注册并垄断“微信”商标，恰好会破坏公众的这种识别联系，使其徒增接受服务时的搜寻成本，严重时还将导致公众的“混淆误认”。而商标权的特点就在于，其在保护消费者公共利益的同时，又保护了商标权人的私益。因此，商标权实际上是以公共利益为基础的私权。“商标权人不过是公共利益的代理人和监护人罢了。”[④] “商标诉讼的历史和与此相关的实体法都表明，商家总是敏感地制

---

① 参见张玉敏：《维护公平竞争是商标立法的根本宗旨》，载《法学论坛》2008 年第 2 期。

② Case C–10/89 HAG GF (HAG II) ECR I–3711.

③ S.C.Johnson & Son v. Johnson, 116 F.2d 427，429 (2d Cir.1940).

④ J.Thomas McCarthy, J.Thomas McCarthy on Trademarks and Unfair Competition, Eagan: Thomson/West, 2006, §2:4.

止混淆。这样做的时候，它既保护了自己的钱包，也保护了公众的利益。”①

商标权人成为公共利益的代言人，也完全符合现代公共利益的有关理论，正如学者所言：“除了政府，社会中介机构、慈善团体、宗教组织、商业组织甚至个人都有可能在特定的场合，担当公共利益代表的角色。”②所以，笔者认为对本案判决的正确认识逻辑是，法院判令禁止某某亚太公司获得“微信”商标注册，在维护消费者“稳定认知”公共利益的同时，恰好保护了某讯公司的私益。但绝不能倒过来认为：“法院扛着公共利益的大旗，目的是保护另一巨人企业——某讯公司的私益。”否则，任何一份有关商标侵权的判决，法院都可能被认为是在扛着“公共利益”的大旗，偏袒某一方当事人的权益。

更何况公共利益具有“可还原性”的特点，“无论什么样的公共利益，只有通过私益才能得到证明”。③因此，那种认为单个商标及其商品或服务不构成市场秩序，它只是市场秩序的一部分而非整个市场秩序，因此单个商标形成的利益不应当是公共利益的看法殊值斟酌。试问哪一种商标的使用所形成的市场秩序，可以跨及所有商品或服务领域而构成全部的市场秩序？又有何种商标的使用可以涉及所有消费者的利益，构成整体意义上的公共利益？

具言之，由于“我们每一个人都是消费者，商标法对消费者利益的保护体现了在保护一般社会公众利益基础之上更广泛的公共利益”。④而且，公共利益总与分组人群相联系，“社会由单个人构成，个人根据年龄、性别、技能、经济、社会等归属于一定的分组人群中，个人利益常常以分组人群的利益出现，这样就使个人利益有了相对的集中。社会分组人群在起点上先于公共机构，个人的利益融于社会分组人群中。而分组人群主要体现了个人利益，而由诸多不同的分组人群所组成的公共权力机构，就代表了一种公共利益”⑤。因此，可以认为每一种商标的使用都形成了一个分组人群，从而形成了一种公共利益，更何况是本案中已拥有4亿用户的“微信”商标。

至于有学者认为，如果消费者的“稳定认知利益”构成公共利益的话，那么

---

① 李明德：《美国知识产权法》，法律出版社2014年版，第489页。

② 胡鸿高：《论公共利益的法律界定——从要素解释的路径》，载《中国法学》2008年第4期。

③ 关保英：《行政法的私权文化与潜能》，山东人民出版社2003年版，第358页。

④ 冯晓青：《商标法中的公共利益研究》，载《新疆社科论坛》2007年第2期。

⑤ 关保英：《行政法的私权文化与潜能》，山东人民出版社2003年版，第355页。

诸如“反向混淆”的案件、注册商标的排他权行使，就应该为“稳定认知利益”让路，法院应该判决“反向混淆”侵权行为不成立。[①] 对此，笔者不敢苟同。在此需要提醒论者注意的一个事实是，根据英美法系国家相关司法经验，对于“反向混淆”案件，“一般说来，在案发初期，被告对于系争商标的使用，尚未在消费者心目中留下深刻印象时，法院往往判令维护在先商标所有人的利益，禁止被告继续使用。但如果原告放任被告使用其商标的行为，一旦使消费者在心理上，将系争商标与被告联系在一起，即消费者和在后商标形成了‘稳定的认知’联系……法院只能承认既成事实，允许被告获得商标所有权，只是视被告过错的大小，判令被告给予原告适当的补偿”[②]。此一做法正是商标制度对消费者“稳定认知利益”保护的最好注解。法院宁肯牺牲“在先商标权人”的利益而选择保护在后消费者的“稳定认知利益”，正说明后者是一种更大的公共利益。

三、维护公共利益是知识产权法的常态

针对该案判决，有学者认为，“无论是实行注册取得制度的国家，还是使用取得的国家，商标法从来只有保护‘在先权利’的规则，未有保护‘在后权利’的规则”，因此，法院以牺牲某某亚太公司的“在先注册申请”这种具有财产性质的权利[③]为代价保护所谓的公共利益，于法无据。该做法严重背离了法律保护“在先权利”的基本原则。对这一质疑该如何分析？

（一）对“商标的注册申请构成一种财产权”的质疑

此处首先需要检讨认为“商标的注册申请构成一种财产权”之观点。对此，笔者不敢苟同，具体理由如下。

第一，如果说商标的注册申请构成一种权利的话，笔者认为，它也不过是一

---

① 魏立舟：《“公共利益”告诉你：为什么“微信”案判错了？——兼答江户川君》，载智合公众号，https://mp.weixin.qq.com/s?__biz=MzA5NTMwMDgzMA==&mid=204207161&idx=2&sn=dfa939ec86a73146f518e0a57003ed9d&scene=2&from=timeline&isappinstalled=0#rd，最后访问时间：2023年6月26日。

② 彭学龙：《商标反向混淆探微——以“蓝色风暴”商标侵权案为切入点》，载《法商研究》2007年第5期。

③ 王太平：《论商标注册申请及其拒绝——兼评“微信”商标纠纷案》，载《知识产权》2015年第4期。

种程序性权利。其仅赋予申请人将来使用商标的资格。但“注册申请”难以构成财产权。就像美国联邦最高法院所诠释的那样：“对商标的财产性权利产生于商标的实际使用行为，其既非来自对商标的设计，也非来自政府的授权。”①

第二，商标注册申请完全有别于专利申请。在后者获得授权前，实体意义上的权利已经存在。申请不过是对发明创造的进步性和新颖性进行审查罢了，以使权利满足“契约对价”的要求。而商标注册申请的目的是使注册者获得将来使用商标的资格，为使用者将来成就商标财产提供可能性。商标注册申请就好比是婴儿的“准生证”，为婴儿的诞生提供了程序性条件，但认为“准生证”本身构成了一种财产权不免荒谬。

第三，虽然我国《商标法实施条例》第 17 条和《商标评审规则》第 8 条都认可“商标的注册申请权可以转让”，②但从实务操作的角度看，笔者认为可转让的对象只能是“商标注册的申请成本”和“商标的设计成本”，而绝非商标权的本体即商誉资产本身。否则，如果赋予商标注册申请以财产权性质的话，恰恰容易导致商标注册制度的“异化”，引发更多的商标“抢注”行为。而商标“抢注”行为无论从哪个角度看都是对公共利益的背离。因此，认为“商标的注册申请构成一种财产权”的见解在理论上难以自圆其说，于实践中也危害颇多。

实际上，从比较法的视角看，很多国家的商标法都不认可“商标的注册申请构成一种财产权”，且禁止其转让。比如，美国《兰哈姆法》第 1060 条明确规定：“基于意图使用的注册申请，在提交实际使用的证明前不得转让。”《英国商标法》第 9 条也规定，虽然注册商标所有人的权利从注册申请日开始生效，但在商标实际被注册之日前，不得开始侵权诉讼，而且在注册公告日之前，其第 92 条所规定的“未经授权使用商标的侵权指控”不能成立。这种不享有任何“诉权”的权利是无法称得上真正意义上的财产权的。

不仅是“商标的注册申请”，即便是商标注册满一定期限后，注册者也未将商标实际投入使用时，其也很难成为一种财产权。比如《德国商标和其他标志保护法》第 25 条明确规定：“当商标注册后满 5 年未按规定实际投入使用时，

---

① 248 U.S.90, 97 (1918).

② 我国《商标法实施条例》第 17 条第 2 款规定：“申请人转让其商标注册申请的，应当向商标局办理转让手续。”《商标评审规则》第 8 条第 1 款规定：“在商标评审期间，当事人有权依法处分自己的商标权和与商标评审有关的权利……”

注册商标所有人将无权向第三方提出侵权禁令，无权主张损害赔偿金，也无权要求销毁由侵权人占有的非法标记的产品。”总之，这种没有经过使用的商标，只能说是一个符号的空壳，因其未被赋予商誉灵魂的价值，自然就不能成为一种财产。既然注册后未使用的商标也很难称得上是真正意义上的财产权，更遑论商标的注册申请了。因此，针对本案，认为某某亚太公司的商标注册申请业已构成一种财产权的见解实难成立。

（二）基于公共利益的考量保护在后权利是知识产权法的常态

退一万步讲，即使认为“商标的注册申请构成一种财产权”的观点成立，认为商标法从来只保护“在先权利”而不保护“在后法益”的观点同样值得斟酌。实际上，基于公共利益的衡量，法律牺牲“在先权利”而保护在后权利或法益的现象可谓比比皆是。个中理由，正如著名学者所言：“民法从近代民法到现代民法转型的重要标志，就是其价值取向从注重法的安定性，开始向注重具体案件判决的社会妥当性转变。”[①] 民法上为保护公共利益牺牲“在先权利”的例子很多，如“取得时效”制度。正如有学者所言：“所有权作为主要的财产权之一，属于具有人权性质的范畴，对人的人格完善极为重要，但民法中的取得时效制度，却允许占有人无偿‘剥夺’他人的在先所有权，其背后肯定有着一个比个人财产权更高的利益考量。这个利益考量就在于，取得时效制度允许他人对物进行利用，并进而赋予利用人以物权，在一定意义上符合公共利益，而符合公共利益的制度，总能得到社会的认可。”[②]

民法上的添附制度同样如此。“添附行为的发生究系自然力或人之行为则在所不问。若系人之行为，究为善意或恶意，亦非所问。哪怕是添附人恶意为之，如故意将他人的木材加工成家具，在他人的布巾上作画，法律仍选择保护加工者的利益。其意旨十分明确，就是重在维护物之归属及其经济价值，从而促进公共利益。”[③] 总之，正如某教授所言，“不公正胜于无秩序”，[④] 现代民法为了追求秩序并实

① 梁慧星：《从近代民法到现代民法》，中国法制出版社 2000 年版，第 180 页。

② 甑增水、刘志远：《民法中的善意》，光明日报出版社 2013 年版，第 6 页。

③ 王泽鉴：《民法物权：通则 · 所有权》，中国政法大学出版社 2001 年版，第 297 页。

④ 尹田：《论不公正胜于无秩序》，载梁慧星主编：《民商法论丛（第 19 卷）》，中国法制出版社 2001 年版，第 167 页以下。

现公益，宁肯选择牺牲静态的所有权正义。

不唯民法领域，为保护公共利益而牺牲“在先权利”的现象，在知识产权法领域同样不乏其例。比如，根据美国《版权法》的规定，非法演绎的作品不能获得任何保护。但在 Stewar v. Abend 案[①]中，美国联邦最高法院则认为，电影《后窗》在播放后获得了观众的喜爱，实现了“满足人们的文化需求”这一版权法上的公共利益要求。虽然其侵害了在先作品《必然谋杀》的演绎权，但法院不仅没有对电影《后窗》颁发永久禁令，相反地，还通过引入“公共利益”概念，使其得以继续播放。美国联邦最高法院通过剥夺在先作者静态著作权的方式满足公共利益要求的做法，其价值指向可谓极为鲜明。[②]

结合本案，法院考虑到在系争“微信”商标注册公告前，某讯公司已予善意使用且广为知名，有 4 亿用户已形成了与某讯公司之间的“稳定认知联系”这一攸关公共利益的重大事实，从而依据情势变更规则判令禁止某某亚太公司注册该商标，该做法实无不妥。因为“民法规则的设计，就是旨在使生活资源之分配符合群居同一社会多数人之利益”。[③]而商标权作为一种财产权，“其必须与自利和无害相联系”[④]。公共利益“意味的是在分配和行使个人权利时决不可以超越的外部界限，否则全体国民就会蒙受损失”。[⑤]

因此，本案中法院为保护消费者的“稳定认知”这一重大的公共利益，适时进行利益的再衡量，判令禁止先申请者某某亚太公司获得“微信”商标权，它符合现代民法下“注重个案社会妥当性”的基本价值取向。何况，“注册只是商标权产生的必要而非充分条件”。[⑥]现行“《商标法》规定的‘先申请原则’，原本只是为了敦促商标使用人及早申请注册，从而使其权益获得充分的保护。但作为一种程序性和技术性的规则，‘先申请原则’只能是相对的。它必须建立在公平、诚信这种实质性原则的基础之上。否则，如果把它推向极端，必然助长对法律的

---

① See 95 U.S.207, 28–229 (1990).

② 参见黄汇:《非法演绎作品保护模式论考》，载《法学论坛》2008 年第 1 期。

③ 曾世雄:《民法总则之现在与未来》，中国政法大学出版社 2001 年版，第 21 页。

④ 唐清利、何真:《财产权与宪法的演进》，法律出版社 2010 年版，第 91 页。

⑤［美］E. 博登海默:《法理学：法律哲学与法律方法》，邓正来译，中国政法大学出版社 1998 年版，第 137 页。

⑥ 黄晖:《商标法》，法律出版社 2004 年版，第 54 页。

公正性造成损害的情况发生”[①]。

由此，为了保护消费者的“稳定认知利益”，以维护既有的商标使用秩序，法院适时启用情势变更原则的做法不但必要，更无可指责。更何况为了保护消费者的稳定认知这一重大的公共利益，法院最终牺牲的也只是一个尚不构成任何财产权利的“先申请事实”。

四、不良影响条款对公共利益保护的科学解释

在本案中，如果说消费者的“稳定认知利益”构成公共利益的话，接下来的问题便是如何予以保护？目前，最具争议性的是《商标法》第 10 条第 1 款第 8 项有关“不良影响”的规定能否承担起保护公共利益之重任？该条款该作怎样合理的解读？

（一）对“不良影响”条款的正确解读

《商标法》第 10 条是关于商标注册的绝对禁止条款，该条第 1 款第 1 项至第 7 项明确列举了绝对禁止注册的具体事项，第 8 项则规定有害于社会主义道德风尚或者有其他不良影响的标志不得作为商标使用。该条款堪称商标法上最具争议性的条款，争议的关键在于对“不良影响”该作何理解。有学者对此进行了梳理，概括起来主要有以下几种解释：一是认为该规定仅仅是《商标法》第 10 条第 1 款第 8 项的兜底条款，即仅适用于与“有害于社会主义道德风尚”相类似的情形。二是认为它是《商标法》第 10 条第 1 款的兜底规定，凡类似于该款规定的标志，都禁止注册和使用。三是认为该条款是商标不得注册绝对事由的兜底条款，凡“违背公序良俗，损害公共利益和公共秩序”，商标法规定的其他绝对事由无法对号入座的，都可以适用该条款加以调整。四是认为该条款是商标法不予注册所有事由的兜底条款，在其他条款无法适用时，可适用该规定不予注册。[②]

那么，究竟上述哪一种解释更为科学？笔者倾向于第三种解释。因为“与其

---

① 杨一平：《从商标“抢注”看我国商标确权制度的完善》，载《商标通讯》1999 年第 10 期。

② 参见孔祥俊：《商标法适用的基本问题》，中国法制出版社 2014 年版，第 280 页。

他工业产权制度相比，商标法的突出特征在于强调对公共利益的保护。因此，商标权虽然被定义为一种私人财产权，但其权利保护的范围，仍然要受到公共政策考量的诸多限制。这些公共政策，就集中体现在了有关商标注册的制度当中"①。从比较法的角度来看，范式国家的商标法都有诸如"禁止违反公共利益和公共秩序的商标注册"之一般规定。比如，《德国商标和其他标志保护法》第 8 条第 2 款关于商标"绝对禁止注册"事项规定与我国《商标法》第 10 条第 1 款规定相同，其在规定了诸如"含有政府的徽章、旗帜或其他徽记的标志不允许注册"，"包含官方标志和检验印记的标记禁止注册"以及"欺骗公众的标志不得注册"之外，还于第 8 项规定"违背公共政策和普遍接受的道德原则的商标禁止注册"，该款第 9 项更是一个兜底性规定，"根据有关公共利益的其他规定，明显应禁止使用的商标禁止注册"。

另外，《意大利商标法》第 18 条第 1 款第 1 项规定："与法律、公共政策和广为接受的道德准则相抵触的标识禁止注册。"②《日本商标法》第 4 条第 1 款第 8 项也规定："可能损害公序良俗的商标禁止注册。"按国内民法学界的通行观点，西方国家民法中的"公序良俗"概念和我国民法中的"公共利益"概念，在内涵和作用方面大体上相当。③

总之，范式国家的商标法都强调注册时对公共利益的保护，其在立法上广泛采用了"公共政策""公共利益""广为接受的道德准则"这一类具有高度弹性的概念，以留给法官较大程度的解释权。因此，笔者认为，对我国《商标法》第 10 条第 1 款第 8 项有关"不良影响"的规定不宜作过于狭隘的理解。其应理解为关于商标不得注册绝对事由的兜底条款，但凡"违背公序良俗，损害公共利益和公共秩序"，商标法规定的其他绝对事由都无法对号入座的，可以适用该条款加以调整。这既符合当前商标国际立法的一般潮流，也有利于为商标法应对不测事项预留空间。因此，我国《商标法》第 10 条中的"其他不良影响"这一如此宽泛且内涵不确定的概念实系立法者的一种刻意安排，其本质是一种"授权规范"，是"法

①[英] 史蒂文·D. 安德曼编：《知识产权与市场竞争》，梁思思等译，电子工业出版社 2012 年版，第 289 页。

②《意大利商标法》第 18 条第 1 款第 6 项规定："一旦使用便会侵犯他人的著作权、工业产权或其他专有权的标识也禁止注册。"

③ 参见李双元、温世扬：《比较民法学》，武汉大学出版社 1998 年版，第 71 页。

律对法院的授权”。[①]

（二）“不良影响”条款在本案中的适用

有观点质疑道，即便认为我国《商标法》第 10 条第 1 款第 8 项有关“不良影响”的规定可以扩大解释为商标不得注册绝对事由的兜底条款，从而将所有“违反公共利益和公共秩序的商标”都划入禁止注册的范围，但该条规定可以禁止注册的对象仅指“标志本身违反公共利益”的情形，而不包括“标志的使用可能违反公共利益”的情形。在本案中，“微信”商标并不违反公共利益，仅仅是若允许某某亚太公司注册并使用“微信”商标，该使用行为可能破坏消费者的“稳定认知”，从而违反公共利益。[②] 因此，我国《商标法》第 10 条第 1 款第 8 项仍难适用。如坚持适用该规定，将导致对《保护工业产权巴黎公约》第 6 条之五所规定的商标“原样保护”原则的违反。

笔者认为，要明晰该问题还得回到对“原样保护”原则的正确理解上来。“原样保护”原则是《保护工业产权巴黎公约》第 6 条规定的“独立保护”原则的例外规则。所谓原样保护，是指“在原所属国正规注册的每一商标，本联盟的其他国家应与在原所属国注册那样，接受申请和给予保护”。但该公约第 6 条之五（B）款同时规定了“原样保护”原则的几种例外情形，即在以下情形下，成员国可拒绝注册：“第一，在要求保护国，商标侵犯了第三人的权利；第二，商标缺乏显著性；第三，商标违反道德和公共秩序，尤其是具有欺骗公众的性质。”事实上，无论是英国的学者还是美国的学者都认为，“原样保护”原则并非无可质疑的。

比如，英国著名商标法学者杰里米 · 菲利普斯（Jeremy Phillips）教授就认为：“‘原样保护’原则并非像看起来那么好，在不同的国家适用的情况也完全不同。如在土耳其，规定的是在本国还无法注册的对象可以获得注册，如香烟盒、瓶子的外形等。但在德国，在以下情况下则排除‘原样保护’原则的适用，即在母国注册的商标在别国不认为是可注册标的的。”[③] 美国的弗雷德里克 · M. 阿伯特教授（Frederick M.Abbott）等人也认为：“对该条并非不能质疑，对于不符合该国法律规

---

① 参见魏德士：《法理学》，法律出版社 2005 年版，第 353 页。

② 参见刘东海：《他人在先申请“微信”商标不损害公共利益》，载《经济参考报》2015 年 3 月 17 日第 8 版。

③［英］杰里米 · 菲利普斯：《商标法实证性分析》，马强译，中国人民大学出版社 2014 年版，第 52 页。

定的商标含义范畴内的商标，成员国没有注册并保护的义务。”[①] 而且，“对本联盟其他成员国原样注册一个已注册商标之义务，公约第 6 条之五（B）款规定了某些列举的例外，虽然这种例外是穷竭性的，但这种列举并未排除国内立法认为必要的拒绝保护事由的例外”[②]。也就是说，在一国认为必要的情况下，可超越前述三种情形，补充规定其认为需要拒绝商标注册的事项。

另外，针对《保护工业产权巴黎公约》第 6 条之五（B）款所规定的“违反道德和公共秩序不得注册”之情形，阿伯特教授等人还举例反证道：“在一些禁烟的国家，尽管其不能依据禁止抽烟而拒绝用于‘香烟’上的商标注册，但成员国也可以‘公共健康’的理由禁止香烟的销售。”[③] 也就是说，究竟是标志本身违反公共利益还是因标志的使用有害公共秩序，二者并没有明确的界限，是难以区分的。

总之，“原样保护”原则并非不可质疑，成员国可以基于本国公共政策的考量扩大规定得以拒绝商标注册的例外事由。何况究竟是标志本身还是因标志的使用将导致现实的公共利益明显受损，原本就没有明确的界限划分。因此，无论基于何种解释，“原样保护”原则都并非铁板一块，毋庸置疑。相反，任何国家都可以基于对本国公共政策和公共秩序的考虑，将“标志的使用可能违反公共利益”的情形也作为拒绝商标注册的事由。

退一步来讲，即使前述学者的理解完全正确，即我国《商标法》第 10 条第 1 款所规定的禁止注册的对象仅限于“标志本身违反公共利益”的情形，但需要注意的是，商标法是民法的特别法商标权的私权属性，决定了它得以栖身的法律家园只能是民法。因此，在立法上必须用民法的思想、方法、体系、制度来观照和统领商标法。[④] 而“保护公共利益”是近代民法的重大价值旨趣之一，近代范式国家的民法典无不宣示“保护公共利益”的基本理念。如《法国民法典》第 6 条规定：“不得以特别规定违反有关公共秩序和善良风俗。”第 1135 条规定：“如原因为

①［美］弗雷德里克 · M. 阿伯特等：《世界经济一体化进程中的国际知识产权法》，王青译，商务印书馆 2014 年版，第 498 页。

②［美］弗雷德里克 · M. 阿伯特等：《世界经济一体化进程中的国际知识产权法》，王青译，商务印书馆 2014 年版，第 499 页。

③［美］弗雷德里克 · M. 阿伯特等：《世界经济一体化进程中的国际知识产权法》，王青译，商务印书馆 2014 年版，第 519—520 页。

④ 刘春田：《民法原则和商标立法》，载《知识产权》2010 年第 1 期。

法律所禁止，或原因违反善良风俗或公共秩序时，此种原因为不法原因。"《日本民法典》第90条规定："以违反公共秩序或善良风俗和事项为标的的法律行为无效。"我国《民法通则》[①]第7条也明确规定"民事活动应当尊重社会公德，不得损害社会公共利益"，否则，该民事行为无效。[②]

因此，笔者认为，在本案中即使我国《商标法》第10条第1款第8项有关"不良影响"的条款难以适用，法官仍然可以根据《民法通则》第7条的规定，在考虑到在先申请人注册后，商标的使用将导致公共利益严重受损的情况下，判令禁止某某亚太公司获得"微信"商标注册。这样做也完全符合法理，因为"公序良俗原则系民法上禁止规定的最后防线"。[③]而"国家在私法关系的形成过程中也从来都不是一个旁观者"，这也就是说"一个民事行为在通过狭义民法的检验后，还需从法律秩序整体，也就是广义民法来做检验，看看这个法律行为如果被赋予法律效力，会否在政策上或法律价值上和民法以外的其他法律或社会价值相捍格"[④]。在本案中，尽管"微信"商标本身并不违反公共利益，但如果允许先申请者某某亚太公司获得商标注册并使用，将违反"保护公共利益"之原则。虽然它能通过狭义的《商标法》的检验，但仍难以合乎广义的民法上"保护公共利益"原则的要求。因此，其仍应划入"禁止注册"的范围。

只不过在具体的法律适用上，法院最终并未选择适用我国《民法通则》第7条的规定，而是对《商标法》第10条第1款第8项的"不良影响"规定作了最大限度的扩张解释，将其含义最终确定为前述第三种解释，即将"不良影响"规定作为商标法所规定的不予注册之所有事由的兜底条款，将"因为标志的使用违反公共利益"的情形亦涵摄进来。笔者认为，从法解释学的角度来看，该做法亦无不妥。因为"一般而言，法律解释限于呈现法律的真正含义。解释不能对法律做任何添加。但事实上解释必须在两个，有时甚至是几个可能的含义中做出选择时，这个选择的过程，法官便行使了创造权"。[⑤]而且，正如拉伦茨教授所说："法律解释与法官法的续造，二者亦并非本质截然不同之事，毋宁

---

①《民法典》于2021年1月1日生效实施，论文发表时系依据《民法通则》的规定进行阐释。

② 我国原《民法通则》第58条第1款第5项规定，违反法律或者社会公共利益的民事行为无效。

③ 曾世雄：《民法总则之现在与未来》，中国政法大学出版社2001年版，第21页。

④ 参见苏永钦：《走入新世纪的私法自治》，中国政法大学出版社2002年版，第4—5页、第22页。

⑤［法］雅克·盖斯坦吉勒·古博：《法国民法总论》，陈鹏等译，法律出版社2004年版，第414页。

被视为同一思考过程的不同阶段。”①

因此，在其他法律规则不敷所用的情形下，法院为形成一个考虑到“法律的精神与意义的判决”，不得已启动与本案案情最相近的“不良影响”条款，实属法律适用上的无奈之举。“因为法官如果按照狭窄的法律解释去审理，会直接导致与商标价值本质及公平理念不相符的判决，所以法院对《商标法》第10条第1款第8项作相对扩大的理解，是在考虑案件审理结果和现行商标法不尽完备的基础上，所做出的不得已而为之的无奈选择。”② 而为避免在法律适用上引起不必要的争议，实有必要借鉴《著作权法》第4条的做法，③ 在《商标法》上构造一个全新的条款，明确规定“商标权的取得和行使不得违反宪法和法律，也不得损害公共利益”，从而可以将商标本身不违反公共利益，但因其注册后的使用违反公共利益的情形也包括进来。这既可使《商标法》的规定与《民法通则》的规定保持高度统一，也可为日后类似案件的处理提供制定法上的明确依据。④

五、对本案中相关公共利益的比较与衡量

法院为保护某讯公司的“微信”商标利益，宁愿以牺牲《商标法》上的“先申请原则”为代价，有舍本逐末之感。有学者对此严厉批判道：“必须首先明确认知，商标法位列一切之首的公共利益和公共政策，就是‘公示公知’或‘公示周知’（public notice）。因为它是维系整个工业产权制度的核心，而商标注册制度正

---

①［德］卡尔·拉伦茨：《法学方法论》，陈爱娥译，商务印书馆2003年版，第246页。

② 董晓萌：《“微信”案之我见：还原商标“价值本质”》，载知产力公众号，https://mp.weixin.qq.com/s/zVbXBJBGm8nwbrsP098__A，最后访问时间：2023年6月26日。

③ 我国《著作权法》第4条规定：“著作权人行使著作权，不得违反宪法和法律，不得损害公共利益……”

④ 在我国《商标法》未作修改的情况下，笔者认为，宜对最高人民法院《关于审理商标授权确权行政案件若干问题的意见》第3条规定进行科学的解读。该条规定：“人民法院在审查判断有关标志是否构成具有其他不良影响的情形时……如果有关标志的注册仅损害特定民事权益，由于商标法已经另行规定了救济方式和相应程序，不宜认定其属于具有其他不良影响的情形。”此处“仅损害特定民事权益”，“商标法已经另行规定了救济方式和相应程序”的情形应当特指《商标法》第13条、第15条、第30条、第31条、第32条有明确规定的侵犯“在先权利”的情形，而不应包括“若商标注册后使用，将对在后使用者的利益造成侵害，并妨碍公共利益的情况”。因文章发表于2015年，所涉法律条文依据的是2013年《商标法》。

是公示周知的体现，也是维系社会对整个知识产权制度基本信赖的基础……否则连这基础都发生了崩坏，‘皮之不存，毛将焉附’，制度都没有了，还谈何其他的‘公共利益’？还有什么比这个更加严重的‘不良影响’？”[①] 对该质疑，笔者从以下两个角度展开探讨。

（一）可与注册的“公示公信原则”及“先申请原则”相媲美的公共利益

确实，作为商标法的立命基础，商标注册的“公示公信原则”和“先申请原则”攸关重大的公共利益。但与此同时，笔者认为对于本案在注意到注册制度重要性的同时，也不应忽视其牵涉到另一种可以与“公示公信原则”和“先申请原则”相媲美的公共利益，即商标权的初始配置对商誉创造的激励和培育功能，以及基于此商标法对投资秩序和竞争秩序的保护所涉及的公共利益。如前所述，这种公共利益在整个商标法秩序中，同样具有“全局性”“基础性”和“不可约减”的功能和作用。

正如有学者所说：“从公共利益的角度来看，将商标专用权授予商标权人，这不是因为商标权人创造了它或是存在特定的联系，而是因为该人被置于这样一个位置：强烈地刺激他保障使自己的商标具有识别其特定商品的作用，从而通过商标维护更广泛的公共利益。商标保护产生了通过不被扭曲的自由市场的运作，确保有效分配社会资源的一般公共利益。”[②]

商标法有效地保护商标权人的私益，这也是促进公共利益的基础。因为“私有财产的形成和不断增长，是公共利益形成与扩展的源泉与条件。如果私有财产得不到保障，个人自由创造的活力就不能得到发挥，社会进步将失去动力，真正的公共利益也将无法实现”。[③] 这大概就是美国知识产权宪法条款所阐明的保护知识产权的根本原因，即“为促进科学和艺术的进步，国会有权保障作者和发明人对其作品和发明在有限时间内的排他性权利”。[④] 美国的知识产权宪法条款背后的经济哲理就是坚信：“通过国会和法院保护个人的知识产权，从而鼓励个体的创造

---

① 孙远钊：《从政策视角点评“微信”商标案一审判决》，载 360 个人图书馆网，http//www.360doc.cn/article/25860520_479260819.html，最后访问时间：2023 年 6 月 26 日。

② 冯晓青：《商标法中的公共利益研究》，载《新疆社科论坛》2007 年第 2 期。

③ 万佑启：《论公共利益与私有财产权保护》，载《法学论坛》2006 年第 6 期。

④ 参见美国《宪法》第 1 条第 8 款。

性努力，它是推进社会福利的最佳途径，因为公共利益将因创新而得到最大化。”①

具体到本案，在诉争的“微信”商标注册公告发布前，某讯公司通过自己的诚实劳动善意地将商标投入使用并广为知名。而众所周知，“商标法没有鼓励发明创造的愿望，该愿望是专利法和版权法的基础。商标立法的目的就在于，鼓励人们对商标的使用，以成就商标的商誉价值。没有任何联邦的政策是在鼓励创作更多的商标”②。“如果说商标构成一种财产权利的话，那么，这种权利是通过商标在商业中使用取得的，并且只要继续使用，权利就存在。”③商标在市场上存在的时间越久、知名度越高，也就越珍贵。如果法律不对某某亚太公司的商标注册行为加以禁止，其“最终将会毁坏体现在商标中的信息资本，导致市场主体首先开发有价值商标的积极性丧失殆尽”。④

总之，对于商标法制而言，如果其权利的“初始分配”规则，不是激励人们“培育和创造商誉的积极性”，不是“鼓励创造者对其商誉的稳定保有”，而是鼓励人们通过商标注册行为实现对他人商誉的巧取豪夺，鼓励人们通过商标注册对他人的商誉进行先占式的“圈地”，试问这样的商标制度还有基本的正义价值吗？司法如果遵守这样的注册制度和“先申请原则”，也必将是为虎作伥。

（二）利益衡量视角下保护商标法“商誉培育的激励功能”更具合理性

对于商标法为何要将“商誉的激励和培育功能”作为至高无上的公共利益看待，还可从利益衡量的角度得到证明。一般而言，法律究竟选择保护哪一种利益更科学，可通过一些具体可操作性的因素加以考量。比如，对不同利益进行比较，判断何种利益更具普遍的社会认可价值，保护何种利益更具现实紧迫性，利益可否替代，以及选择保护哪一种利益对相对利益的损害最小等。⑤笔者尝试从以下角

---

① Mazer v. Stein, 347 U.S. .201, 219; 74 S.Ct.460, 471; 98 L.Ed, 930 (1954).

② William P. Kratzke, Normative Economic Analysis of Trademark Law, 21 Memphis St. U.L.Rev.199, 212–219 (1991).

③［美］罗伯特·P. 墨杰斯等：《新技术时代的知识产权法》，齐筠等译，中国政法大学出版社 2003 年版，第 440 页。

④ William M. Landes, Richard A. Ponser, Trademark Law: An Economic Perspective, 30 Journal of Law and Economics 265 (1987).

⑤ 万佑启：《论公共利益与私有财产权保护》，载《法学论坛》2006 年第 6 期。

度对本案展开分析和检讨。

第一，从利益重要性的角度来看，“激励人们对商誉的培育和创造”与商标注册制度的“公示公信原则”和“先申请原则”都是社会普遍认可的价值准则，很难说何者体现的公共利益价值更大。所以，从利益重要性的角度来看，二者难分伯仲，法院难以从该视角作出合理的选择与判断。

第二，从利益是否具有可替代性的角度来看，笔者认为，《商标法》“激励人们培育和创造商誉的功能”应当说具有绝对的不可替代性，不管是实行商标注册取得主义还是实行商标使用取得主义的国家，都需以此为鹄。否则，商标法将失去其价值依归。反之，倒是商标法上的“先申请原则”并非不可替代。比如，美国在商标权的取得上推行的就是“先使用原则”，而迄今为止美国是全球驰名商标占有率最高的国家，其知识经济的发达程度在全球首屈一指。因此，从利益是否具有可替代性的角度来看，显然商标法“激励人们培育和创造商誉的功能”比商标注册取得主义和“先申请原则”更具有绝对的普遍性，不可被替代。因此，从利益是否具有可替代性的角度来看，前者比后者更重要。

第三，从利益的紧迫性角度来看，一般而言，法院在对公共利益进行权衡时通常会采取这样的规则，即“长远的公共利益占优，但由于未来具有不确定性，如果现阶段的公共利益损失极大的话，则应倾向于保护当下的公共利益”①。在本案中，商标法“激励人们对商誉的培育和开发”与商标注册制度的“公示公信原则”和“先申请原则”所体现的公共利益应当说都具有未来性。但需要注意的是，本案赋予某讯公司以“微信”商标权，以刺激其创造知名商誉的积极性，并禁止某某亚太公司获得该商标注册，它还关涉当下8亿多消费者对“微信”商标的“稳定认知利益”。如果允许某某亚太公司获得该商标注册，消费者或将面临巨大的认知困扰，或将承担巨大的商标认知的转换成本。因此，从现实紧迫性的角度来看，法院选择判令禁止某某亚太公司获得“微信”商标注册，更具有合理性。

第四，从能否实现利益分享的视角来看，或许有人会认为，法院完全可以判令某某亚太公司先注册该商标，然后再判决某某亚太公司将其许可给某讯公司使用，由后者对前者支付相应的许可费。笔者认为，这样做的坏处，除了它同样会带来商标权取得上“劣币驱逐良币”的现象之外，还容易导致“注册者某某亚太

① 李杨：《知识产权法基本原理（Ⅰ）基础理论》，中国社会科学出版社2013年版，第135页。

公司对在后使用者某讯公司法律上的挟持”。即在具体的许可价格上，某某亚太公司可利用其商标注册人的法律地位对某讯公司漫天要价，从而导致商标使用许可行为产生严重的市场扭曲，甚至导致商标使用许可的失败。① 因此，该做法亦非本案最佳的解决方式。

第五，从对相对利益损害程度的视角来看，笔者认为判令禁止某某亚太公司获得“微信”商标注册，并不会造成一些学者所担心的将导致商标法上“先申请原则”土崩瓦解的情况。首先，在《商标法》未作修改的情况下，“先申请原则”仍然是商标法的基本原则，其在商标法中的基础地位牢不可破。其次，即使法官需要对“先申请原则”有所突破，其还受到“公共利益”界定的诸多限制，对达不到“微信”这种具有深远社会影响力的商标，也不可能将其上升到予以公共利益保护的高度。② 最后，在短期内能聚集如此多消费者的“微信”商标案，实系司法实践中的小概率事件。因此，也完全不必担心实践中会有突破“先申请原则”的情况屡屡发生。至于说此案将导致后来者纷纷效仿，一些经济上具有明显优势者将盯住国家商标局的注册簿不放，一旦发现有适合自己的商标，就立即开始使用并造成后发优势，吞噬“在先申请者”的利益，笔者认为这种担心更是杞人忧天。因为商标一旦公告，就能推定使用者具有恶意了。根据“错误不能产生任何权利，善意才是通往权利的开始”这一罗马法暗语，这种担心也实属多余。

总之，不管从何种角度讲，让某讯公司保有其最初开发的“微信”商标，并判令禁止某某亚太公司获得商标注册，以发挥《商标法》“激励创造商誉”之功能，这在任何情况下都应成为《商标法》责无旁贷的选择。因为商标法制度创设的目的就在于“通过给予每一个商人以可能的帮助，来保护其业已建立起来的事业，并最终促进商业的增长”。③ 否则，“如果创新型企业的萌芽屡屡被当前广泛保护的商标权利践踏于脚底时，该制度已然显示出了其缺乏理想的平衡状态”④。

---

① 崔国斌：《商标挟持与注册商标权的限制》，载《知识产权》2015 年第 4 期。

② 董晓萌：《“微信”案之我见：还原商标“价值本质”》，载知产力公众号，https://mp.weixin.qq.com/s/zVbXBJBGm8nwbrsP098__A，最后访问时间：2023 年 6 月 26 日。

③［澳］布德拉·谢尔曼、［英］莱昂内尔·本特利：《现代知识产权法的演进：1760—1911 英国的历程》，金海军译，北京大学出版社 2006 年版，第 236 页。

④［英］杰里米·菲利普斯：《商标法实证性分析》，马强译，中国人民大学出版社 2014 年版，第 29 页。

商标撤销制度中“使用”界定基本范畴研究

——运用比较研究、逻辑推理和实证分析的方法*

商标三年不使用撤销制度，是配合现代注册取得商标专用权制度不以“使用”为条件进行授权审查的体制而诞生的。该制度不但纠正了商标不使用获得专有权权利生成自然法上的悖论，使商标权重新奠定在社会契约论基础之上；它还犹如一张渔网，发挥着道德排查功能，使不具权利生成道德基础的注册者止步于权利的获胜者之外。另则，该制度还有利于避免现代注册体制带来的“商标丛林”现象，在提高注册机关工作效率之同时，促进商标资源有效利用，并维持同业者的公平竞争。同时，它还有效避免了实践中因注册泛滥导致的“权利冲突”现象。而且，该制度还积极地创设商标法中的“公有领域”机制，使注而不用的商标资源重回公有领域的怀抱，为产业界公平地利用分享。因此，作为商标法中具有重要地位的撤销制度不可小觑，尤其是像我国这种未经“使用取得”直接步入“注册取得”商标专用权的国度更是如此。而科学商标撤销制度之构架，端赖对该制度中“使用”概念的合理界定、区分、设计与阐释。有鉴于此，本文将以“公开的使用还是非公开的使用”“可控制的使用还是不可控制的使用”“真实的使用还是非真实的使用”“主动使用还是被动使用”“撤销期内的使用还是非撤销期内的使用”五对基本范畴为对象，从比较研究、逻辑分析和实证探讨的视角，试图对该制度中的“使用”概念进行重新厘定，为我国相关制度的完善和司法理论的丰富提供进一步可争论的见解和观念，以丰富学界这方面的知识增量。

一、从使用的范围角度看：公开性使用与非公开的使用

撤销制度中商标使用必须是一种“公开”的使用，究其原因在于“商标是一种

社会资产”。商标权要为公众认可，商标要发挥其识别商品和服务来源的功能，从天然的标志演化成具有由价值构成的符号，必须仰赖于商标权人以公开的方式，将标志投入商业活动中，使标志和社会公众产生商誉价值的联系。否则，如果商标长期被置于秘密的或不为相关公众知悉的状态，就很难演变为“阳光下”的资产，也将因为失去和公众接触的机会而使其本有的区别功能无以发挥，商誉无以建立。因此，“公开”使用就如同是一抔沃土，浇灌着商标奇葩的盛开，并孕育着其生命的未来。尽管从实务角度观之，很少有国家和地区的商标法会在撤销制度中明确要求“公开”使用的要件，而只会列明在“商业中”使用的要求，比如说美国《兰哈姆法》第1127条明确规定商标必须在“商业中使用”，俄罗斯联邦《民法典（商标法部分）》第1484条第3款规定，商标的使用必须是“为在俄罗斯联邦境内……进入民事流通领域的，或者为此目的而保存或运输的，或者进口到俄罗斯联邦境内的商品上使用”。虽然“在商业中使用”“在民事流通领域中使用”“以营销为目的使用”和“公开使用”之间存有区别，前者是从使用的商业性质所做的观察，后者是从使用的范围所做的界定，但二者仍有交叉。因为，但凡“商业中”的使用都应是“公开”使用，因此除了个别国家，如法国的旧商标法曾要求商标以公开而非暧昧之方法而使用[①]外，绝大多数国家的商标法在界定撤销“使用”时，也都没有再科以“公开”使用之要求。

虽说如此，在“商业”中使用和“公开”使用倒是有着相当的差距，比如说以下情况虽然都具有商业使用和民事交易的属性，但显然不能满足“公开”使用要求，很难实现商标的社会价值，并使其真正发挥识别商品或服务来源的功能。因此，“商业”使用和“公开”并为非充分必要关系，互相之间不可替代。具体而言包括以下情况：

第一，公司的内部交易行为，比如说商标产品仅是在总公司和分公司之间交付流转，显然因总分公司之间系同一组织体，这种交付流转行为难以认定是商标向不特定相关公众的“公开”使用行为。因此，其并不具有使商标和相关公众相联系以发挥其区别产品或服务来源的功能。所以，该使用不会产生维持商标专用权的效力。在美国，法院甚至认为商标产品在母公司和全资子公司之间的交易也不具有公开使用的性质，如在“BLUE BOX LINE”商标争议案[②]中，法院就认为

① 曾陈明汝：《商标法原理》，中国人民大学出版社2003年版，第138页。

② Mc Quay–Morris Mfg.Co.v.H–p Tool Mfg.Corp., 141U.S.P.Q.405 (T.T.A.B.1964).

虽然当事人在运往加拿大全资子公司的活塞环组和各种各样宣传材料的外包装上标注了“THE Blue Box LINE”标志，但鉴于该活动完全是在当事人的组织内部进行，所以并不构成该商标“公开有效”之使用。

第二，仅有商标转让或许可使用的协议，被许可人或受让人并没有实际使用商标。尽管商标转让或许可使用的行为具有商业性质，但只要被许可人或受让人没有实际使用，鉴于许可合同的相对性，难谓商标已经向不特定的相关公众公开，因此这种使用不产生维持商标权的效力。另外，许可或转让合同，“仅仅能够证明履行一定行为的意向，但其本身则不能自证一定发生了履行合同的行为”[①]；最后转让或许可以以权利本身为交易标的[②]，但维持商标专用权的使用必须以商标为对象。明确单纯的许可或转让不能产生维持注册的效力，其直接知识产权公共政策效果[③]是，可以对我国当前的商标抢注和职业注册人大量出现的现象进行有效遏制，为止刹“抢注”之风有所贡献[④]。

第三，将附带了商标的产品交付给其他公司作为生产制造环节上一环的行为，也不能认为是能产生维持商标专用权效力的使用[⑤]。比如说，甲公司将附带了商标的产品交付给乙公司作为生产流水线下一环节的制作，这种内部交付行为不能认为能产生维持商标专用权的效果。但如果商标权人已经将商标商品销售给了批发商，在批发商未转售的情况下，另当别论。因为“经销商”“批发商”属于“相关公众”，商标产品到达批发商时，已满足了和“相关公众”建立识别性联系的条件，这种使用从现行立法对“相关公众”的界定包括“与商品或者服务的营销有密切关系的其他经营者”[⑥]略见一斑。但如果注册人交付运送给经销商的仅是附带了商标的样品，仍不能认为该使用满足“公开性”要求[⑦]。因为，样品交付不

① 李静冰：《注册商标不使用撤销诉讼中的证明责任》，载《中华商标》2011年第2期。

② 李士林：《论商标使用与不使用的界定》，载《西部法学论坛》2012年第4期。

③ 吴汉东：《知识产权的多元属性及研究范式》，载《中国社会科学》2011年第5期。

④ 类似观点参见周云川：《“注册商标连续三年停止使用”的理解和适用》，载北京市第一中级人民法院知识产权庭编著：《商标确权行政审判疑难问题研究》，知识产权出版社2008年版，第177页。

⑤ Harod v. Sage Products, Inc., 188 F.Supp.2d 1369, 62 U.S.P.Q. 2d1022 (S.D.Ga.2002).

⑥ 参见《最高人民法院关于审理商标民事纠纷案件适用法律若干问题的解释》第8条规定：“商标法所称相关公众，是指与商标所标识的某类商品或者服务有关的消费者和与前述商品或者服务的营销有密切关系的其他经营者。”

⑦ 李明德：《美国知识产权法》，法律出版社2003年版，第289页。

是“销售”，而不过是让经销商识货以决定是否购买正品。这种交付行为仍具有相对性和内部性，不应产生维持商标专用权的效力。

第四，仅仅与广告商订立制作或发布广告的合同，或者是与网站设计公司订立设计网页的合同，如果合同未实际履行，一般也被认为未满足通过广告方式公开使用商标之要件[①]。理由仍在于该种使用不具有宣示于外的效力，难以符合“公开”使用的要求。另外，如果仅有广告而没有产品的实际生产或销售，或者至少是准备生产或销售的行为还不能维持商标专用权，因为如果认定这种广告行为也具有使用的效力，很容易造成对“使用”的规避，在撤销到期前，通过无产品的广告来达到逃避撤销之目的，这将使撤销制度形同虚设。

第五，商标质押等担保关系中，由于质押属于合同当事人之间的内部关系，不具有昭之于众的“公开”特性，因此，单纯的质押行为不能认为是商标的“公开性”使用行为。比如说 A 公司在化妆品上注册了“安维美（AWEIM）”商标，但从撤销之日起的 3 年内，A 公司没有使用该商标（但在此前商标有使用，所以有担保价值），只是为了融资将商标质押给了银行。根据质押关系，银行无权使用商标，而单纯的质押行为仅在权利人之间产生合同关系，并不具有将商标昭然于社会的效果，因此，单纯的质押行为显然并非“公开性”使用。与前面所述单纯的许可或转让一样，该种使用也是以“权利所负载的利益”而非以“商标”为对象，因此难以满足商标使用的公开性要件，不构成合规的使用。

第六，仅仅在企业内部供管理层和员工阅读的年度报告、年终总结、工作总结、会计报表、统计资料、会计账簿、配料单[②]、竞争动态、员工手册、员工须知、内部展馆、企业内部发行的杂志上使用该商标的，鉴于这些资料和场所的私密性和对内性，也应认为这些使用不具有商标法意义上所需要的“社会”属性，使其难以满足撤销制度下使用的“公开性”要件。不过，在商品的进出口检验检疫证明、报关单上的使用应视为公开使用[③]。因为这些文件具有昭示于外的效果，且直

① 卜元石:《商标持续使用制度的理解与适用》，载《中国专利与商标》2010 年第 1 期。

② 黎运智:《注册商标的“连续使用”要求浅析》，载《太原城市职业技术学院学报》2008 年第 2 期。

③ 我国《商标审查及审理标准》明确规定:“商标使用在与商品销售有联系的交易文书上，包括使用在商品销售合同、发票、票据、收据、商品的进出口检验检疫证明、报关单据等上。”2022 年 1 月 1 日《商标审查审理指南》生效实施,《商标审查及审理标准》同时废止，但上述所涉规定内容未发生改变。

接指向具体的商品。

总之，在“商业中使用”和“公开使用”属于两个不同的概念，在撤销制度“使用”建构与解释上，不应以前者来代替后者。因为，“商业中使用”可以在与相关公众无关的特定当事人之间进行，而“公开使用”则以相关公众为参考对象，以其对商标的认知为前提，并为建立商标商誉和促进商标社会的生产力做出贡献；商业使用可以不以“商标”为使用对象，而仅以其代表的“利益”为交易客体；但撤销制度中被使用对象不应是凝固在既有商标中的“利益”而是商标本身，并通过对其的持续性使用来提升消费者的福祉。因此，“公开”使用和“商业”使用不可同日而语，为了使将来的立法更为完善，对撤销使用应做“公开”使用的规定；至少在立法未变的情况下，也应在解释上认定能维持商标专用权的使用应包含“公开”使用之要件。否则，撤销制度将难以保障注册商标奠定在实质正当的基础之上。

二、从使用的支配性角度看：可以控制的使用与不能控制的使用

要产生维持商标专用权的使用，必须是商标权人或相关当事人可以控制实施的行为，对不能控制实施的行为，不能产生维持商标专用权的效力。理由在于，作为一种社会公众和商标权人利益“对价”[①]的条件，对注册商标的使用不仅是商标权人积极追求的结果，还应体现其意志力，必须是在其主观愿望支配之下，真实地反映了其试图通过商标的使用和消费者建立起联系内心真意的行为。否则，如果使用行为属于客观上不能为商标权人得以控制实施的情况，而属于其他人完成的虽符合商标使用的“形式”要件，但不属于商标权人意志力和控制力射程支配范围之情势，仍认为这种“使用”能产生维持商标专用权之效力，不但容易使我们的法律成为帮助“不使用者”占用商标资源，却怠于对产业经济做出贡献的助纣为虐者；而且还容易带来司法实践中“诈害性”使用之情况，导致所谓的“借鸡生蛋”的问题。这不但会使3年不使用撤销制度的价值目标归于落空，还可能带来在注册维持上的使用“欺诈”，从而表现为对商标法领域最高原则：“诚实信用原则”[②]的背离。因此，能产生维持商标专用权效力的使用，必然是商标权人

① 徐瑄：《知识产权的正当性——论知识产权的对价与平衡》，载《中国社会科学》2003年第4期。

② 孔乐乐：《论商标法适用中的道德因素考量》，载《法学杂志》2011年第11期。

或利害关系人得以控制实施的行为；反之，就不具有维持商标权的效力。对此，澳大利亚联邦地方法院持该种立场。这典型地反映在 Gallo 公司诉 Lion Nathan 公司“Barefoot”商标侵权案中。

该案地方两审法院均认为“非由 Gallo 公司控制的进口，不能视为 Gallo 公司的商标使用行为，这些产品凭借不由 Gallo 公司控制的其他原因进入澳大利亚，不能视为‘Barefoot’商标在澳大利亚的使用基础。因此，也就不能作为 Gallo 公司主张他人侵权的前提”[①]。但澳大利亚联邦最高法院最终推翻了地方法院的判决，认为“商标权人使用义务的满足‘不以商标权人对使用的实际知晓或授权’为前提；即使商标权人对于这一商标的使用行为并不知情，依然构成商标的使用。法院认为，商标区分产品的能力‘并非取决于商标权人是否故意将产品投入澳大利亚市场，而是取决于产品是否已经存在于澳大利亚境内的商业流通过程之中的事实’”[②]。因此，澳大利亚最高法院认为，即便是商标权人不能控制的使用，仍然构成注册维持制度下的使用情形。

对此，笔者不敢苟同。我们认为，《商标法》之所以要规定 3 年不使用撤销制度，其旨趣十分明确，就是要促成商标权人以积极的、体现其控制能力和支配意愿的方式来使用注册商标，从而促进产业经济的发展。而且这种“使用”应具有确定性。但不受权利人控制的“使用”则具有高度的概然性，其可能存在或不存在。如果认为这种使用行为也能产生维持商标专用权的效力，它易破坏注册体制下社会公众对商标权人“使用”商标的期待确定。更何况，撤销制度的本意并不是为了追求注册商标的撤销数量，而是意在督促注册者在其“意思自决”的前提下，由本人或其认可的第三人对商标实际使用，从而避免商标资源的闲置浪费。反之，如果认为“不为商标权人控制，甚至是事前不知悉”的使用行为都能产生维持商标专用权的效力，其不但无法体现注册者的使用真意，使公众对注册商标的使用期待变成了可能性的“机会”，还完全可能带来撤销制度中的使用“欺诈”，从而表现为对商标法最高原则——诚实信用原则的违反。

这尤其体现在他人“侵权”使用的场合，即 3 年来注册商标权人并没有使用

---

① 具体案情请参见曹中强主编：《中国商标报告（第 10 卷）》，法律出版社 2011 年版，第 371 页。

② 董慧娟：《澳大利亚 Barefoot 案对商标“使用”含义的突破及引发的思考》，载《电子知识产权》2011 年第 5 期。

商标，第三人未经商标权人许可，在相同或近似商品上使用了该商标，第三人的使用行为属于侵权行为自无疑问，从结果上看，虽然它满足了注册撤销制度“避免商标资源闲置”的价值目标。但实务中，仍应认为这种使用，即在第三人启动商标撤销之诉后，“在商标权人和第三人之间补签许可使用协议的行为，不足以补正商标权人3年未使用商标之事实”[①]。之所以如此，道理非常简单，即如果认为这种事后补救的行为得以产生维持商标专用权的效力，它实际上是明确了商标权人可以通过一己之行为，对商标法价值上明确宣泄为“假冒或仿冒”的行为予以私自的“合法化”认可，其对商标法侵权规则的价值背离可谓昭然若揭！同时，商标权人为了维持注册而事后强行补正历史上未使用之事实，其欺诈注册的意图也十分明显。再说，如果认为这种事后补救的行为具有法律上之效力的话，还易产生注册人“守株待兔”的情况，即在商标权人注册后，自己并不使用商标——这对以“抢注”他人商标为业的职业注标者而言，尤其如此——当有第三人未经许可使用时，既可以主张使用的侵权，也可以“借鸡生蛋”，通过事后补充许可使用协议的方式来借机补正自己未使用之事实。这显然不利于商标撤销制度的价值实现。

同时它还为注册人背信弃义、逆诚实信用原则而动提供了制度空间。该做法不但使我们的商标法成了商标掮客职业注标的帮凶。还使注册者逆诚实信用原则而动，甚至走向诚实信用原则极端的反面，即为有选择的“恶信”提供了条件。如此看来，无论从何视角来看，都应认为注册撤销制度中的商标“使用”必须以商标权人可以“控制”实施的使用为限，商标权人不能控制实施的行为，不能产生维持专用权的效力，实际上《TRIPS 协定》第 19 条早就有明确规定，要求“在所有权人控制的前提下，另一人使用商标才应被视为为维持注册而使用该商标”。因此，现实生活中，商标权人不能控制的使用行为显然应排除在维持注册的效力之外，具体而言可以包括:（1）第三人偷盗商标产品并将其投放市场;（2）商标产品受托人超过委托的数量将制造的商标产品投放市场;（3）被许可人超过许可的范围向市场投放商标产品；以及（4）平行进口商未经国内权利人的许可将进口的商标产品投放市场的行为，尽管它们在客观上满足了商标资源不被闲置的事实。

① 刘晓军:《商标使用中的疑难问题研究》，载《中国专利与商标》2007 年第 4 期。

三、从使用的真实性角度看：真实使用与非真实使用

能维持商标权的使用，不但应是商标权人得以控制实施的行为，还应是其“真诚”使用的结果。如美国1996年《兰哈姆法》明确规定商标的“商业上使用”指在一般贸易通常过程中真诚地（bona fide use）加以使用，而非仅为保留其权利目的的使用；而《德国商标法》第26条第1款明确规定，“以商标使用为理由对任一注册商标或注册之维护提出主张者，该商标应由权利人于国内就其注册所表彰之商品或服务为真实之使用，但有正当理由不使用者，不在此限”。“真实使用”也是欧盟法院在司法判例中屡屡考察的对象，并在很多个案中动用该要件，将“霸占为真，实际使用为假”的情形逐出注册簿之外。我国司法实践中，法院也经常动用该要件否决不具有使用真意的行为，使注册商标人以占有商标为目的的“虚伪”使用难以得逞，使注而不用的“乔装”使用者无容身之地。本文赞同Jeremy Phillips教授的看法，认为“实际使用”不等于“真实使用”，商标实际使用有两个必经步骤：首先，要确定是否存在“实际使用”（actul use）的事实；其次，待“实际使用”的事实确定之后，再确定“实际使用”的真实性，即考证“真实使用”（genuine use）或“严肃使用”（serious use）以及“正常使用”（normal use）的事实①。这就好比是刑事犯罪，光有犯罪事实不足以科刑，还必须具有能被苛责的“犯意”或者说动机。不具犯意者，虽然有犯罪行为，但仍不足以求刑，因为其行为根本不具有刑法上的可责备性。

能产生维持商标专用权的使用之所以要求是“真诚”的使用，概因商标法并非注册者占有商标资源的游戏场，也非鼓励人们拥占商标资源的角斗场，更非“注而不用者”挑战国家诚信的试金石。商标法希望注册者与国家之间的契约奠定在“言而有信”的基础上，因为作为主权者的国家郑重承诺通过建立一套完善的商标管理和侵权监管的制度来维持注册人的权益，其意在换取的正是注册者以“使用诚意”来促进国民经济发展的贡献。只有注册人以无保留的“真意使用”来兑现对国家的承诺时，才能换取国家对注册人垄断标志利益的承诺。不过，行为人究竟是否具有使用的“真实意图”，只能更多从行为上加以推断，就像萨维

① Jeremy Phillips, Trade Mark Law, A Practical Anatomy, Oxford, pp.438–440.

尼所说，“根本上‘意思’应被视为是唯一重要与有效的，却由于这是内在且无法察觉的过程，必须有一定的表征，让他人能够识别，而让‘意思’公开的表征就是‘表示’。因此意思与表示常属一致，并非偶然而是合于自然的关系”。具体而言，在判断“真实的使用”时，需探究以下问题。

（一）“象征性”使用应排斥在“真实使用”范围之外

能维持商标专用权的使用必须是商标权人“真心实意”的行为；反之，那种“概念式”“偶尔的”“以维持为目的”的“象征性”使用应毫无异议地排斥在“真实使用”的范围之外。“象征性”使用尽管有使用的表象，但该表象预示的并非对商标使用的恒久追求，而不过是使注册商标得以暂时维持的权宜之计；其并非要赋予商标以商誉，而是试图以点缀式的“使用”为手段来达到障眼法的效果，是试图以无实质性价值的、零星的、散淡的、临时的、有限地域的使用来遮蔽其长期不将使用的事实，使注册蒙混有效。因而，“象征性”使用显然不属于真实使用的范畴，而是对真实使用的“反动”拟制，具有欺骗性。因此，如果立法或法律解释让“象征性”使用者得逞，必将造成对注册者欺诈国家并不当垄断公有领域资源的放纵。所以，在撤销制度建构上，需要刺穿“象征性”使用的面纱，使掩盖在虚伪使用外衣下注册者“长期不欲使用商标”的目的大白于天下，使注册者裹挟在使用假象下，通过注册强占商标资源并达到反竞争的目的无以得逞。这也就是说，“象征性”使用如同一颗“毒瘤”，寄生在撤销制度中，必然鼓励恶意私占商标的不良之风蔓延。因此，法律应对“象征性”使用予以严厉铲除。

只是基于不同公共政策考量和对撤销使用制度重心的不同关注，对不具诚意的“象征性”使用各国的法院可能会进行宽松不一的解释。比如说，在 Exxon Corp. v, Humble Exploration Co., Inc. 一案中①，美国联邦上诉巡回法院就认为，在 Humble Oil & Refining 公司更名为 EXXON Crop 后，公司为使之前使用的“Humble”商标持续受保护而开展有限的商标维持计划，具体来说就是间歇性的在销售名义上标有“Humble”和“Exxon”标记的商品和为该目的而开立销售“Exxon”桶装汽油时标有“Humble”商标的发票；巡回法院认为这些行为只能证明 Exxon 公司有“不放弃”和“不抛弃”“Humble”商标的意图，但不能证明其

① Exxon Corp. v, Humble Exploration Co., Inc.592 F.Supp.1266 (N.D.Tex.1984).

有“继续使用”的意图。本文认为，“不放弃”和“不抛弃”的意图带来的更多是对商标的“象征性”使用。但有“继续使用”的意图，其对商标的使用就应当是一贯的、持续的、有效的、坚定的、大范围的。因此，只有“具有继续使用意图”的行为才能被认定为真实使用；反之，“不放弃”和“不抛弃”的意图就更多是一种“象征性”使用。

我国有法院对“象征性”使用的解释甚至更为严格，比如说在某油漆公司诉商标评审委员会及金某琴“大桥 DAQIAO 及图”商标复审纠纷案中，北京高级人民法院的态度就十分明确：在复审三年期间里，使用复审商标的商品销售额仅为1800 元，并仅有一次广告行为投放于在全国发行量并不大的《×× 日报》上，且上述销售及广告行为均发生在复审三年期间的最后三个月，故复审商标的上述使用系出于规避《商标法》第 44 条的规定以维持其注册效力的“象征性”使用行为，而不是出于真实商业目的使用复审商标。因此，该行为不足以产生维持复审商标注册的效力。[①]北京高级人民法院以当事人对商标使用的价值微弱、广告地域有限和使用时间临近撤销期三点为理由，将注册人的使用行为直接打入“象征性”使用的冷宫，足见我国法院对“象征性”使用行为的排斥和对真实使用要求的严格。

当然，即便在美国也有对“象征性”使用持宽松立场者，比如在 Sterliing Brewers, Inc.v.Schenley Industries, Inc. 案中，上诉法院以“剩余商誉”理论来排除因为表面证据所推定的商标抛弃[②]。所谓的“剩余商誉”是指商标即使不使用后，如果消费者对商标与商品或服务之间的关系有持续性认知的情况，即便其不使用商标或象征性地维持使用商标，仍然可以达到不撤销注册的目的。笔者认为，在我国注册商标泛滥、商标抢注之风盛行的情形下，不能对“象征性”使用持过于宽容的态度，而应是“乱世用重典”，将以维持为目的的“象征性”使用逐出注册簿，以维护撤销制度中“使用”的纯正性、真实性。

（二）“意图使用”能否划入“真实使用”的范围

“意图使用”是美国《兰哈姆法》1988 年修订时增加的一个规定。所谓“意

---

① 参见北京市高级人民法院（2010）高行终字第 294 号行政判决书和北京市第一中级人民法院（2009）一中行初字第 2131 号行政判决书。

② Sterliing Brewers, Inc.441 F.2d 675, at679.

图使用”，是指当事人有欲使用商标的计划，且为该计划采取了实质性的步骤，虽然没有实际的使用，仍可以获得商标注册。因此，“意图使用”是美国《兰哈姆法》注册制度中的概念。美国之所以将“意图使用”纳入可注册的范围中，目的是希望能够消除《兰哈姆法》对于国外申请人的区别对待；[①]同时，希望该做法消除判例法所发展起来的“商标使用”的注册条件，以缓解基于在商业行为中只有对商标进行了实际的商业使用才能获得注册权利之压力。[②]从学理总结的判例来看，可以纳入“意图使用”的情形比较广泛，包括“进行了商标是否可以使用的调查”“为使用标志获取了必要的许可证”“与能够帮助其开发业务的个体订立了相关的合同”“有相互一致的商标使用计划”“为该标志注册了相关的域名或者建立了相关的网站”“在试销中使用了标志”“在产品的销售材料上打上标志”，等等[③]。笔者认为,“意图使用”也可以划入维持商标专用权的“使用”范畴中[④]，只要该使用体现了使用的真意。

但是，与注册时的“意图使用”不同的是，在撤销制度中，即便要认可“意图使用”的存在，其条件也应远较注册时的“意图使用”严格得多。因为，注册制度时的“意图使用”更多强调的是营业准备，包括对将来使用商标进行商业规划、获得相关许可证等行为，但撤销使用是商标注册后第三人提起撤销之诉起前，注册人为使用商标做准备的阶段，其时间跨度已经很长，注册人在这个阶段为“意图使用”所做的准备应更充分和成熟得多，显然不能仅停留在围绕使用商标的营业规划上。本文认为，“意图使用”要构成撤销使用阶段的“真实使用”的话，至少应是:（A）为在产品上使用商标进行了充分的准备，如制作了包装袋、印制了附有商标的标牌、定制了商标产品容器、为商标产品进行了试销和广告宣传，且上述行为应环环相扣，形成有真实“意图使用”的证据链，单一的行为难以认定有使用真意的存在;（B）在商品或容器上贴附了商标；或是（C）为销售目的陈列、库存、进口、运输商标产品以准备销售的情况。

---

① S. Rep. No. 100–515, at 5–6 (1988).

② H.R. Rep. No. 100–1028, at 8–9 (1988).

③ Sandra Edelman, Prvoing Your Bona Fides–Establishing Bona Fide Intent to Use Under The U.S. Trademark (Lanham) Act, 99 Trademark Rep. 782 (2009).

④ 类似支持“意图使用”具有维持注册效力的观点，可以参见朱凡、刘书琼、张今:《商标撤销制度中“商标使用”的认定》，载《中华商标》2010 年第 12 期。

实际上，《日本商标法》第 3 条就以行为立法的方式将上述阶段纳入得以维持注册的使用情形。之所以要推定这几个阶段属于商标权人有“真实使用”的情况，是因为我们很难揣测商标权人下一步除了进行商标产品的实际售卖外，还可能有其他任何之目的？唯独“意图使用”如何与“公开使用”相协调？本文认为，“意图使用”处于使用的准备阶段，因此，它应属于“公开使用”要求的特别例外。只不过，该例外不至造成对“公开使用”要件的实质性破坏，因为注册人下一步旋即进行“公开”使用，因此“意图使用”也可以认为是“公开”使用要求的提前拟制。

四、从使用的主观愿望角度看：主动使用与被动使用

注册人使用商标的行为，是其通过使用和社会公众建立民事关系的法律行为，是其完成注册程序后意图和社会通过商标使用产生“契约关系”的行为。既然注册后的商标使用是一种“法律行为”，依传统的民法理论“民法对法律行为的控制规则中相当一部分是直接根据意思表示的要素分析设置的”[①]。如此一来，注册人使用商标的行为，就不仅是其以“认真、确定和可信”的意思来使用商标的状况，更应是其以“主动自由”之意思积极完成的结果。使用是注册人积极追求之鹄，而非外部被动附加之产物。因为，注册后商标使用行为乃私法行为，那么“私法自治”将贯彻始终。所谓“私法自治，指个人得依其意思形成其私法上权利义务关系”[②]，使当事人对生活资源的得失变更自作安排，“私法自治给个人提供了一种受法律保护的自由，使个人获得了自主决定的可能性”[③]。因此，如果认为注册后注册人并未以“意思自决”“价值认许”和“行动认求”的方式来使用商标，而是以“附会之意思”“被动之意志”和“附带卷入之行为”来使用商标，也可以产生维持商标专用权的效力，显然有违意思自治之本质。行为人以“被动意志”来使用商标的行为，学术界素称商标的“被动使用”，本文认为“被动使用”不但不能为他人成就《商标法》第 31 条所规定的“在先有一定影响的

① 董安生:《民事法律行为》，中国人民大学出版社 2002 年版，第 161 页。

② 王泽鉴:《民法总则》，中国政法大学出版社 2001 版，第 245 页。

③［德］迪特尔·梅迪库斯:《德国民法总论》，邵建东译，法律出版社 2001 版，第 143 页。

商标”[①]，同样也不能产生《商标法》第 44 条[②]所规定的维持商标专用权的效力。

我国发生的有代表性“被动使用”的案例，莫过于“HYSTERIC”案。虽然该案未涉及商标撤销，但对撤销“使用”的界定同样有意义。该案的“HYSTERIC”商标是某某共同体公司所拥有的日本知名的服装品牌，其产品远销多个国家和地区，但该商标未在我国大陆地区使用。该商标被“使用”且被我国大陆相关公众知悉的事实是：2001 年初，某明星伏某某在某公司的广告签约仪式上，因穿了一条写满粗话的裤子引来了媒体的指责，而给伏某某惹祸的那条“粗话裤”正是某某共同体公司的“HYSTERIC”品牌服装。经过媒体的广泛报道，“HYSTERIC”开始被我国相关公众广为认知。后福建莆田的一企业欲在第 25 类服装等商品上注册“HYSTERIC”商标，遭到了某某共同体公司的异议。异议方认为，虽然“HYSTERIC”的相关产品在我国大陆没有销售过，但商标的使用不应仅限于制造和销售，伏某某穿着该品牌服装并被媒体关注这则事件也应视为该商标在我国的使用。该案最终被法院驳回，认为异议不成立[③]。如果对该案稍做改造，将案情改造为“HYSTERIC”是某某共同体公司在中国大陆申请注册的服装商标，自撤销之诉提起之日起已连续 3 年没有正当理由未在我国使用，唯一的“使用”就是前面所提到的情形，能否认定该使用能产生维持商标专用权的效力？答案仍然是否定性的。

理由在于，该使用是一种“被动时态”“依附式”和具有“绑架”意味的行为。注册人使用商标，应是其以一种“积极、肯定、主动”之意思完成的结果，注册人何时何地以何种方式使用商标，都应体现其意志确认和内心愿望。在被动使用情形下，使用人的意思如同浮萍，具有“被带入”“高度不确定”和“随遇而安”的特点。假使某某共同体公司对“HYSTERIC”商标之使用仅仅建立在他人的广告签约仪式上被附带式地提到，且被媒体以一种戏谑的方式使用，也能认定属于商标法上的“使用”，得以产生维持商标专用权的功效，试问：商标法对“使用”的界定是否还有边界？本文认为，如果“被动使用”也得以产生维持权利的效力，

---

① 黄汇、谢申文：《驳商标被动使用保护论》，载《知识产权》2012 年第 7 期。这里所涉法律条文系指 2001 年《商标法》第 31 条“在先有一定影响的商标”，对应 2019 年《商标法》第 32 条。

② 这里所指为 2001 年《商标法》第 44 条，对应 2019 年《商标法》第 49 条。

③ 该案的具体案件请进一步参见胡曼：《伏某某粗话裤商标到底归谁？》，http://ip.people.com.cn/GB/12179939.html，最后访问时间：2013 年 2 月 1 日，就该案笔者曾接受了知识产权报社胡曼女士的采访，笔者自始至终认为，“被动使用”不具有商标法上的“使用效力”。

我们的法律将奉行的是一种“无原则”的意思自治。但正如学者苏永钦先生所言，“国家在私法关系的形成到消灭过程中，从来都不是一个旁观者……一个民事行为在通过狭义民法的检验后，还需要从法律秩序整体，也就是广义民法来做检验，看看这个法律行为如果被赋予法律效力，会不会在政策上，或法律价值上和民法以外的其他法律或社会价值相捍格”①。

“被动使用”可能不违背权利人的意志，尤其是权利人需要该使用来补正其未使用商标之事实以达到维持商标专用权的时候更是如此，但如果赋予“被动使用”这方面效果的话，就可能带来对商标资源的囤积居奇，从而表现为注册人对商标资源的不当霸占，并使注册商标专用权机制表现出“合法化危机”②，这种虽符合“意思自治”的形式要件，却最终违反商标法整体价值的“被动使用”，显然应排除在能有效维持商标权的保护范围之外。概言之，商标如何使用、怎样使用、是否以积极的方式使用，都应从商标权人的角度来观察。因为，商标是权利人和国家之间的契约，如果认可“被动使用”在撤销制度上的效果，它将使商标撤销制度如同一艘无帆的船，它会漂向何处、泊在何方、在何处靠岸，我们都将无以测度。国家期待商标注册人通过商标使用来促进国家产业经济发展的“对价”目标也可能完全落空。因此，不体现注册人意志追求的“被动使用”显然不应当赋予其产生维持商标专用权的效力。

欧共体《商标条例》第 15 条就明确规定“他人经共同体商标所有人同意使用其商标的，应视为所有人进行的使用”。而“同意的使用”和未经同意的“被动使用”可谓差距甚大，如果采用后者的话，完全可能被注册人恶意利用，尤其是需要该使用来补正未使用之事实时，因此在撤销使用中采纳“被动使用”之做法不可取。在商标立法时，我们在强调法律具有强烈地域色彩之同时③，也应借鉴其他国家的普遍立法趋势。另外，值得检讨的是，2010 年 4 月 20 日出台的司法解释《最高人民法院关于审理商标授权确权行政案件若干问题的意见》中规定，“不违背商标权利人意志的使用也被认定为能产生维持商标专用权的实际使用”，虽然该解释规定的不是“被动使用”而是“不违背商标权利人意志的使用”，但“不违背权

① 苏永钦：《走入新世纪的私法自治》，中国政法大学出版社 2002 年版，第 4—5 页、第 22 页。

②［德］尤尔根·哈贝马斯著：《合法化危机》，刘北成、曹卫东译，上海人民出版社 2001 年版，第 91—97 页。

③ 参见邢钢：《知识产权与法律选择的关系》，载《法学杂志》2009 年第 2 期。

利人意志的使用”与“当事人同意的使用”仍相去甚远，用前者来代替后者，存在对当事人意思表示推定跨度过大的问题，并使该规定存有被当事人不当利用的“暧昧性”，因此，其科学性同样值得检讨。

最后，本文认为“被动使用”不能产生维持商标专用权的效力，还包括商标纯粹被消费者使用的情形。如某众公司（Volkswagen Co.）在经典经济型轿车上曾使用“Betttle”（甲虫）商标，但公众一般称其为“Bug”，大众公司未明确表示反对[①]；抑或如“IBM”电脑商标，消费者则习惯称其为“大蓝色”，虽然IBM公司明确反对，但公众却不以为然[②]，试问：如果连续3年，商标权人停止使用“Betttle”（甲虫）或“IBM”，其能否以消费者使用的“Bug”或“大蓝色”来维持前者的注册？答案也是否定性的。理由是，公众的使用可能违反了商标的“同一性”要求，即改变了商标的“显著性”；另则在于，这种使用非注册人主动追求之结果，“被动使用”不应获得法律肯定之要求使然。

五、从使用的时间维度来看：撤销期内的使用与其他时间的使用

从使用的时间维度看，能产生维持商标专用权的使用必须是自注册之日起3年内有使用商标的情形。所以给注册人以3年不使用即撤销的时间规定，其意义在于，当今大多数国家都实行的是先注册后使用商标的制度。所以，注册前很多当事人都还未使用商标，赋予注册人注册后一段时间使用商标的权利，具有补正其注册前未使用的事实，使其商标权重新奠定在实质正当的基础上[③]，因此，该制度也兼具取得商标权的含义[④]。为了使注册后商标权人有机会为使用商标做好准备，规定较短的使用撤销期显然不合适，当下的3年时限是适宜的（有的国家为5年）。如果自申请人向商标局申请撤销注册之日起，向前倒推3年[⑤]或5年都没

① Volk swagen A.G. v. Advance Welding & Mtg.Co. 193U.S.P.Q.673 (TTAB 1976).

②［美］罗伯特·P. 墨杰斯等著：《新技术时代的知识产权法》，齐筠等译，中国政法大学出版社2003年版，第586页。

③ 黄汇：《从欧洲诸国商标立法看商标法的保护对象》，载张玉敏主编：《中国欧盟知识产权法比较研究》，法律出版社2005年版，第205—209页。

④ 倪珠亮：《商标使用："消费者保护"价值取向下的解读》，载《中华商标》2012年第8期。

⑤ 冯立波、俞淑芳：《注册商标连续三年不使用撤销制度应完善》，载《中华商标》2012年第3期。

有正当的理由而连续停止使用商标，既浪费了商标资源，也造成了对第三人使用的障碍。造成了商标信息高速公路上的“拥堵”现象，因此，为了扫清该种法律上的障碍，为第三人从公有领域使用符号资源提供平等条件，立法上遂有了撤销期制度。所以，该3年或5年，实际上是社会公众对注册人使用商标的一种法律期待，如果注册人以一种真实的意思开始使用商标了，这种期待即转化为了一种法律真实，也证明赋予商标注册人以商标专用权是妥当的。因为，注册人以自己的行动践行通过使用为知识经济和商标社会作出努力的承诺，这样的商标权人值得信赖。但如果在足够长的3年或5年时间内，注册人仍然未作出使用商标的努力，其“狩猎”标志的意图就十分明显了。为了杜绝这种情形，有必要对注册人进行资格性惩罚，剥夺其注册权并将商标资源赋予真实需要的人。尽管如此，现实生活仍然千姿百态，从比较法和各国的司法立场上来看，以下情形的使用虽然可能发生在撤销期内，但其维持商标专用权的效力如何还值得再探讨。

第一，注册人在3年撤销期内并未使用商标，但撤销期间没有任何人提出撤销之诉，撤销期过后注册人重新使用商标的，该如何认定其效力？本文认为，在这种情况下应认为注册人的重新使用可以产生维持注册的效力。理由在于，首先，撤销期制度意在避免注册商标的“安乐死”，但同时也要避免有撤销权的主体怠于行使撤销权的问题。既然3年期间内没有任何人提出撤销请求，足以说明人们围绕该注册商标资源利用的竞争和冲突并不剧烈。其次，在先注册人至少是一个“准占有人”，只要其在过了撤销期后重新开始具有了真实使用的意图，并开始了实际的使用，其先占的地位至少应享有比后来撤销者更优的权利。最后，正如某些专家所言，“撤销期制度的本意是防止注册商标的闲置而促使其实际使用，而在撤销申请之时注册人已经实际使用商标了，也就不再存在予以撤销的法律基础了，因此就不应当再予撤销”[①]。该做法实际上有利于达成注册人和利害关系人之间的利益平衡，在给注册人以迷途知返机会之同时，催促利害关系人积极行使撤销权。

第二，以维持注册为目的，在撤销期内特殊期间所进行的“紧急使用”，不应产生维持商标专用权的效力。例如，《意大利商标法》第42条明确规定：“如果商标所有人只是得知商标的诉请或反诉将要提出之时才准备开始或重新开始使用商标的，该使用无效。”《法国知识产权法典》第714–5条也规定：“注册人如果是在

① 孔祥俊：《商标与不正当竞争法：原理和判例》，法律出版社2009年版，第88页。

其得知可能会有失效诉讼，并在该诉讼前3个月中进行使用的，该使用无效。"另外，如《日本商标法》也规定连续3年未使用的商标在他人提出撤销申请之日前往前推3个月的使用无效。该规定有利于将那些"维持注册为真，使用商标为假"的商标注册人逐出注册簿，为他人使用商标腾出空间。注册期内"紧急使用"者好比是"猎人"，大多数时候其都不对猎物感兴趣，而是听凭猎物的自生自灭，只是到临近宣布其不再拥有猎物的所有权时，才开始象征性地鸣枪开猎，为了使商标资源使用收益最大化，注册人该种象征性狩猎的行为不能产生维持商标权的效力。紧急使用无效的做法，还可以从"使用真意"角度获得解释，即如果注册人具有真正使用的意图或是在诉讼提起3个月前就有继续使用商标的行为，即可不适用该制度。反之，就推定其没有使用的真意。所以，此处的3个月时间就如同一个移动活塞，只有卡在3个月的刻度前，使用才是达标的，反之就未达标。

第三，使用时间不明，难以确认是否属于撤销期内的使用，不应产生维持商标专用权的效力。在我国发生的某化学会社请求撤销杜某公司"爱多收ATONIK"注册商标案中，法院就采这种立场。"爱多收ATONIK"商标是1985年5月15日由某清河种子有限公司在国家商标局核准注册的商标，核定使用的商品为第31类植物细胞赋活素，杜某公司于1997年受让取得该注册商标。2002年4月15日，商标局受理了某化学会社以连续3年停止使用注册商标的撤销申请。诉讼和复审程序中，杜某公司提供了复审商标指定使用产品的包装容器和复审商标指定使用商品的种子包装袋，以及某清河种子有限公司的非公开出版物印刷广告宣传材料3份，宣传材料上均印有"爱多收"注册商标使用的植物细胞复活素图片，且宣传材料上分别标注有"2000年新世纪千禧包装""赠送行动直至2002年底"和"赠送活动直至2003年底"的字样。最后，无论是商标评审委员会还是一审、二审法院，均认为由于产品容器和外包装以及宣传材料上没有明确的时间，难以作为复审商标1999年4月5日至2002年4月14日的使用证据，最终法院作出了撤销商标的裁决[①]。法院做法是正确的，注册人在商标撤销期内对商标的使用应当是"确定""无可争辩"和"不存在任何合理怀疑"的；否则，很多当事人可能使自己成为漏网之鱼，并使商标撤销制度成为一张漏鱼之网。

---

① 参见北京市第一中级人民法院（2006）一中行初字第594号判决书和北京市高级人民法院（2007）高行终字第3号判决书。

第四，虽然商标在某地以某种形式为公众知晓是在撤销提起后，但注册人实际使用商标的时间可以推定为撤销之诉前进行，仍然能产生维持商标专用权的效力。

六、结语

质言之，商标撤销制度应当密而不疏，它应如同一把漏斗并依靠严格的“使用”界定这把安全阀，使注而不用者难以存在。如此捍卫商标专有权实质正当性的撤销制度才能像一座堤坝，得以有效遏制商标抢注所带来的对“公共领域商标资源‘圈地’的灾难”①。才能使未被真实使用的“标记回归到公共领域被任何人使用”②，同时依凭注册而取得的商标专用权机制才能最终奠定在洛克范式下“劳动所有权自然正当的理论基础之上”。使商标法满足注册形式要件之同时，符合权利取得的“实质性”要求。使商标法在维持商标权正当性基础的同时，促进不同主体间的平等竞争和对商标资源的公平利用，并不断提高商标资源的使用效率，使商标法国家、民族和社会收益最大化。

① David Bollier, Why the Public Domain Matters? Harvard University Press (2002), at356.

② Defiance Button Machine Co.v. C&C Metal Products Corp., 759 F2.2d 1053 (2d Cir.1985).

第二编

著作权理论逻辑展开

版权法上的公共领域研究：概念、诞生及其功能展开*

在人类对从15世纪70年代开始，英国历史上那场劫贫济富式的“圈地运动”还颇有微词的今天，又一场发生在版权领域的“圈地运动”正在悄然兴起。如果说英国历史上的“第一次圈地运动”是将公共土地划归私人所有，其带来了大量农民失去农庄、耕地乃至私人住宅、院落的同时，它还促进了英国早期的工业革命，乃至随后整个资本主义世界兴起①，那么，自20世纪晚近以来，发生在版权领域内，以人类的公有知识和公有信息为占领对象的“第二次圈地运动”则纯属具有解构意义②。它不但牺牲了人们的知识和信息的自由，还使人类文化繁衍的绿洲也开始不断地沙漠化，昔日人类文化繁荣的公有地正在被日益崛起的版权机制所践踏。如果说英国历史上的“第一次圈地运动”还具有一定的建设意义的话，那么，以版权的扩张为特点的这次圈地运动则纯属是无意义的。它所引发的不但是人们对版权作为一种财产的全面质疑，还使人们掀起了一场以知识和文化环境为对象的“生态救亡”运动③。而作为版权制度重要对立体而存在的“公共领域”概念的提出，及其所具有的意识形态的功能则成为这场救亡运动中核心的一个部分。

---

* 原载《现代法学》2008年第3期，此次编入时对题目进行了修改。

① 道格拉斯·诺思、罗伯斯·托马斯：《西方世界的兴起》，厉以平、蔡嘉译，华夏出版社1999年版，第184页。

② James Boyle, The Second Enclosure Movement and the Construction of the Public Domain, 66 Law & Contemp.Prob.71 (2003).

③ 黄汇：《版权法上利益平衡实现的困境及其消解》，载《中国版权》2005年第5期。

一、版权法上公共领域的概念

面对版权体系的不断扩张，公共领域就如同是横亘在大江之间的一座堤坝，有效地防止了版权扩张这场洪灾可能为人类带来的灾难[①]。那么，究竟何谓公共领域，其和版权之间到底是什么样的关系，其又是如何得以遏制版权扩张之洪流的？公共领域的研究最早并不发生在智慧财产领域，其作为嵌合在财产权体系中的一种制度预设，最早可以溯及古代罗马法。罗马人在构筑了一个庞大的财产权制度的同时，他们还规定了许多人类不可私有之物，这当中包括共有物（res communes）、公有物（res publicae）、公用物（res universitatis）等。共有物，即供人类共同享用的东西，如空气、阳光和海洋等，任何人都不能独占；公有物属于罗马全体市民共享，如河川、公路、牧场，公有物对全体罗马市民开放，但却为任何人所不能独占；而公用物属于罗马市政当局所有，具体如戏院、斗兽场，它们只是在必要的时候才对罗马市民开放。罗马法上公共物理论的提出被认为是人类对"公共领域"认识的最早渊薮，版权法上公共领域的型构如果从史学的意义上大致可以追溯于此[②]。但据学者们的考证，公共领域在有形财产世界的命运是不幸的，在罗马法编纂和解释的数个世纪里，人们再也没有发展出各种各样的非专有性财产。而截止到 17 世纪，对于有形财产世界非专有财产的关注甚至开始从西方法律思潮中逐渐消失，英国著名的法律史专家丹尼尔·科奎将这种现象称为"公共领域的终结"，而在科奎看来，西方圈地运动的不断兴起则正是这方面的罪魁祸首[③]。

版权法上公共领域理念的产生，最早可以溯及 1710 年的《安妮法》，但"公共领域（Public do-main）"作为一个制定法上的术语则肇始于 19 世纪中期的法国，后经由《伯尔尼公约》传播到了英、美国家，并在美国获得了长足的生长[④]。而版

① David Bollier. Why the Public Domain Matters? Harvard University Press (2002), at 356.

② 吴汉东:《古罗马法对知识产权的理论贡献》，载中国民商法律网，http://old.civillaw.com.cn/article/default.asp?id=15578，最后访问时间：2023 年 6 月 6 日。

③ Daniel R. Coquillette, Mosses from an Old Manse: Another Look at Some Historic Property Cases about the Environment, 64.CORNELL. L. REV. 807 (1979).

④ Tyler T. Ochoa, Origins and meanings of PublicDomain, 28 University of Dayton Law Review240 (2002).

权法上公共领域的概念究竟何指，则是自其产生之日起至今仍然存在争议的一个问题。通说认为，公共领域在版权法上的最初含义指的是“权利保护期届满的那种状态”[①]。而在其后，对公共领域的界定有从正面述之者，如帕特森（Patterson）和林伯格（Lindberg）等人认为“公共领域不是一个领地，而是一个概念，公共领域如同为人的生命所必需的阳光、空气和水等属于对每个人都是自由的东西”[②]。学者黎特曼（Jessica Litman）也持相同的立场，认为“公共领域不应理解为不值得保护创作素材的范围，而应理解为保证作者得以有效运用这些素材从而使版权的其余部分得以良好运转的工具”[③]。当然，绝大多数的学者在界定公共领域的时候都是从版权保护的对立面来加以进行的，如詹姆士·博伊尔（James Boyle）认为“公共领域通常被用来指代那些不受版权保护的材料”[④]，学者卡尼吉（Caenegem）也认为“传统上，公共领域都被消极地界定为不受知识产权保护的领域”[⑤]，爱德华·萨缪尔斯（Edward Samuels）则认为“公共领域不是一种理论而是一种解决知识产权不保护而非保护边界问题的一种思想倾向”[⑥]。

根据学者们的理解，如果从否定的版权不保护的意义上来审视公共领域的话，其至少包括了以下内容：（1）版权法实施前就已经存在的知识产品，这主要指的是一些史前作品，如早期的荷马史诗，古希腊时代的寓言等。（2）版权保护届满而失效的作品，这是公共领域的最初含义。（3）版权人有意放入公共领域的作品，今天网络环境下的所谓“创作共享”（Creative Commons）所产生的作品大致就属于这种情况。（4）因欠缺版权保护要件而不受保护的作品，比如说不具有独创性的作品，还有就是早期版权法要求必须完成一定的程式如登记手续才能获得版权的作品，创作者如没有履行相关的手续，则作品将被置于公共领域。（5）应当由人类公有的作品及成分，前者如时事新闻、国家立法、通用数表、通用历法等；后者如不受版权保护的思想、程序、过程、方法等。这在杰西·黎特曼

① Jane C. Ginsburg, “Une Chose Publique”? The author’s Domain and the Public Domain in Early British, French and US Copyright Law, 65 The Cambridge LawJournal638 (2006).

② L. R Patterson & Stanley W. Lindberg, The Nature of Copyright: A Law of Users Rights 50 (1991).

③ Jessica Litman, The Public Domain, 39 Emory Law Journal 977 (1990).

④ James Boyle, The Opposite of Property? 66 Law & Contemp. Prob.5 (2003).

⑤ William Van Caenegem, The Public Domain: Scientia Nullius EIPR, 2002, 24 (6), at324–330.

⑥ Edward Samuels, The Public Domain and Copyright Law, 41 Journal of the Copyright Society 138 (1993).

（Jessica Litman）等人看来，它是公共领域中最为核心的部分[①]。（6）基于合理使用而产生的公共领域，合理使用是版权体系内公共领域丰盈的一个部分。合理使用的存在，使公共领域具有了动态丰富性[②]。

尽管如此，即使是从消极的否定意义上来界定公共领域的话，其范围也并非一成不变。以美国的《版权法》为例，美国1790年的《版权法》仅赋予了版权所有者“印刷、再印、出版和销售作品的权利”，该部《版权法》并没有授予公众以合理使用的空间。之所以如此，是因为，除非公众进行了“印刷、再印、出版和销售”的行为，否则，除此之外的其他任何使用都属于“公共领域”的范围。因此，1790年的《版权法》对合理使用未作规定，是因为没有必要。正如爱德华·萨缪尔斯所言的那样，“随着《伯尔尼公约》对版权登记程式的取消，作为版权法上公共领域一重要部分的内容正在消亡”[③]，因此，萨缪尔斯主张，我们应当重新开始考虑公共领域的理论，并认为，仅仅是从反面来界定公共领域是不充分的。

和萨缪尔斯的观点相呼应，针对版权扩张所带来的公共领域的缩减现象，大卫·兰吉（David Lange）随即提出了自己关于公共领域的理论。兰吉认为，要保持一个健康而富有活力的公共领域，人们必须始终把握两个最基本的原则：“其一，就是在疑难的侵权案件中，应作出有利于被告的判决；其二，就是除非与之相对的公共领域也得到承认，否则，不应赋予任何新的财产权利。”[④]兰吉的理论主要是从正当程序的视角为法官在授予新的财产权利和保持公共领域的稳定之间提出了具体控制手段。而后期的杰西·黎特曼等学者则从版权法的内部正面指出了传统有关“公共领域”理论的不足。黎特曼认为，如果是从版权不保护的消极角度来界定“公共领域”的含义的话，那么首先将面临的一个问题是“究竟什么才是版权法应当保护的？”黎特曼最后将矛头甚至直接指向了“独创性”概念，其认为“‘独创性’不过是一个幽灵，从本质上说任何作品都是通过对公共领域‘侵占’的方法来获得的，完全由作者独立创作的作品是不存在的，因此，离开了公

---

① Jessica Litman, The Public Domain, 39 Emory Law Journal 976、977 (1990).

② Yochai Benkler, Free as the Air to Common Use: First Amendment Constrains on Enclosure of the Public Do-main, 74 New York University Law Review361 (1999).

③ Edward Samuels, The Public Domain and Copyright Law, 41 Journal of the Copyright Society 137 (1993).

④ David Lange, Recognizing the Public Domain, 44Law & Contemp. Prob 151 (1981).

共领域，多数创作将变为非法”[①]。如此看来，在黎特曼的眼中，“公共领域才真正是版权法的前提和基础，离开了公共领域，人类根本就是无法容忍版权制度的存在的”[②]。

针对传统消极意义上公共领域理论对版权扩张抵制能力的不足，学者泰勒·奥乔亚（Tyler T. Ochoa）在2002年撰文进一步指出：版权法上的公共领域应具有以下重要的特征：“其一，公共领域并非格劳秀斯或普芬道夫意义上的无主领地，而应是洛克意义上由人类共有的领域。公众整体就是该公有领域的所有权人。”[③]奥乔亚从语言学的意义上考证了“public domain”的来历，认为“public domain”前身是“public property”和“common property”，而这两个词最早可以溯源至罗马法上的“publici juris”，也就是“公共所有权”的含义。而当“public domain”代替“public property”在美国普遍使用开来之后，“public”实际上将“property”所蕴含的“所有权排他的本质给保留下来了”。[④]因此，“public domain”一词运用于知识产权领域时并非无主领域的含义，而应包含了公众对该领域中相关素材的所有利益。奥乔亚还引证Jack Valenti的话说，“公共领域如果是无主的话，那么处于该领域的作品就好比是一个失去父母的孤儿，没有人会对他的生命负责；人人都将对其展开掠夺性的使用，直到其变得面容枯槁、贫瘠不堪。而如果没有一个主体对这样一个领域享有所有权的话，又有谁愿意来孕育和浇灌其生命的未来呢”[⑤]。奥乔亚所认为的公共领域具有的第二个特征就在于，“公共领域是不可撤销或者说是不可逆转的”[⑥]。任何作品，不管是基于作者的自动放弃还是因不满足版权保护的条件而进入公共领域之后，任何人都不能将其撤回而重新划归私人领域。进入公共领域的作品就好比是“作者赠予公众的礼物，一旦变成公共的财产，它就将是绝对的”[⑦]，“任何人要将其剥夺的话都将面临宪法上的

① Jessica Litman, The Public Domain, 39 Emory Law Journal 967 (1990).

② Jessica Litman, The Public Domain, 39 Emory Law Journal 977 (1990).

③ Tyler T. Ochoa, Origins and meanings of PublicDomain, 28 University of Dayton Law Review240、259 (2002).

④ Tyler T. Ochoa, Origins and meanings of PublicDomain, 28 University of Dayton Law Review257 (2002).

⑤ H.R. Subcomm.On Cts. & Intell. Prop. of. the Jud. Comm., Copy Term, Film Labeling, and Film Preservation Legislation–Hearing On H.R.989, H.R.1248, andH.R.1743, 10th Cong. (June, 1, 1995).

⑥ Tyler T. Ochoa, Origins and meanings of PublicDomain, 28 University of Dayton Law Review263 (2002).

⑦ Tyler T. Ochoa, Origins and meanings of PublicDomain, 28 University of Dayton Law Review234 (2002).

正当程序条款”[1]。黎特曼和奥乔亚等人关于公共领域的看法反映了人们对该问题的最新研究，是人们在反思版权过度扩张后所作出的对公共领域新的洞见。

那么，究竟何谓公共领域，笔者倾向于杰西·黎特曼教授的定义，认为将其界定为“为保证作者得以有效运用创作素材从而使版权的其余部分得以良好运转的工具”较为科学。只不过与黎特曼教授不同的是，笔者认为，公共领域不仅是一套制度，同时，它更是一种理论倾向和思维方法。公共领域以保证作者的创作可能为前提，但最终以自身的不断扩大和人类社会的文化繁衍为依归。公共领域除了有前述历史性、有主性和不可撤销性等特点之外，它还具有开放性、交互性和程序性等特征。尤其是程序性特征，如果把公共领域仅仅理解为作者创作要素的静态集合，那将是十分狭隘的，实际上公共领域更是一套保证版权运行、控制版权扩张、实现版权目的的步骤和方法。因此，只有将公共领域和版权置于一个有机辩证的框架之下，从动态的方法论和认识论的视角来审视它，我们才能真正把握公共领域理论之实质，而这将在下文中做进一步的展开。

二、版权法上公共领域的诞生

在认识了公共领域的概念之后，接下来要讨论的一个问题就是，公共领域究竟是如何产生的，其较之版权而言究竟是可有可无的领域，抑或是只要有版权制度的存在，公共领域就是顺理成章的？而对该问题的回答，不但关系到人们对公共领域在版权发展史上形成过程的历史回顾，同时，它还有助于这样一种认知结论的形成，那就是：公共领域和版权实际上是一同诞生的，公共领域在版权法上的存在不仅是历史的，更是逻辑的。要承认版权的存在，首先就必须证明公共领域的存在。

而要想回答公共领域在版权法上究竟是如何形成的，我们可能还得一切从头开始，重新回到 18 世纪中后期那场关于版权合法性的争论当中去。而在回顾那段讨论文学财产诸多细节的论辩之前，我们先得提及 1710 年的《安妮法》。对《安妮法》的评价，尽管学者们的见解莫衷一是，但在笔者看来，如果从对版权制度的构建和对公共领域的生成贡献之大小比较来看，《安妮法》与其说是创造了一个

① Tyler T. Ochoa, Origins and meanings of PublicDomain, 28 University of Dayton Law Review262 (2002).

制定法时代的“作者权领域”，毋宁说是其开启了一个普惠于读者大众的“公共领域”。《安妮法》对公共领域的促进意义体现在以下几个方面：第一，《安妮法》首次以制定法的形式明确了作者及出版商的权利需受时间的限制。在《安妮法》还未来得及对诸如思想、表达二分法等保证公共领域存在的其他制度加以检视的情形下，保护期制度可谓版权法上公共领域诞生的最早标志。[①] 第二，为确保版权所保护的作品是真正值得保护的对象，《安妮法》还明确了著作权获得必须满足的创作要求，从而保障作者对公共领域的贡献将是实质性的。第三，也是最重要的，那就是在立法理念上，《安妮法》始终把促进一个无限扩大的知识公域放到了突出的地位。《安妮法》否定了版权在普通法上权利的看法，并将版权、作者和出版商都确认为“促进知识和学习”的工具，而这正是保证公共领域存在的重要理念前提。今天，版权的不断扩张和公共领域的不断限缩，在很大程度上与人们颠倒理解二者的关系，并将公共领域遮蔽在版权的语境之下直接相关。实际上，版权和公共领域作为著作权法体系内的重要两极，它们是相互依存、不可分离的，公共领域并非版权的例外，而恰恰是版权法的核心，如此，版权机制的良性循环和一个健康而富有活力的公共领域的建构才变得可能，而这正是《安妮法》对近代公共领域构建的最大理念贡献。

尽管《安妮法》的立法理念十分美好，事实的情况却并非如人们所料想的一般在发展。即，在《安妮法》通过之后的数十年内，在英国社会，公共领域仍然不存在。因为，伦敦主要的书商把英国古典作家的作品依然当作一种永久财产来对待。书商们认为，作者对其作品应享有的是普通法上永久的财产权利；当作品出售给书商之后，这种财产权就随之转移了。而制定法所规定的作者权利是普通法权利的补充，后者既不会因作品的发表受到影响，也不会因《安妮法》而受到影响[②]。书商们的主张导致了版权问题在随后60年的法律再奋斗，同时也引致了两个影响至今的著名案件—— Millar v. Taylor 案以及 Donaldson v.

---

① 根据《安妮法》的规定，对于已经出版的作品而言，作者享有的原稿复制权的保护期仅为21年，而如果出版的是新书则是14年，但直到第一个14年结束时作者如果仍健在的话，保护期限可再延长一个14年。

②［澳］布德拉·谢尔曼、［英］莱昂内尔·本特利：《现代知识产权法的演进：1760—1911英国的历程》，金海军译，北京大学出版社2006年版，第11—13页。

Becket案的诞生[①]。正是在这两个案件中，公共领域的诸多基本问题得到了再次广泛而全面的探讨。

在《安妮法》之后，最早对公共领域加以再检视的一个案件是1769年由当时英国王座法院（King's Bench）审理的Millar v. Taylor案[②]。[③]该案直接涉及的公共领域问题就是：作者或者其受让人在文学作品发表后，究竟是保留普通法上的永久性财产权，还是该权利应受公共领域宿命之影响（即应受时间限制）？尽管王座法院最终以多数法官赞成的方式通过了支持普通法上版权的判决，但针对普通法上版权是否合理的辩论则迫使当时的文学产权的支持者们不得不转变其论证路径；而作为该种辩论的重要副产品，却为"思想、表达二分法"和"合理使用"这两项保证公共领域存在的重要制度开辟了路径。

针对普通法上永久版权的说法，反对者们的态度十分明确，那就是"如果说作品在发表之前，作者对其智力劳动是完全控制的，但发表之后仍给予作者以发表前所享有的同等权利的话，那将是荒谬和不合理的，而且它将和任何有关公共效用的思想相对立"[④]。面对反对者，文学财产的支持者们为使自己的观点站稳脚跟，被迫采取为文学产权正当性辩护的新思路。

其一，为反驳永久文学产权将带来知识垄断的看法，支持者们提出了把作品划分为一个公共的领域（知识、思想、原理）和一个私人的领域（体裁、风格或者表达）的看法，并认为，前者将因为作品的发表而变成公有，任何人都可以自由使用；但后者即使发表了，仍然属于作者或受让人的财产。而通过表明图书"在某种意义上既是公共的，在另一种意义上又是私人的"[⑤]，文学产权的支持者就能否认这样的看法，即"承认了永久性的文学财权将会对文学和天才们的进步造

① Mark Rose, Nine–Tenths of the Law: the English Copyright Debates and the Rhetoric of the Public Domain. 66Law & Contemp. Probs.77 (2003).

② Millar v. Taylor (1769) 98 ER 201.

③ 该案的基本案情是被告罗伯特·泰勒（Robert Taylor）在未经原告安德鲁·米勒（Andrew Millar）许可的情况下，以销售为目的，复制了原告享有版权的作品——《四季》诗。但依据《安妮法》,《四季》制定法上的版权早在1757年就已经过期了。因此，米勒将胜诉的唯一希望就寄托在了证明自己在该作品上还享有普通法的权利之上。

④ F. Hargrave, An Argument in Defence of Literary Property (1774), 3.

⑤ D, Rae, Infromation for John Hinton (1773), 18–19.

成不利影响”[1]。而把作品区分为私人的领域和公共的领域之做法，实际上就已经触及了版权法公共领域的核心，当今版权法上的“思想、表达二分法”理论就是以此为端绪的。据学者考证，Millar v. Taylor 案所确立的“思想、表达的二分法”原则不仅比后来美国的贝克案早了整整一百年，甚至更为正宗。因为，严格说来，贝克案所区分的是作品和作品所描述的技术，而 Millar v. Taylor 案才真正触及的是思想和表达的二分法。[2]

其二，面对反对者，文学产权支持者的另一个新的辩论思路就是主张“文学产权的范围仅限于作品的印刷权和重印权”[3]。虽然文学产权的支持者原本想通过把作者和出版商的权利加以限缩的方式，来达到使读者可以自由使用作品知识和思想之目的，但当他们这样做的时候，却又不得不为公共领域的另一种重要制度——合理使用开辟道路。因为，该种限定虽然可以使作者和出版商对于许多盗版形式加以规制，但它对涉及原文本之外的其他复制形式就不能控制了。这当中就包括采用节选、汇编或翻译等利用作品的形式。而基于个人学习、研究和评论等目的，对已有作品进行翻译、汇编和节选显然是对作品的一种复制性利用。因此，当文学产权的支持者将文学产权范围限缩至作品原有形式的重印权上时，实际上就不得不为他人对作品的合理使用让路了。

文学产权的支持者无论如何迂回其论辩观点，公共领域的问题始终是文学产权呼之欲出前不可回避的一个问题。也即，要承认文学产权的正当性，首先就必须承认作品具有私人和公共的二元性，就必须放弃作品所包含的事实、知识和思想，使其处于公有状态；而将作者的专有权限制在作品重印权上，却又不得不为公众对作品的合理使用让路。因此，公共领域乃文学产权诞生前所无法避免的。之所以如此，问题的关键并不在于文学产权反对者的论说有多大道德层面上的力量，问题的基础在于“作者所失去的正是社会所需要的”，处于公共领域中的知识、思想和事实等乃上帝赋予其万物生灵的礼物，[4]它就像自然流水一般，人人都

---

① 不但如此，他们甚至还认为，“文学财产有助于其他作者更大地发挥其能力。因为，文学财产为作者的创作提供了奖励，而且他们还可以使作者将自己的聪明才智添加到这些作品中，并因而增加其他作者的理解”。

② Baker v. Selden, 101 U.S. 99 (1880).

③ Millar v. Taylor (1769) 98 ER 251.

④ Mohl v. Lamar Canal Co., 128F.776, 778 (C.C.D.Colo.1904).

有权去分享。[①]作品一旦公开后，更是不能被孤立地加以看待，而应被视为是连接作者和读者、作者和作者之间复杂交流网络的一部分[②]。因此，承认公共领域的存在，绝非一种道德上的说教，其根本的理由还在于公共领域自身的魅力使然。

尽管 Millar v. Taylor 案遭到文学产权否认者的强烈反对，但因当时的法官多数受到洛克自然法思想的影响，因此，法院最终还是倒向了支持普通法上版权的看法。如此，对公共领域的另一个关键性的问题——版权的保护期问题只能交由后来的 Donaldson v. Becket 案来加以彻底解决。因 Donaldson v. Becket 案涉及的是和 Millar v. Taylor 案相同的作品（汤普森的《四季》诗），因此，前者实际上可以视为后者事实上的上诉。

Donaldson v. Becket 案的终审是由英国的上议院作出的。上议院通过表决，最终是以 22 票对 11 票的多数意见支持了被告唐纳森的主张，并因此彻底否决了普通法上永久版权的主张。议会审议 Donaldson v. Becket 案时的态度十分明确，那就是版权乃《安妮法》深思熟虑的创造，它是成文法上的财产权，《安妮法》的作用就在于剥夺已出版作品普通法上的版权，而保留了未出版作品的相应权利。而议会之所以最终认可了《安妮法》有关“版权乃一种制定法上权利”的看法，主要是受到了以下因素的影响：其一，受当时的“社会第一原则”观点的感染，法官卡姆登（Lord Camden）就是这方面的代表人物。据考证，在普通法院法官们发表意见后，法官卡姆登向议会作了最后演讲，他从修辞学的角度质问了人的社会本质，他说：“我们究竟是为了什么而进入社会的：是为了人类共同的福利，启发彼此的心智，改善自身的能力？还是仅仅从社会中获利，并分享该社会走向完善过程中的所有改进？”[③]在卡姆登等人看来，“如果把著作权确认为永久性的权利，那么，对于公众甚至对作者自己来说，都将被证明比哥特人和汪尔达人的第二次入侵更具破坏性。因为，如此一来，公众将永远地成为出版商的奴隶……”[④]卡姆登的讲话在英国当时各大主流媒体广为流传，而他的看法也被普遍看作上议院否决永久性版权的一个关键因素。其二，受 18 世纪后期“协同创作观”的影响。根据该创作理论，人类不应过高估计个人创作者的能力和法律地位，而应去承认个

① E.g. Kan. v. Colo., 206 U.S.46, 103 (1907).

② 王太平、黄献：《安妮法的权威解释：英国米勒案和德纳森案》，载《电子知识产权》2006 年第 4 期。

③ William Cobbett, XVII The Parliamentary History of England col.999 (London, R.Bragshaw1813).

④ William Cobbett, XVII The Parliamentary History of England col.1000 (London, R.Bragshaw1813).

人实际上是存在于连接传统、思想、作者、读者的复杂网络当中的，而作者与作者之间更多的是一种恩惠与关联关系[①]。这就正如当时欧洲著名的文学家肖特则认为的那样："文学、科学和艺术中的每一本书都必须借用并且必须大量借用在此前已经众所周知的东西和已经用过的东西。没有一个人在写一本书时是为自己创作一种语言的，至少如果他还是一个明白人的话。"[②]正是在这样两种力量的推动下，英国议会最终采纳了有期限版权的看法。Donaldson v. Becket 案的宣判，也就被认为是世界版权史上一段重要历史时期的终结。

通过对前述版权历史进程的考察，我们可以看出，公共领域的问题始终是版权法上绕不过去的一个关键性问题。要承认版权的存在，首先就必须承认公共领域的存在，这就迫使作者不得不放弃对知识、思想和事实的专有；而作品一旦公开后，就更应该使自己置于开放的状态，以接受公众的检视、评论乃至于责难。即使在承认了版权之后，作者的权利仍需服从于他人更高的权利——他人有从事垄断特权所指向客体的权利，甚至是使作者的版权作品彻底回归公共领域，成为他人自由借鉴的对象。一言以蔽之，"版权和公共领域实际上是一同诞生的"。只有在公共领域获得承认的前提下，版权的正当性才能被证立；而如果没有公共领域的承认，就没有版权的正当性可言。

三、版权法上公共领域的功能

前面，我们主要是从版权发展史的角度揭示了公共领域相对于版权存在而言的逻辑必然性。以下，我们将从公共领域自身独特价值的视角对其在版权法机制中的功能作一理论上的分析。在前面的论述中，我们已经提到了，公共领域不仅是一种制度，同时，它更应被视为是一种理论和方法。而不管是在制度、理论还是方法的层面，公共领域都有其自身独特的功能与价值。以下，我们将分而述之。

（一）作为一种制度的公共领域及其功能

公共领域首先是一种制度，一套规则体系，它是版权法上不予以保护要素的

---

① J. Brewer, S. Staves. Early Modern Conceptions of Property. London, Routledge, 1995, at108.

② J. Shortt, The Law Relating to the Works of Literature and Art. London, Horace Cox, 1871, at80.

基本集合。而作为一种制度存在物，公共领域的意义在于：

第一，它是版权作品生成的合法前提。任何一个创作活动，作者在发展自己的思想的时候都需对前人的思想有所借鉴。版权创作中所谓个体式的、英雄式的作者概念是空想而不现实的。对于人类的创作过程，威廉姆斯曾指出："创作在本质上乃对已存资料的一种解读、组合、变革和再解读的过程。这一过程从既有的资料开始，而该种资料包括了作者自己的经验，也包括了作者可以获取的故事、价值、观念等，而这些都处于一个社会文化背景当中。因此，创作的过程既是创造的，又是给予的。"① 学者黎特曼则把创作行为直接比喻成了翻译和重组，他说："作曲家创作音乐是他们重组之前他所听到旋律的结果；剧作家撰写剧本则通过把真实人物和其他剧作中的角色加以组合并进行歧象理解来获得；软件开发者也经常使用他在其他软件中发现的逻辑……总之，任何创作行为都要对'公共领域的彼岸'存在的东西有所借鉴，这不是一种寄生现象，而恰恰为创作的本质。"②

因此，公共领域的存在，其首要的功能就在于解决作者和潜在作者、作者和读者之间创作原材料输入和输出的场所问题，它致力提供的是一个创作元素的供给；同时，基于一种平等主义的创作理念，它使作者之间在此相互补偿，并为他们各自的创作活动留下广阔的空间。反之，如果没有公共领域的被承认，"每个作者对其作品中的任何一个要素都有权主张所有权的话，那么，几乎每部作品都将被其他作品的作者要求禁止…… "③ 因此，"公共领域"的引入其最基本的功能就在于使作者之间创作上的"连带债务"得到免除。免除的结果就是每一个作者都可以自由和不受限制地吸收、借鉴他人作品中体现和附载的思想、信息、知识和事实等，并以此作为自己作品的重要养料④。反之，如果离开了公共领域，一切创作行为都将无由谈起。

第二，作为一种制度存在物，公共领域的功能还在于，它不仅是人类创作元素的静态结合，还以促进这些要素的累积性扩大为目的。公共领域是一个创作元

---

① Susan H. Williams, A Feminist Reassessment of Civil Society, 72 Indiana Law Journal126 (1997).

② Jessica Litman, The Public Domain, 39 Emory Law Journal966 、977 (1990).

③ Ronan Deazley.Rethinking Copyright: History, Theory, Language. Edward Elgar Publishiing, Inc.2006. at112.

④ Alfred C. Yen, Restoring the Natural Law: Copy-right as Labor and Possession, 51 Ohio State Law Journal 517 (1990).

素的交换场所，通过该种交换，它实现了自己的动态丰富。对公共领域的该种功能，用文学作家们经常用的一个词来形容，那就是“互文性”，也就是说：“作者之间的交流往往能够产生远远多于他们分别努力而产生的成果。一部作品和其他的进行‘对话’，这种对话本身就要比单独的作品更有价值。”①这就是说，公共领域的存在是动态的，它并不是不受版权保护要素的简单叠加，相反，它以促进人类知识的无限扩大和积累为目标，并最终实现一种文化上的积淀。公共领域的该种功能，就像劳伦斯·莱斯格（Lawrence Lessig）先生在评价作为公共领域中的重要制度——合理使用时所言的那样：“合理使用制度并非与作者的权利完全对抗的，它保证了读者无须作者的同意就可以评论其作品，这样我们就可以获得该作品的更多更全面的意见。而评论越多，关于书籍的知识和信息也就越多……可见合理使用制度最终将使作者群受益，尽管某位作者并未从中受益。”②而将思想放置于公共领域，其对公共领域自身扩大的价值更是意义甚巨，正如人们通常所言的：“两个人各自交换自己的一个苹果，结果每个人手中仍然还是一个苹果，但两个人如果各自交换自己的思想的话，每个人将获得两种思想。”③实际上，两个人如果交换各自思想的话，还可能因此而产生新的第三种思想。因此，公共领域的存在所遵循的实际上是一种“网络效应”的理论。即，处于公共领域中的要素越多，对其使用的人数越多，公共领域也就越有价值，其自身也就越容易得到扩大。当然，公共领域的不断扩大对“创作”行为的价值也是显而易见的，它将直接地扩大作者的视野，使其可以站在“巨人”的肩膀之上却又能比巨人看得更远，如此，文化的创新也才变得可能。

（二）作为一种理论的公共领域及其功能

公共领域不仅是一套制度，它还是一套理论，一种话语工具。作为一种理论形态的公共领域，其功能在于：

其一，它能凸显作为制度存在物的公共领域在版权法中的地位，使其从长期以来版权法例外的位置开始走向版权法的中心。尽管有学者认为，“思考公共领域

---

① Carol. M. Rose, Romans, Roads, and Romantic Creators: Traditions of Public Property in the Information Age. 66 Law & Contemp. Prob.89 (2003).

②［美］劳伦斯·莱斯格：《代码——塑造网络空间的法律》，袁泳译，中信出版社 2004 年版，第 166 页。

③ 冯晓青：《知识产权法利益平衡》，中国政法大学出版社 2006 年版，第 689 页。

的范围和性质，其最大益处不在于认识了公共领域自身，而是借由认识了版权。即在了解公共领域的性质和实用性的过程中，它为我们探究版权作为一个不断发展的、人为的制度构筑物提供了机会，使我们得以认识了版权的性质，包括它的功能与局限"[①]。这样一种看法在总体上并无大错，但其不足之处同样明显。姑且不论该种言论没有注意到"公共领域"作为一套规则体系的独特地位与价值，而且，它还容易使公共领域遮蔽在版权的语境之下，使其丧失独立性。实际上，公共领域理论的提出，其重要的价值之一就在于使人们认识到作为制度存在物，公共领域并非版权法的例外，而恰恰是版权法的核心。公共领域作为一种理论，它并不在于提示人们如何去认识版权，而是使人们更加注重公共领域对版权规制意义的关切，使人们意识到公共领域对版权的宿命价值。

其二，作为一种理论，公共领域还具有意识形态之功能，其得以抵制版权的不适当扩张。公共领域理论的提出，在很大程度上是在"知识产权独占主义"倾向下，在版权的无限扩张和公共领域的日渐式微这一背景下而逐渐被人意识到的。但该理论一经提出之后，就极具意识形态之能事，能把分散在公共领域系统内不同主题的具体制度加以统一，并因此而集结成一种保证"同一性"思考的机制，从而得以抗衡版权扩张主义者所运用的所谓"财产权神圣"，"版权乃一种不可剥夺之人权"等富具道德色彩的言辞的进攻。用博伊尔（Boyle）的话来说就是，公共领域理论具有一种修辞学上的重要意义，它就如同在环保主义运动中，人们之所以要提出"环境"或"环境侵害"等言辞，是因为它可以把诸如"清洁的水，美丽的景色，生物多样性，海平面的上升，物种保留的特性，对后代的责任"等问题统一起来，使环境、自然等概念获得一致之解释，并通过修辞学的力量，以增强其道德上的禀赋，从而以对抗诸如"进步""增长"和"现代化"等观念[②]。尽管有关公共领域的理论至今还不完善，但没有相关的理论绝对比没有一个完善的理论来得更为糟糕，因为，不完善的理论还有修正的可能，但如果从来都没有公共领域的理论，我们又将如何去反思"版权是怎样一步一步把公共领域吞噬的呢"。因此，赋予公共领域理论以合法性的力量，有助于增强我们在反思版权扩张

---

① Ronan Deazley.Rethinking Copyright: History, Theory, Language. Edward Elgar Publishiing, Inc.2006. at132.

② James Boyle, The Second Enclosure Movement and the Construction of the Public Domain, 66 Law & Contemp.Prob.71 (2003).

中的道德力量，从而抵御版权扩张主义者的伦理进攻。

其三，作为一种理论的公共领域，它对版权机制还具有重要的评价功能。公共领域之于版权就如同是自然法之于实证法，前者对后者来说具有超验性和批判性。既然版权的发展最终是以公共领域为依归的，即使在版权的存续期间，它还须以公共领域的动态丰富为目的（合理使用就是这方面的代表），因此，版权的任何一种变革，不管是保护期限的延长，还是新权利客体的增加，抑或是权利保护措施的强化，权利向新环境（如网络环境）的延伸等，都须以保证公共领域的必要存在和它的开放性、交互性为前提。这就是大卫·兰吉所说的："除非与之相对的公共领域也得到承认，否则，不应赋予任何新的财产权利。"也即是说，在衡量一项版权改革措施是否必要，以及改革是否成功时，都须以是否有助于公共领域的无限开辟为评价依据。但凡有助于公共领域之扩大的，即使该种扩大是一种潜在意义上的，新权利的授予都被认为是必不可少的。反之，"作为一种邪恶，版权不应该比为保障利益的必要时间而多存在一天"①。

（三）作为一种方法的公共领域及其功能

最后，公共领域还是一套方法，笔者认为，公共领域要真正在版权法上加以实现，使其从理论的状态变成稳定的机制，需要我们将其化为一套具体的程序和步骤体系。但要想使这套程序得以真正建立，使公共领域成为版权机制的日常状态，我们首先需要的是一套价值论和信念体系，而在笔者看来，这套信念体系的建立则至少应由以下几个必不可少的命题共同组成：

第一，确信公共领域和作者私域乃版权法系统中的共同组成部分，二者是相互依存、不可分离的；

第二，确信个体创作活动不仅取决于作者自己的努力，还取决于其和公共领域的良性关系；

第三，承认每一个主体都具有创作的潜质，都具有在既定的文化传统上进行自由创新的权利；

第四，承认版权作为一种必要的恶，它并不优先于公共领域而存在。

---

① Thomas B. Macaulay, A Speech Delivered in the House of Commons (Feb, 5, 1841), in Ⅷ The Life and Works of Lord Macaulay. London, Longmans, Green, and co.1897, at 199.

在这样的信念体系的支撑下，再辅之以一套具体方法，比如说：第一，规定版权存在的法定主义，以使公共领域和作者的私域之间有一个清晰的边界划分；第二，明确规定除非公共领域得到承认，否则，不随意创设新的权利；第三，对公共领域的存在状态进行实时评估，并以此为基础，及时调整版权政策；第四，明确公共领域的不可逆转性，任何人未经正当程序不得将公共领域中的要素随意撤回；第五，在全社会形成一个尊重公共领域的主流社会意识形态，同时在诉讼机制上允许任何人在公共领域受侵害时启动诉讼程序。如此，一个理想的公共领域才能真正被建构起来，而版权机制也才得以在前者的价值指引下良性地发展。

四、结语

公共领域的研究，在我国理论界才刚刚开始，囿于篇幅，更多有关该问题的探讨未能在此加以全面展开，但公共领域思维方法的引入为人们观察版权问题乃至整个知识产权问题提供了一个崭新的视角。它既是我们认识整套版权制度的起点，同时也是这方面的终点。本文抛砖引玉，祈求更多的人投入公共领域问题的关注中，为版权制度乃至整个知识产权制度的良性发展贡献自己的智慧与力量。

计算机字体单字的可著作权问题研究

——兼评中国《著作权法》的第三次修改*

计算机字体单字的可著作权问题是随着“方某电子公司诉宝某公司侵犯计算机字体‘×柔’”案[①]的发生而逐渐被学界所意识到的。虽然随着二审判决的宣判，该案已暂告一段落了，但该案触及的著作权问题之广泛深刻，堪称近年来知识产权案件之首。学界对该问题的探讨可谓百家争鸣、异彩纷呈。为使学术界对计算机字体单字之著作权保护有一个更为清晰深刻之认知，笔者就该案涉及的基础问题展开进一步的反思、分析与质评，以期达致对该问题的真理性认识，并试图以此为契机，为中国《著作权法》的第三次修改完善提供建议。

一、计算机字体单字可著作权基本范畴的学理分析

（一）计算机字体单字著作权保护的真实对象

就“方某电子公司诉宝某公司侵犯计算机字体‘×柔’”案看，该案涉及的计算机倩体字的前身，仍然是自然人的手稿字体，它是设计者齐某在国标印刷字体

---

* 原载《现代法学》2013 年第 3 期。

① 该案的基本案情是：方某电子公司是一家专业的从事字库开发的厂家，长期从事多种计算机字体字库的开发。1998 年 9 月，该公司与字体设计师齐某协议，取得其创作的倩体字稿的著作权。后在其基础上，经过创造性劳动，完成了字体的数字化和字库化转换，并命名为方某倩体。该字体有优雅、柔美和华丽的特点，如少女亭亭玉立的倩影。后方某公司发现宝某公司未经许可，在其生产的洗发露等产品的包装、标识、商标和广告中大规模使用了倩体“×柔”二字，认为构成了对其计算机字体“×柔”二字著作权的侵权，二者成讼。该案经北京市第一中级人民法院终审。具体案情可以进一步参见北京市第一中级人民法院（2011）一中民终字第 5969 号民事判决书。

基础上，根据市场要求重新设计字体外观和艺术特质的产物。因此，计算机字体著作权保护的是字体通过“笔画、笔顺、笔法”和字间结构，所折射出来的字体独有的“外观、形态、风格和样式”，字体著作权人垄断的不是汉字的书写法则，而是经高度审美化和艺术处理后所表现出来的字体的外观式样。只要书写时没有使用权利人字体特有的外观形态和风格样式，而是利用该字的通常含义来抒情表意，或利用不同字体或者是书法上不能称其为“体”的个体写字习惯来书写，就不会构成侵权。因此，计算机字体单字的著作权保护，保护的不是汉字的字体架构而是外部的美化修饰，保护的是汉字外观之“形”而非意义之“神”。

（二）计算机字体单字可著作权的“独创性”判定

在判断计算机字体单字的可著作权问题上，核心要件是“独创性”判定。本案计算机倩体“×柔”二字，它既非依据现有字体推演而来，也非对他人已有字体的机械抄袭和模拟重合，而是设计者在国标印刷字体上结合字体创作之特点，对字体外观重新综合、描述和刻绘之结果，体现了设计者自己的心力、判断和创造。因此，计算机倩体字充分体现了设计者的“创造”，而非简单的“劳动”投入。至于“独创性”程度，不同作品肯定会有差异，文学作品的独创性要比工程设计图、产品设计图的独创性高；电影作品的“独创性”要比“计算机软件”的独创性高。就是相同作者在不同历史时期、不同心境和环境影响下，其作品“独创性”程度也都迥然不同。但《著作权法》关注的是独创性的“有无”问题而非“高低”问题”①。因此，我们不能认为计算机字体单字的独创性没有书法单字的独创性高，就否认计算机字体单字可以构成作品。

有观点认为，计算机字体由于要受到汉字结构和笔画规范的限制，因此设计空间极度有限，难以具有独创性。②我们认为，虽然承认作品“独创性的出现须以客观上存在创作机会为前提”，对不同性质作品而言，创作的机会可能完全不同，“比如说地图作品、辞书的独创性机会相对于小说、科幻读物的独创性机会而言就

---

① 李明德、许超：《著作权法》，法律出版社 2003 年版，第 31—32 页。

② 如在“北大方某电子有限公司诉广州宝某有限公司字体侵权”案中，一审法院北京海淀区法院就认为，“每个字的结构和笔画本身是固定的，不能进行再创造或者改变，否则会成为通常意义上的‘错字’”。具体参见北京市海淀区（2008）海民初字第 27047 号民事判决书。

要小得多”①，但这也只是独创性大小的问题而非有无问题。虽然计算机字体单字的创作确实要受到字体原形的诸多规定性限制，作者创作余地不大，但“设计者仍然可以利用可塑空间，基于人们阅读时的视觉感受和字体的美感等多方面的考虑，展示它的独特之处”②，正是基于此，人们才能在方寸见格的文字上设计出倩体、秀英体、静蕾体和圆趣卡通体等风格多样、形态多变的不同计算机字体类型来。因此，计算机字体单字的设计同样可以具有独创性，这就好比有人可以巨幅画卷为背景创作大型泼墨山水，也有人可以在米粒或发丝上雕刻，以展示其针尖上的功夫与技艺，难道能认为后者就不是作品，不具有独创性了？③

在判定计算机字体单字的独创性时，正如美国著名的版权法学家哥德斯坦教授所说的那样："法院对不同种类的客体应适用不同的原创性要求。"④但我国的法院却拿计算机字体单字与传统书法字相比较，来认定前者独创性的有无⑤，该做法是否科学?

首先，著作权法保护的艺术作品中，书法作品应该说是最具个性者，就像沈尹默先生所言的那样："世人公认中国书法是最高艺术，无色而具图画之灿烂，无声而有音乐之和谐，引人欣赏，心旷神怡。"因此，将计算机字体单字和最具抽象性、最具变化性和最富个人性的书法作品相比较，来判定其艺术价值和独创性的有无是否可行？著作权法究竟应遵循一个最高的艺术水准来判定独创性，还是应遵循不同艺术作品创作的一般规律来界定“独创性”？

其次，是不是越具个性的对象就一定越具独创性？显然不是。就像有学者以书法作品中的草书为例，按说草书是最狂放的艺术，最能展现作者的创作空间和

① 韦之:《著作权法原理》，北京大学出版社 1998 年版，第 16—17 页。

② 索来军:《方正告宝洁侵权：字体与字库著作权法保护谁？》，载《中国新闻出版广电报》2011 年 4 月 21 日。

③ 在独创性判断上，笔者倒是认为，作品的创作空间和独创性可能恰好呈反比例关系，即作品创作空间越小其独创性程度可能越高。

④ Paul Goldstein, R. Anthony Reese. Copyright, Pa–tent, Trademark and Related State Doctrines: Cases and Ma–terials on the Law of Intellectual Property. West, 2012.

⑤ 如在“北大方某电子有限公司诉广州宝某有限公司字体侵权”案中，海淀区法院就是以计算机字库单字和书法家书写的单字做比较来认定前者的独创性的，法院认为，因字库字体需要整体风格的协调统一，其中单字的独特风格受到较大的限制，与书法家单独书写的极具个人风格的单字书法相比，无法相提并论。具体参见北京市海淀区（2008）海民初字第 27047 号民事判决书。

艺术想象，也最有资格获得著作权。但鉴于文字首先是一个文化交流之工具，因此文字的表意功能决定了作者不能在独创性道路上走得太远，就像有学者所说："我不认为草书是美的纯艺术，因为它失去了文字的意蕴。""写字和书法不能走极端，走了极端就失去了实用价值，从而失去了存在价值，也就没有了生命力。"[①]这也许就是各种考试和投稿都不使用审美性很高之草书的重要原因。由此看来，美实际上也是有着种种规定性的。具体到计算机字体，因其具有审美价值的同时，还是人类信息交流的基本工具，所以，以计算机字体单字这种具有实用价值的作品，相较于以纯粹追求艺术价值为目的的书法作品而言具有较弱的美感特征为理由，来否定计算机字体单字可著作权性的做法是否合适，也值得反思。

再次，是不是说有个性的对象才具有审美价值，可重复的对象就一定不具有审美性？笔者认为，应该这样来认识问题：比如说舞蹈作品中的群体舞，任意抽出当中的一个都是相同而没有个性的，但我们显然不能认为群体舞和其中个体的独舞就不是美，不具有可作品性。由此可见，可重复性也不是否定作品美感和其艺术价值的决定因素，就像有学者所说"当美的器物能大量得到的时候，它并不会使已有的美消灭，倒是离开了个人性，美才开始踏上了越来越深刻的道路"[②]。按照现代美学观念，美不仅是一门艺术，还是一门科学，美的事物不但可以被创造，还可以"按照美的规律来制造"[③]。正因为美是有章可循的，人类才办起了美术学院来传授书法和绘画的知识。既然美是有章可循且可以制造，就意味着只要技术上可能，美的事物就可以按一定的规律来再现。

计算机字体恰好具有了这样的特征，它是计算机这种现代机械复制技术和人类审美意识合谋的产物，并导致了其具有某种可重复获取和批量生产的特征。尽管"机械复制技术的引入的确导致了艺术创作中……那种'独一无二'性的消失，并最终造成了艺术'韵味'的消散"[④]，但机械复制技术却使艺术和美具有了大众化的性质，带来了艺术品的大规模扩散和传播。而且"标准化"生产和"批量化"制作的事物就一定不是美了吗？显然不能。因为，强调独一无二艺术韵味的美学做法，遵循的是古典"本真美学"的思路。但不管是"本真美学"，还是引入计算

---

① 范梦：《艺术美学》，中国青年出版社2011年版，第288页。

② 柳宗悦：《工艺文化》，徐艺乙译，广西师范大学出版社2011年版，第186—190页。

③ 朱光潜：《谈美书简》，中华书局2012年版，第40页。

④ 周宪：《文化现代性与美学问题》，中国人民大学出版社2005年版，第231页。

机等机械手段后所形成的所谓“机械美学”，都是美学中的一种，后者不过是前者的辩证否定罢了。所以，在笔者看来，对艺术作品而言，可重复的特点如果说有价值的话，也仅是作品原件和复制件的区别，但谁又能否认美术作品的复制件就不具有艺术价值，不属于作品了呢?

在计算机字体单字独创性判定上，还须注意的是，“独创性”和“审美性”原本是两个概念。客体能否获得著作权保护以“独创性”而非以“审美性”为要件。因为，从著作权基本法理看“艺术本身并不具有法律上的可诉性，艺术价值与审美价值都不能成为法官审理案件时判断是否受到著作权保护的标准”①。该原理在国外著作权法理论上被称为“美学不歧视原则”②，之所以要拒绝著作权法的艺术或审美价值的标准,“就是要确保版权的保护不会建立在个别法官的偏好和审美观上”③。因此，即使认为计算机字体不具有审美上的独特性和相较于书法作品而言较低的审美个性，也不应成为否定计算机字体单字可著作权的理由。因为审美性原本就并非著作权法所能界定和伸张的，其因人因时而异，是一个历史的范畴，著作权法自不应引入一个无法确定之要件去丈量作品的构成与否。

最后，就计算机字体单字独创性的判断来看，它不应在字体内部进行，而应在不同字体之间展开对比。比如本案的“×柔”二字，在倩体字下，基于共同的笔画、笔顺和构造特点，它们都具有“优雅、柔美、华丽如少女亭亭玉立的倩影”之特征。但如果利用圆趣卡通体来表现的话，则都具有“生动活泼、跳跃自然、天真烂漫”之特征，把两种不同字体下的“×”或“柔”字单独摄取出来比对，人们一定能察觉其间的艺术反差。所以，同一字体下不同单字之间好比是同一父母生下的多胞胎兄弟，他们长得相似，但谁能否定他们和其他父母生下的小孩存有区别呢?就像法国画家丹纳曾形象地说:“一个艺术家的许多不同的作品都是亲属，好像一父所生的几个女儿，彼此有显著的相像之处……”④但你能否认不同画家之间的作品总存在差别吗?所以，以同一字体下不同单字之间具有“同一性”来排斥不同字体下单字之间“差异性”的做法，显然违反了形式逻辑上的“排

①［德］雷炳德:《著作权法》，张恩民译，法律出版社 2005 年版，第 46 页。

② Ryan Littrell. Toward a Stricter Originality Standardfor Copyright Law. B.C.L. Rev, 2001 (43): 193.

③ Christine Wallace. Overlapping Interests in Deriva-tive Works and Compilations. Case W. Res, 1985 (35): 103.

④［法］丹纳:《艺术品的本质》，傅雷译，上海书画出版社 2011 年版，第 2—3 页。

他律”要求，不具科学性。

（三）计算机字体单字可著作权与创作手段的关系考辨

按著作权的一般理论，作品必须是人类智力劳动的成果[①]，应当展现自然人作者思维的“创造魅力”[②]。但计算机字体的创作需借助于计算机才能完成，尤其是计算机倩体字的“修字和质检”阶段需要计算机技术的介入。因此有见解认为计算机字体的创作有违人类智慧之本性，不能获得著作权。我们认为，虽然计算机字体的创作的确需借助计算机来完成，但计算机不过是现代人类知识创造过程中最高效的工具罢了。作为本案的倩体字“×柔”二字，其可能产生的字体的“形态、风格、样式”都为设计者的自然人所能预见、所能界定和所能控制。从开始到结果，计算机都无法对字体的每个单字进行设计构思与美化安排，也无法对其外观进行主观的界定、判断和拟制。因此，借助于计算机完成的“×柔”倩体字仍是人类智慧劳动之成果，体现了自然人作者的意志力、创造力和想象力。

作为承载了字体的计算机软件，其“运行结果本身既不能产生字库外与字库内艺术风格相同的单字，更不能产生与字库内艺术风格完全不同的单字”[③]。因此，运用计算机完成的字体并未改变人类“独创”作品之事实。[④]实际上，如果非要拿计算机字体和书法字体作一比较的话，笔者认为作为“艺术与技术的结合”，书法作品的创作又何尝能离开作为工具的“笔墨纸砚”？但千古以来，谁会因为书法家借用了“妙笔”而否定其“生花”的事实，并进一步否定书法的可作品性呢？又比如说雕塑作品，“发展到现代雕塑阶段，创作雕塑的工具和方法除了我们通常概念中的泥刀、石锤进行敲敲打打以外，已经在使用大型工业器械、化学手段，通过模具锻造、剪裁切割、焊接等进行创作。由于雕塑所具有的独创性和艺术性，无论传统雕塑还是现代雕塑，仍然受到著作权法的保护。所以，对字体

---

① 陶鑫良、袁真富：《知识产权法总论》，知识产权出版社 2005 年版，第 89 页。

② Julia Reytblat. Is Originality in Copyright Law a “Question of Law” or a “Question of Fact”: The Fact Solut-iong. Cardozo Arts & Ent L J. 1999 (17): 176-181.

③ 姚兵兵、卢山：《字库单字的美术作品性质》，载《中国版权》2012 年第 1 期。

④ 类似观点参见张今、卢亮：《计算机艺术字体的作品属性有著作权保护》，载《中国版权》2011 年第 5 期。

而言无论该字是手写、手绘、刀刻，还是计算机设计出来的，只要是独创的，体现了美感，就应该被认定为美术作品，享有著作权”[①]。

至于说计算机字体任何人运行字库软件得到的结果相同，我们认为应该这样来看待该问题：计算机每次能输出相同的字体，只能证明计算机这种现代复制技术的伟大，它使具有审美意义不同字体的单字可以被稳固保存下来，并能被反复地复制利用。有的国家，如美国，作品能被保存下来并被反复复制利用甚至是作品可版权的前提条件。[②]该规定明确宣誓了现代版权和工业大生产的联系。所以，计算机技术使字体单字可以被保存下来，并能在工业上反复再现运用的事实，不应成为否定计算机字体单字构成作品的理由。这就如同音乐作品，其经表演者表演并经现代录制技术烧制成录音制品后，在卡拉 OK 厅任何人使用同样的播放设备，都可以反复地将该音乐毫无区别地播放出来，这时我们能因为每个人的操作结果相同，就否定最初固定在录制设备中音乐的作品禀赋吗？显然不能。

在计算机倩体字的创作上，如果我们借用“创造不同于劳动，知识产权保护的是创造而非作为技艺的劳动”[③]的观点来界定的话，笔者倒是认为，自然人“从设计字稿字体开始到将其扫描输入计算机，再到利用计算机进行数字化拟合和修字、质检的一系列过程”都应属于“创造”行为，它是自然人设计者在字稿字体的基础上，借助于计算机对字体外观进行选择、取舍、综合、判断，并对其整体美进行反复锤炼的过程，该过程独一无二又无可替代。而将完成后的字体转移到软件上，仅是作品载体的改变，只要作品的首次固定体现了作者的创造力和智慧本性，其后载体的千万次改变，也都改变不了最初作品的创造属性和独特价值。计算机倩体字完成后人们利用计算机程序自动提取不同的笔画或偏旁部首来组装单字，才属于不折不扣的“劳动”，其可重复又不包含任何的智识含量，且任何人操作得到的结果都相同。这就好比是印刷厂的印刷工人，每个印刷工人使用同样的印刷设备都能印出同样的文件来。尽管如此，印刷工人卖再大的力出再多的

---

① 隋立会：《关于字库版权问题的几点思考》，载知识产权司法保护网，http://www.chinaiprlaw.cn/file/2011042019156.html，最后访问时间：2012 年 8 月 3 日。

② 美国《版权法》第 102 条第 a 款的规定：“版权保护固定在任何有形表述工具上的原创性作品。通过有形的表述工具，作品可以或直接，或借助机器、设备而被感知、复制和传送。”

③ 刘春田：《知识产权制度是创造者获取经济独立的权利宪章》，载《知识产权》2010 年第 6 期。

汗，也永远只能印刷出“书籍”但绝不可能创造出“作品”。[①] 因此，在评价某一客体是否属于作品时，只能以最初成就作品行为的性质加以判断，而不能以后来人们可以反复获得的复制性劳动去评判最初的创造行为。

质言之，我们认为“著作权法对作品的保护，绝不取决于是使用机械还是使用电子设备进行创作，而是取决于创作作品需要付出起码的人的创造性劳动”[②]。“手工制作或模具或机械制作都仅为（实用艺术）作品产生的不同方式，在可版权性判断上不具区分意义。即使以模具或机械制作，只要作为结果的该产品之外形符合美术作品的条件，就不得仅以其为非手工创作为理由而否定其著作权法上的保护适格性。此外，作品的著作权保护以符合独创性为实质条件，也与其是否‘一品制作’（‘单件制作’之意，笔者注）无关，不因其创作是否以量产为目的而有所区别，也不因其嗣后是否演化为模具制作而失去可版权性。”[③]

二、计算机字体单字著作权保护实践中的基础问题探讨

前文主要从著作权基本法理视角讨论了计算机字体单字的可著作权性，在具体保护中还有以下基础问题尚待解决。

（一）计算机字体单字受著作权保护的具体类型辨析

计算机字体单字如果说可受著作权法保护，那究竟作为何种作品类型来保护更科学？笔者认为，把它归入现行《著作权法》中的“美术作品”来保护是可行的，理由是：

第一，根据我国《著作权法》及其实施条例的规定[④]，所谓的“美术作品是指绘画、书法、雕塑等以线条、色彩或者其他方式构成的有审美意义的平面或者立体的造型艺术作品”。根据这一界定，美术作品实际上有三个特征：首先，它是平面和立体的造型艺术品；其次，其表达要素为线条、色彩或其他方式；最后，

① 但如果让只懂印刷的工人来创作的话，很难创作出作品。作者独立完成了创作行为，就肯定不可能千人一面，而是千人千面、风格各异。

② 谭筱清:《数字时代知识产权保护的理论与实务研究》，苏州大学出版社 2005 年版，第 160 页。

③ 丁丽英:《实用艺术品纳入著作权对象的原则》，载《厦门大学学报》2004 年第 6 期。

④ 参见 2013 年修订《著作权法实施条例》第 4 条第 8 项。

其类型包括绘画、书法、雕塑等[①]。对计算机字体而言，它属于造型艺术品毋庸置疑；计算机字体单字创作特点就在于通过字体的"笔形、线条、结构"来体现其审美价值和艺术特征。所以，计算机字体单字也完全符合美术作品以"线条、色彩或其他方式"为其主要表现形式的表达要求。但计算机字体单字究竟属于书法还是绘画作品？笔者倾向于它是介于这二者之间的美术作品。正如倩体"×柔"二字，其既要运用书法的线条来体现字体之字形结构的运动韵律和趋向，也要依靠绘画的线条、块面、结构等造型语言，使设计出来的字体在满足平面线条艺术的同时，又能使公众在领略这些单字时，能体察到其透射出来的女性的"端庄、柔和与大气美"。因此，计算机字体实际上应是书法和绘画艺术的结合，是空间艺术和视觉审美艺术的珠联璧合，其创作需要创作者进行丰富的艺术想象、创作变换和文化模拟，所以，把计算机字体单字作为美术作品来保护完全符合美术作品的本质特征。

不过，这里需重申的一个重要问题是：美术作品作为艺术作品中的一种，按说作者"个人的动手性具有决定性的重要意义"[②]，因此有学者就担心字体"通过计算机转化为可在计算机中显示的作品后，这个对作品美学元素解构的过程已经破坏了美术作品的审美意趣，就不能再作为美术作品来保护"[③]了。笔者认为，这种担心是多余的。因为按照现代著作权理论，个人的动手性对美术作品的形成实际上并不总是具有决定价值。比如说雕塑作品，谁能否认它在很大程度上系出自浇铸工人之手创作完成？但谁会认为由于有了浇铸工人的参与，雕塑作品的审美价值就大打折扣了？美术作品中的版画何尝不是如此？很多版画的原件甚至是蚀刻工人根据艺术家的草图在木头、石材等材料上雕刻完成的，又有谁会因为蚀刻工人的介入而否定版画作品的审美价值呢？更遑论纯由建筑工人完成的建筑作品了。因此，以个人的动手性为理由来否认计算机字体单字美术作品的禀赋并不合理，因为除书法作品外，对不同美术作品而言，个人动手的特征并不总是必要的。

第二，从比较法视角看，在美国如果字体有装饰性图案的话，也有把计算机

---

① 金勇军：《知识产权法原理》，中国政法大学出版社 2002 年版，第 266 页。

②［西班牙］德利娅·利普希克：《著作权与邻接权》，联合国教科文组织译，中国对外翻译出版公司 2000 年版，第 52 页。

③《第五次文泓知识产权读书会文字实录》，载中国知识产权网，http://www.iprcn.com/Rdjj_Show2.aspx?News_PI=394，最后访问时间：2012 年 9 月 5 日。

字体作为类似于我国美术作品的“绘画、图表和雕塑作品”来保护的情形[①]。另外，我国境内已经有多起司法判例把计算机单字作为美术作品来对待了。因此，将计算机字体单字作为美术作品保护有充分的比较法上的资源可资借鉴。不过，在利用“美术作品”保护计算机字体单字时，有两个更为现实和具体的问题引起了学者们的担忧：其一，依据我国《著作权法》，美术作品享有展览权，如果将计算机字体单字归入美术作品保护，印有该字体物品的合法持有人，如印有“× 柔”洗发水的厂家在货架上销售产品，是否属于公开展览而需要著作权人的额外授权[②]？其二，如果将计算机字体单字归入美术作品保护，著作权人的署名权如何行使？宝某公司是不是要在每瓶洗发水“× 柔”二字旁注明著作权人？笔者认为这两个问题都好解决，不应成为计算机字体单字作为美术作品保护之障碍。

首先，就展览权看，且不论诸如《伯尔尼公约》未规定美术作品有展览权，部分规定了展览权的国家，如德国，也明定只有未发表的作品才有展览权，作品一经发表，展览权就随发表权一同用尽了[③]。虽然我国没有作出类似规定，但鉴于计算机字体系实用美术作品，其价值不在于展览而在于将其运用于生产活动后的意义，因此著作权人主要不是通过展览来获得收益，所以在解释上亦应将其排除在享有“展览权”的客体之外。再说，在我国《著作权法》未做修改的情况下，即使认为实用美术作品有展览权，鉴于计算机字体具有“除了字样的设计，并无干湿浓淡之谓，亦无力度之别，没有原件与复制件之分”[④]的特点，所以也完全可以适用《著作权法》第 18 条[⑤]“美术等作品原件所有权的转移，……原件的展览权由原件所有人享有”的规定，以排除计算机字体单字展览权的适用。

其次，就署名权问题而言，我国《著作权法实施条例》第 19 条已给出了明确规定：“使用他人作品的，应当指明作者姓名、作品名称；但是，当事人另有约定或者由于作品使用方式的特性无法指明的除外。”这即是说，对他人的计算机字体

---

① Jacqueline D. Lipton. To? or Not to? Copy-right and Innovatiton in the Digital Typeface Industry. U.C. Davis L. Rev. 2009 (43): 143, 158.

② 吴伟光：《中文字体的著作权保护问题研究——国际公约、产业政策和公共利益之间的影响与选择》，载《清华法学》2011 年第 5 期。

③ 黄勤南：《新编知识产权教程》，法律出版社 2003 年版，第 69 页。

④ 李琛：《计算机字库中单字著作权之证伪》，载《知识产权》2011 年第 5 期。

⑤ 对应现行《著作权法》第 20 条。

单字进行商业化使用时，既可以通过约定方式来行使署名权，也可以在使用方式特别（如本案将他人的计算机字体单字用作商标）、使用情形特殊无法指明作者身份时不指明。实际上，在对作者署名的省略不会对作者已有名誉和声望造成损害，且不会在减少作者依作品获得名誉或声望机会的情况下，允许根据作品使用的目的和方式省去作者署名之做法，不为我国著作权法独有。《日本著作权法》（第 19 条）和《匈牙利版权法》（第 47 条）都有这样的规定[①]，因此，作者认为通过美术作品来保护计算机字体单字，上述两方面的顾虑实际上都可以被合理地排除掉。

（二）计算机字体字库与字体单字受著作权保护的辩证关系

在计算机字体单字可著作权问题的讨论中，另一个争议更大的议题是：更多人乐意接受将计算机字库[②]作为美术作品保护，却否定当中单字的可著作权性[③]。就像国外有学者形象地说道："我们给予的是建筑物的设计以版权保护，而不保护建筑物的每一块砖头。"[④]对此，我们持怀疑态度。理由如下：

第一，如果说字库整体构成美术作品而单字则否，就如同你指着某个自然人作者说"你是人"，然后你又指着他的心脏说"它不是人的心脏"一样滑稽。字库与单字犹如森林与树木，如果说字库有著作权而单字却不具有，就犯了"只见森林未见树木"的错误。因为，字库的"独创性"实际上是由单字笔画、线条、块面设计的独特性统一而来。因此，保护计算机字库实际上就是保护单字在"具体笔画或字形结构等表达层面的'一致性'，它是表达性的因素，而非抽象的思想层面的'风格'"[⑤]。所以单字与字库在独创性问题上是规定与被规定的关系而不是简单的砖头与构筑物的关系。那种认为字库整体构成作品而单字则否的见解，就好比我们指着一片森林叹息"这片森林真美，只可惜没有美丽的种苗"一般滑稽，所以这种倒因为果的做法不可取。

---

① 郑成思：《知识产权——应用法学与基本理论》，人民出版社 2005 年版，第 366 页、第 376 页。

② 所谓的计算机字库是指字体单字在计算机软件下的集合。

③ 具体参见北京市海淀区人民法院在"方某电子有限公司诉宝某有限公司案"中所持的立场。参见北京市海淀区（2008）海民初字第 27047 号民事判决书。

④ Dan Burk. Expression. Selection, Absttraction: Copyright's Golden Braid. SYRACUSE L. REV. 2005 (55): 593, 615.

⑤ 崔国斌：《单字字体作品和字库软件可能受著作权保护》，载《法学》2011 年第 7 期。

第二，有观点认为如果字库和单字都享有著作权，人们购买字库后使用单字还须付费，将带来“字字付费、家家交钱”的局面[①]，再说当单字形成字库实用工具后，单字的权利就应用尽了。对此，笔者认为应这样来看待问题：首先人们在大街小巷上所看到的牌匾或招贴，可能取自某一商业字库，但更多的是当事人自己书就之结果，也或委托他人创作完成之结果，抑或是对公共领域字体的运用，绝大多数情况下都无须付费。所以，明确字库和单字都有著作权不会带来所谓的“字字付费、家家交钱”的情况。至于说单字进字库实用工具后，权利就用尽了，笔者表示异议。就好比书法艺术家将自己书写的千娇百媚、形态各异的“露”字收入书法字帖后，有人需要像宝某公司那样大规模对字帖中某个书法“露”字为商业性复制和发行使用，试问：著作权人能不能收费？实际上，不仅单字进字库后权利不应被穷竭，就是字典的义项之于字典这种实用工具本身，也不会因“义项”进字典后著作权利就被穷竭了。前些年发生的“中国社会科学院语言研究所等诉王同亿等抄袭字典作品侵权案”，学者们也认为字典和义项属于独立作品，义项不会因进入字典实用工具后著作权就穷竭了，未经许可对字典义项的使用同样构成侵权[②]。

第三，从保护的合理性上看，只有同时赋予字库和单字著作权才能保护字库开发者的利益。因为对字库购买人而言，即便是专业字体设计公司，对字库中所有单字的使用在现实中毕竟是少数，使用人更多体现的是对字库中部分单字的使用。因此，如果说字库整体享有著作权而单字不具有，字库开发者的利益将被实质性架空。就好比是人们购买一本画册，画册整体本身构成汇编作品，但仅将画册作为作品保护是不够的，因为画册中的单幅画作仍有其独立的价值，人们可能更需要对画册中单幅作品进行利用。因此，从保护的合理性角度看，也绝不能认为画作进了画册后，其著作权就被穷竭了。相反，应在保证画册整体著作权的同时，注意单幅画作著作权的独立性，否则画册著作权人的利益将难以获得实质性的保障。

第四，如果说《著作权法》上有权利穷竭的话，也一定要注意著作权权利用

---

① 张玉瑞：《字体、计算机字体的版权保护》，载《电子知识产权》2010年第9期。

② 罗东川：《辞书作品中具有独创性的义项受著作权法保护？——中国社会科学院语言研究所、商务印书馆诉王同亿、海南出版社侵犯辞书作品著作权纠纷案》，载中国法院网，http://www.chinacourt.org/article/detail/2002/06/id/5988.shtml，最后访问时间：2023年6月26日。

尽的是作品原件或复制件的发行权[①]。另外，更关键的是作品整体权利用尽不应延及作品之部分的著作权用尽。好比电影作品，经销售后用尽的也应是电影作品著作权中的“发行权”，电影作品中的音乐、剧本、剧照的著作权不会因此穷竭。因此，即便你购买了电影作品，对电影作品中主题曲、音乐、剧照等为复制、发行、信息网络传播的使用时，仍需相关著作权人许可。又比如说专利产品，当专利产品的整机和零部件都有专利权时，专利产品出售后用尽的也仅是整体专利产品的“许诺销售、销售和使用”权，而不会穷竭部件的专利权。也即，未经许可任何人以生产经营为目的拆解专利产品而使用专利部件的行为仍然构成侵权。所以，那种认为字库产品出售后，单字权利也用尽了的见解，显然是对著作权法上“权利用尽”理论的误读。

第五，有观点指出，从国际范围来看，很多国家如美国、日本、韩国的《版权法》或者明确将字库中的单字排除在著作权保护范围之外，或者根本无对单字进行保护的案例，但这些国家的字库产业照旧发展甚好。在美国，该种没有知识产权保护但产业创造力依然旺盛的领域被称为是“知识产权的盲区”[②]地带。有鉴于此，有学者就认为字库产业营利与否与字库中的单字是否受保护并无直接的关系。我们持不同见解，因为我们完全可以质疑说：如果这些国家也对计算机字体单字进行保护的话，兴许它们的字库产业会发展得更好！更何况“知识产权作为一种公共政策工具”[③]和“激励创新的媒介”[④]，它仅是刺激产业经济发展的手段之一，字库产业要发展还离不开一国经济、科技和文化教育等多种手段的激励性支持。因此，以发达国家不保护计算机字体单字，字库产业发展良好来推演我国不给予计算机字体单字著作权保护也属合理的做法，不符合形式逻辑上的充足律要求。更何况，一国家对哪些知识产权进行保护，原本就是个国别政策的选择问题，并不具有可比性。这就好比是在民间文学艺术保护的议题上，为何从来就没有谁会责问：为何美国不给予保护而中国却给予保护呢？

---

① 吴汉东：《知识产权基本问题研究》，中国人民大学出版社 2005 年版，第 324 页。

② Adam Moore. Intellectual Property, Innovation, and Social Progress: The Case Against Incentive Based Arguments. HAMLINE L. REV.2003, (26): 1762–64.

③ 吴汉东：《知识产权的多元属性及研究范式》，载《中国社会科学》2011 年第 5 期。

④ K. Arrow. Economic Welfare and the Allocation of Resources to Invention. R. Nelson. The Rate and Direction of Inventive Activities. Princeton: Princeton University Press, 1962: 165.

第六，还有理论从合理期待和默示许可的角度出发，认为当字库出售后，在权利人未做事先明确禁止的情况下，字库购买者不但拥有了对字库整体进行商业性使用的权利，还获得了对字库（通过软件输出）之单字的商业性使用的默示许可[①]。也就是说，字库（软件）购买者购买字库后，不但可以对字库（软件）进行利用，如利用字库进行内部编辑、为他人进行小样设计和对设计的结果进行输出、打印外，还获得了对字库中单字商业性使用的合理期待。对此我们认为，对字库购买者可合理期待的权利做无限扩张的解释并不合理。因为，字库不管是企业版还是家庭版，购买者充其量只能获得该字库工具的实用功能，比如说利用字库来进行文档编辑，为他人进行广告设计，并将设计的结果进行排版、打印和将广告小样交付他人以确认等。但字库购买者绝不可能获得对字库输出之单字进行大规模商业性“二次使用”的权利。这就好比我们购买了一个预存了歌曲的 MP3，我们支付价款获取的“对价”利益应仅限于对 MP3 播放器实用功能的使用，如利用 MP3 来下载和播放预载的歌曲。但绝不可能还获得将 MP3 中预存和新下载的音乐进行大规模商业使用的权利。因为歌曲不是 MP3 的孳息，可以套用民法上的物权规则：在获得了物权的同时还获得了对孳息的所有权。而认为购买字库者获得了对字库单字商业性使用权利之看法，就是把单字作为了字库的孳息来看待，试问：这合理吗？

第七，从比较法的角度看，确有国家的《版权法》明确规定，字库购买者享有对由字库输出的文档进行任何后续使用的权利，即字库一旦出售其单字的权利就用尽了。如英国《版权、设计以及专利法》第 54 条第 1 款规定：“下列行为不侵犯由字型设计构成之艺术作品的版权（a）在常规的打字、排版或印刷过程中使用字型，（b）为上述使用目的而持有某一物品，或者（c）对上述使用行为产生的文档、材料进行任何处分；即使上述物品是作品的侵权复制件，使用该物品产生的文档、材料亦不构成侵权。”该规定常被国内学者用作字库中单字权利穷竭的重要证据加以示例。但该规定的理解也不乏异议者，有学者就认为这里“所谓‘在常规的打字、排版或印刷过程中使用字型’应指以‘实用性’为主要目的使用字库单字，……如果以‘艺术性’为主要目的使用独创性单字都可能被认定为侵权行

---

① 芮松燕：《计算机字库中单字的著作权保护——兼评“方正诉宝洁”案》，载《知识产权》2011 年第 10 期。

为”。“所谓的‘实用性’使用，是指将字体当作记录和传递信息的工具，而‘艺术性’使用则是指将字体当作可欣赏、可书写的对象来使用。”[①] 笔者赞同该种理解。因为，计算机字体单字，不管其外观多富有变幻，审美价值有多大不同，它首先是“文字”，具有传情达意的功能。因此，如果仅是利用计算机字体单字所代表的“文字”来实现抒情表意的“实用功能”时，显然不能认为构成侵权，因为著作权法不保护“功能”。相反，如果利用的是计算机字体的“艺术”价值部分的话，即便按照英国《版权法》来理解，其著作权也不会因任何使用目的而穷竭。结合“× 柔”案，宝某公司显然不是使用“× 柔”二字来传递产品信息功能那么简单，因为如果仅为该目的何须一定用倩体？但宝某一旦使用了倩体字的“艺术”部分时，即便按英国《版权法》的理解，也应认为构成了字体单字的侵权而非侵权的例外。

综上所述，笔者认为无论从哪种视角来看，计算机字体的单字和字库都应同时具有著作权，且单字进字库后其著作权利也不应被穷竭。这不仅符合《著作权法》的基本法理，也和范式国家对该问题的正确理解立场一致。因此，那种认为单字进字库后著作权就被穷竭的见解实不足取。

三、结语

基于前述分析，为使我国计算机字体产业获得更好的发展，借我国处于《著作权法》第三次修改的良好契机，借鉴相关国际公约和境外先进立法之规定，特拟定几个有关计算机字体单字著作权保护的条款供立法机关参考，以适时推进我国相关立法的完善：

第 n 条　美术作品，是指绘画、书法、雕塑、计算机字体，包括字库与单字等以线条、色彩或者其他方式构成的有审美意义的平面或者立体的造型艺术作品。

第 n+1 条　计算机字体，包括含字库与单字作为美术作品保护，应具有明显的独创性特征，否则不受保护。[②]

---

① 陈绍玲：《汉字字库的著作权保护——以“方某诉宝某侵犯著作权纠纷案”为视角》，载新浪博客，http://blog.sina.com.cn/s/blog_4a5ddb240100swii.html，最后访问时间：2012 年 12 月 3 日。

② 这是借鉴德国等国家做法后所做的安排，目的是更好地划清字体保护和公共领域的界限，以更好保护社会公众传统的用字自由。

第 n+2 条　计算机字体，包括字库和单字作为美术作品保护，享有美术作品著作权人所享有的一切权利，但展览权除外。

第 n+3 条　计算机字体，包括字库和单字的著作权应受合理使用限制，且以下行为不构成侵权：（1）非出于艺术功能，仅出于纯粹信息传递功能，在常规打字、排版或印刷过程中使用计算机字体；（2）为前述使用目的持有某一物品；（3）对上述使用行为产生的文档、材料进行任何处分，即使上述物品是受保护计算机字体的侵权复制件，使用该物品产生的文档、材料亦不构成侵权。

第 n+4 条　计算机字体，尤其是字库的购买者出于纯粹的艺术目的，在不符合第 n+3 条的条件下使用单字的，需经著作权人的同意并支付报酬，否则为侵权。

第 n+5 条　计算机字体受著作权保护期为 25 年，自字体首次销售后开始起算，截止到第 25 年的 12 月 31 日。①

希冀上述建议对我国未来《著作权法》的立法完善有所助益。

① 这里主要借鉴了欧盟、英国、德国的做法，它们都明确规定字体保护的时间最长不超过 25 年。

版权法上公共领域的衰落与兴起*

版权法上的公共领域是人类自由文化创造的源泉，但自20世纪晚近以来，一种将“版权财产”与“公共领域”对立起来加以看待的做法正甚嚣尘上，从而致使后者牺牲在了前者扩张的步伐之下。然而，我们究竟为什么需要一个富足的“公共领域”来培育“自由文化”的兴起？是什么样的因素最终导致了20世纪末的那场版权扩张，而使“公共领域”淹没在了版权人无限膨胀的“权利欲求”之下，以及我们应当如何重构版权法公有领域的未来以使人类的自由文化得以再生？本文依循着这些问题，希望从对这些问题的论证与探究中找寻到未来版权法上公有领域的复兴之路。

一、版权法公共领域对自由文化创造的意义及其衰微

一个广阔的公共领域对人类自由文化创造的重要意义，就如学者勒拉·泽默（Lior Zemer）所分析的那样，“任何的知识和创造，都是需要通过两个互补的基础来加以定义的：共同的和个体的。后者关系到作者的本能、常识及其反应力的应用，而前者则关系到公共领域和以前作者的贡献……两者的相互作用才使得版权作品得以产生：通过经验、解释和吸收公共领域的要素……作者将天生的能力转化为实际能力”①。这就是说，任何作者包括作家、艺术家、音乐家，都是以其前辈营造的知识公地为基础的，“个体作者不过是以自己的方式在更新和扩展着它们”②。

---

* 原载《现代法学》2010年第4期。

① Lior Zemer, The Idea of Authorship in Copyright, England: Ashgate Publishing Limited, 2007, at107.

② Lior Zemer, The Idea of Authorship in Copyright, England: Ashgate Publishing Limited, 2007, at112.

对此，就像著名画家毕加索（Picasso）曾经说到的那样，“如果我不去模仿我的前任画家的话，那我将不得不花费我生命剩下的时间去模仿我自己”①，而“这将无异于在没有工具的情况下去重新发明车轮”②。一言以蔽之，“自从我们人类驯服了火以来，就没有任何东西是纯粹新颖的，今天也一样：文化正如科学技术，是相辅相成的……所有的创造者都部分地利用了前人的作品，引用、源于或取笑；我们将之称为创造，而非窃取”③。

但是，在知识产权领域，如果我们把人类的“知识财产”和“公共领域”对立起来而倾向于过分地保护前者的话，它就必然会“扼杀人们原本期望它所能带来的创造力”④。因此，对于科学和艺术的进步来说，“保证公共领域信息的存在和反复使用，与赋予作者私人版权是同样重要的”⑤。更何况，处于公共领域的“信息还不仅仅是一种商品，对人类的学习、文化、竞争、创新和民主对话的进程来说都是至关重要的资源和投入”⑥。所以，“一个科学的版权机制就必须是建立在一个广阔的公共领域信息政策基础之上的，它应该服务于而不是凌驾于信息社会”⑦。

关于公共领域之保留对于人类“自由文化”创造的重要意义，学者本杰明·坎普拉（Benjamin Kaplan）曾有更精辟的论述。他说：“如果人们有任何‘自然’权利的话——那么，就必须有一种相当重要的模仿他人的权利，由此可以在他没有播种的地方收获，毕竟（起源于公共领域的——笔者加）教育就是因模仿而获得的收益，

① B Ghiselin (ed.), The Creative Process: Reflection on Invention in the Arts and Sciences. Berkeley: University ofCalifornia Press, 1952, at50.

② M Csikszentmihalyi, Creativity: Flow and the Psychology of Discovery and Invention, New York: Harper Perennial, 1996, at421–422.

③［美］罗伯特·P·墨杰斯等：《新技术时代的知识产权法》，齐筠等译，中国政法大学出版社 2003 年版，第 660—661 页。

④［美］罗伯特·P·墨杰斯等：《新技术时代的知识产权法》，齐筠等译，中国政法大学出版社 2003 年版，第 660—661 页。

⑤ Pamela Samuelson, Mapping the Digital Public Domain: Threats and Opportunites, 66 Law & Contemp. Probs. 170 (2003).

⑥ Pamela Samuelson, Mapping the Digital Public Domain: Threats and Opportunites, 66 Law & Contemp. Probs. 170 (2003).

⑦ Pamela Samuelson, Mapping the Digital Public Domain: Threats and Opportunites, 66 Law & Contemp. Probs. 171 (2003).

如果‘进步’的概念不是完全空想的一种预设的话，那么它们就都将依赖于慷慨的复制放任。”①

关于公共领域之保留对于版权创造的价值，也有学者将公用街道和公共道路比作私人土地。他说：“如果从私有土地分割出公用街道、道路或者高速路，私有土地……将会更加有用。尽管公园、可通行的道路……减少了私人手中土地的数量，但它却极大地提高了财产的价值。”②版权作品的创作又何尝不是如此？在版权之外，保留一个独立的、不受商品化和私有化影响的公共领域的存在，虽然从表面上看减少了版权领域可以被“私有化”之要素的数量，但它同样有利于版权机制运作的效率；相反，如果没有这样一个不受作者私权干扰的领地作支撑，而是让版权人对每一个思想和表达都实行完全的财产化的话，那就必然会延缓人类的持续进步。

对此，就像学者马克 · 罗斯（Carol. M. Rose）所说的那样：“无论从历史学还是从经济学的视角来看，将‘公共领域’和‘作者领域’视为‘相互独立并对立存在的两个领域’来看待的做法是完全错误的。”③公共领域并非一个和版权相互隔离的地带，传统的“知识财产”和“公共领域”二元分离的看法显然是掩饰了公共领域“公众”和版权“个体”之间相互联系的真实认知。“与公共 / 私人二元划分的逻辑结构不同，‘公共领域’通常是为‘私人财产’服务的”④，并且，“二者这种相互依赖的关系，深深根植于整个知识产权的历史和经济学当中”⑤。

因此，如果没有了公共领域的外部生态，版权迟早将因作者和公共领域之间的不和谐而遭受来自“公共领域”的惩罚。实践也无不证明了这一点：20 世纪的晚近以降，我们遭遇了比历史上的第一次“圈地运动”更为严酷的“文化圈地”⑥，问题就在于我们严重忽视了公共领域对人类自由文化衍生的重要性。

---

① Mark A. Lemley: Property, Intellectual Property, and Free Riding, 83 Tex. L. Rev. 1031, 1067 (2005).

②［美］劳伦斯 · 莱斯格：《思想的未来》，李旭译，中信出版社 2004 年版，第 210 页。

③ Carol. M. Rose, Romans, Roads, and Romantic Creators: Traditions of Public Property in the Information Age. 66 Law & Contemp. Prob. 103 (2003).

④ A. Chander & M. Sunder, The Romance of the Public Domain, 92 Cal. L.Rev. (2004) 1352.

⑤ Carol. M. Rose, Romans, Roads, and Romantic Creators: Traditions of Public Property in the Information Age. 66 Law & Contemp. Prob. 96 (2003).

⑥ 黄汇：《版权法上的公共领域研究》，载《现代法学》2008 年第 3 期。

总之，在版权法领域，一旦我们将“版权”和“公共领域”对立起来，并以一种“商品主义”的计量方法来测试作品价值的话，其结果必然是没有确定的利益代表，在很大程度上被认为是法律留下的一个“自然之领地”的公共领域——经常性地牺牲在了权利人对知识“财产”渴求的欲望之下。就像学者博伊尔（James Boyle）所说的那样：“当今时代，在对信息问题进行经济分析时所面临的巨大压力，以及漠视来源的以‘原初’作者为中心的财产权模式和对‘公共领域’作为一种整体的重要政治性的忽视……这些都促成了我们保存人类‘公有领域’能力的彻底消失，首先是从观念上，渐渐地是从事实上消失了。”① 因此，倘若我们想要很好地反思版权系统是如何一步一步地“通过侵蚀社会创造力的方式”②来实现对“公共领域”的蚕食鲸吞的话，我们唯有回到制度之根本，以省察隐藏在版权扩张之后一系列制度理念失范的来路，从而为版权法上“公共领域”的原始回归和重获兴起找到一条真实的出路。

二、版权法公共领域式微的理论解读（一）：“浪漫主义作者观”在版权法上的错误配置

20 世纪晚近以来，版权领域所表现出来的那场扩张运动，如果从理性的视角加以分析的话，笔者认为，一个关键性的问题就在于我们的版权制度过度地受到了“浪漫主义作者观”的影响，从而使“公共领域”日趋衰退了。

之所以这样认为，是因为随着人类的文明进入 18 世纪，“与印刷文化和民主制度兴起同等重要的是，现代意义上的‘自我’概念在这个时期也被发明了出来。从笛卡尔的‘我思故我在’，到洛克《人类理解论》中有关‘身份、意识和自我的概念’”等③。伴随着 19 世纪“自我”观念兴起的是上帝之神的死亡以及文学领域“浪漫主义作者观”的确立和个人“独占主义”作者身份的塑造。在这种观念的支配下，“作者就被看成了一个自知和负责任的主体，文学文本也被认为是作

---

① Asbley Packard, Copyright Term Extensions, the Public Domain and intertextuality, 10 J. Intell. Plob. L. 21 (2002–2003).

② W.J.Gordon, Authors, Publishers, and Public Goods: Trading Gold for Dross, 36 Loyola of Los Angeles Law Review, 159 (2002).

③［美］希利斯·米勒:《文学死亡了吗？》，秦立彦译，广西师范大学出版社 2007 年版，第 12 页。

者情感自我揭示和自我建构的结果”[①],“个体人格已经开始取代上帝，成为知识的神圣源泉”[②]。

而且，1709 年随着《安妮法》的通过，“浪漫主义作者观”“不仅在文学领域获得了市场，还因此开始渗透到了人们的法律意识之中”[③]。如此一来，无论在版权的立法过程还是司法过程，作者都被视为一个具有“神性”的主体，并对其“独创”作品的能力给予了超乎寻常的肯定和评价。就像有学者所说：“‘浪漫主义’的作者被视为一个理想化的角色和独立的创作实体，它拥有超凡的智慧，并独立地创造了其‘原创性’作品。作者是最初的思想者，作品就被认为是其个人人格的体现，它具有丰富的主观性和原生性，而这正是 18 世纪的建构。”[④]

正是在“浪漫主义作者观”的支配下，作者就意味着一切，作品的所有荣耀都集中于作者一身。如此一来，我们就不难理解“公共领域”是如何被版权吞噬了。用博伊尔的话来说就是：“由于‘浪漫主义’的作者本位观过分地强调了作者的独特天赋和其对作品的‘原创性’贡献，它就严重地削弱了外部资源对创作的价值。”[⑤] 这个外部资源就是我们所说的“公共领域”。这也就是说，正是由于“浪漫主义作者观”过分地强调了作者“神性”的面向而忽视了其“人性”的特征，在版权法“全力控制和组织作品的两类资源——作者的贡献和公众的贡献时，往往也就只有一类资源，即作者才实现了控制和回报”[⑥]，而对作品做出贡献的其他主体都完全被忽视了。

就像在“一封给海伦·凯勒（Helen Keller）的信中，马克·吐温曾明确指出

---

① Peter Jazsi, Toward a Theory of Copyright: The Metamorphoses of “Authorship”, Duke L. J. 497–502 (1991).

② 卡拉·赫茜：《知识产权的兴起：一个前途未卜的观念（二）》，金海军、钟小红译，载《科技与法律》2007 年第 2 期。

③ Peter Jazsi, Toward a Theory of Copyright: The Metamorphoses of “Authorship”, Duke L. J. 455、497–502 (1991).

④ AL Durham, The Random Muse: Authorship andIndeterminacy’ 44 (2002) William & Mary Law Review 569, 618.

⑤ J.Boyle, Shamans, Software, and Spleens: Law and the Construction of the Information Society, Cambridge MA: Harvard University Press, 1996, at114.

⑥ Lior Zemer, The Idea of Authorship in Copyright, England: Ashgate Publishing Limited, 2007, at107.

的那样:（与）电报、蒸汽机、电唱机、电话或其他重要的发明（一样），（作品的诞生——笔者加）前后可能经历上千人的努力，可是最后只有一个人获得了荣誉，而我们却把其他的人给忘却了”。[①]

总之，近代版权法以“浪漫主义”为指导，将作者指称为天才和创造的源泉，并把“作者身份”解释成一种个人责任之事实，忽视了对“时代智慧（wisdom of the ages）”以必要的尊崇[②]。在这样一种精神的指引下,“公共领域”在版权法体系下逐步被蚕食也就完全不足为奇了。因为，如果我们过分地强调和渲染作者无所不能的重要性的话，不但很容易把我们引向一种视版权为“结果性”权利的歧途，而且会忽视知识活动过程——知识的创造、传播和使用的重要性。同时，它还容易引发我们对版权激励的认识错位，即“将鼓励‘创作’和鼓励‘作者’等同起来，并以一种穷竭（公共领域——笔者加）这个其他作者必须同样工作之环境来达到对作者创作进取心激励之目的”[③]。就像著名知识产权学家大卫·兰吉（David Lange）所说的，发轫于 18 世纪的“浪漫主义创作观”，“仅是尊崇了一些作者，而以另一些作者为代价”[④]。

总之，浪漫主义作者身份的非凡力量和持续影响力说明，“‘作者’的概念并非版权学说中免于矛盾的概括性‘资源’，而恰是‘公众接触’和‘私人控制创造物’这一基本矛盾的特殊结合点”[⑤]。在“浪漫主义作者观”的极端指引下，版权法体系试图通过公共领域来“满足洛克意义上所谓的人类‘共同遗产’的原则”[⑥]也就成为一个法律上的泡影，其试图通过对作者的有限激励来达到促进人类知识“公有领域”无限繁荣的愿望，也就经常变成一种理想的乌托邦。

---

①［美］约翰·冈茨、杰克·罗切斯特:《数字时代，盗版无罪？》，周晓琪译，法律出版社 2008 年版，第 31 页。

② David Lange, At Play in the Fields of the World: Copyright and the Construtction of Authorship in the Post-Literate Millennium, 55 Law & Contemp. Probs. 145, 1992.

③ Jessica Litman, The Public Domain, 39 Emory LawJournal969 (1990).

④ David Lange, At Play in the Fields of the World:Copyright and the Construtction of Authorship in the Post-Literate Millennium, 55 Law & Contemp. Probs. 143、145, 1992.

⑤ Peter Jazsi, Toward a Theory of Copyright: The Metamorphoses of “Authorship” , Duke L. J. 457、497-502 (1991).

⑥ Lior Zemer, The Idea of Authorship in Copyright, England: Ashgate Publishing Limited, 2007, at83.

三、版权法公共领域式微的理论解读（二）："值得复制就值得保护"与"版权保护必须和复制技术成反比例变化"的观念关联

20 世纪晚近以来的那场"文化圈地"除受到"浪漫主义作者观"的错误支配外，笔者认为，它还受到以下两种错误思潮的影响：

其一，就是"值得复制就值得保护"或"有价值便有权利"[①]的观念在版权人世界的广泛流传。在该种理念的影响下，版权人几乎以其无所不能的手段控制着对其作品的利用。因为，版权人深信："创造性作品是有价值的，无论何时何地，当人们使用、获取或者演绎他人的作品时就是在获取他人的创造性价值。因此，无论什么时候，人们对这种价值的获取，就都必须得到原作者的许可和同意，否则，该种获取行为就是一种不正当的'窃取'。"[②]在这种观念的支配下，在版权领域实际上就产生了一种重要的"著作权乐观派"。他们认为，既然作者创造了所有的价值，那么，其就有权去完整地拥有和控制作品。在"著作权乐观派"眼中，"如果把著作权比喻成装着半杯水的瓶子的话，那么，他们就只是盯着著作权水杯中已经注满的那一半，并等着进一步把它加满"[③]，而不管著作权的该种保护扩展是否已经超出了激励作者创作所必要的程度，以至于权利扩张本身"属于侵占了人人皆得随心所欲言说和写作之一般自由"[④]。

然而，对于"有价值便有权利"的著作权理论，就像学者拉伦兹·莱西格（Lawrence Lessig）先生所深刻反思的那样："'有价值便有权利'的理论绝不是我们所需要的著作权理论，该种理论从未写入过也永远不可能写进我们的法律。正好相反，根据我们的传统：'版权它只是一种手段，在建立起繁荣的创造性社会根本基础的同时，版权法是完全有必要通过一个广阔的公共领域来保留有用的创造

① Richard M. Stallman, Free Software, Free Societies 57 (Joshua Gay, ed 2002).

② Lawrence Lessig, Free Cultrue: How Big Media Uses Technology and the Law to Lock Down Culture and Control Creativity. the Penguin Press, New York, 2004, at18.

③［美］保罗·戈斯汀：《著作权之道——从古登堡到数字点播机》，金海军译，北京大学出版社 2008 年版，第 11 页。

④［美］保罗·戈斯汀：《著作权之道——从古登堡到数字点播机》，金海军译，北京大学出版社 2008 年版，第 11 页。

力价值的。' "[①] 因为，"智慧的立宪者们深深地知道，人类的创造性始终是产生在'创造的主人对于其创造物掌握着不怎么严格的控制'的条件下的"[②]。"除非版权法建基在一种有效的原则基础上，否则，在其不愿被人们发现的过程中，便不可能根本性地永存"[③]，而这个根本原则也就是所谓的"社会整体善的优先原则"[④]。

再说，"有价值便有权利"的观念之所以是错误的，是因为版权作品的生产与有形财产的创造是完全不同的。由于有形财产的生产是不讲因果关系前提的，就好比说一幢房子的建构，其不需要以一个无偿开放的"公共领域"为前提和基础，所以该种行为的结果——房屋等不动产——就可以作为一项绝对的财产来看待，其他任何人都无权去染指和分享。但作家的创作行为就完全不同了，他们所需要的许多创作材料，很多都是取自前人和公有领域而未向他们支付过任何费用的。所以，版权作品创作出来之后，就不应作为一项绝对的"私产"来看待，作者在享有权利的同时就必须接受来自其他社会成员的分享需求[⑤]。

其二，就是版权人扩张权利是建立在这样一种错误的假定上：版权的保护力度必须和作品的复制成本呈正向的反比例变化，当技术使复制的成本逐渐接近于零时，版权也就必须接近于最完美无缺的控制。就像学者博伊尔（Boyle）就美国近年来版权紧随技术进步而不断扩张的现象时所说的那样："想象有一条线，在线一端的终点，是一个修道士正在卖力地誊写着亚里士多德的诗文，在线的中间则是干特伯格出版印刷机，在线的3/4处则是一个影印机，在远远的线之终点则是互联网和人类的在线基因组翻译。每个阶段，作品的复制成本都在降低，信息产品也变得越来越具有非竞争性和非排他性[⑥]……然而，对于僧侣抄写者，我们并不需要任何的知识产权，因为身体对抄写的控制和限制就足够了。对于干特伯格

① Lawrence Lessig, Free Cultrue: How Big Media Uses Technology and the Law to Lock Down Culture and Control Creativity. the Penguin Press, New York, 2004, at19.

② Lawrence Lessig, Free Cultrue: How Big Media Uses Technology and the Law to Lock Down Culture and Control Creativity. the Penguin Press, New York, 2004, at119.

③ J. M. Garon, Normative Copyright: A Conceptual Framework for Copyright Philosophy and ETHICS' (2003) 88Cornell Law Review1278, 1283.

④ A. Robinson, The Evolution of Copyright 1476–1776, 67Cambrian Law Review (1991).

⑤ 寿步、方兴东、王俊秀:《我呼吁》，吉林人民出版社2002年版，第198页。

⑥ 吴汉东等:《知识产权基本问题研究》，中国人民大学出版社2006年版，第37页；张玉敏:《中国欧盟知识产权法比较研究》，法律出版社2005年版，第8—10页。

出版印刷，我们需要《安妮法》[①]。而对于互联网，我们则需要《千禧年数字版权法》[②]，需要《惩治电子盗窃法》[③]《松尼·波诺版权保护期延长法》[④]，甚至可能是《信息集合的反盗版法令》[⑤]……总之（我们对问题的假定是），由于复制成本逐渐接近于零，因此知识产权也就必须接近于最完美无缺的控制。”[⑥]但显然，以复制技术为唯一的参照系来决定版权保护的力度是完全错误的。因为，“版权是处于市场但又不完全隶属于市场的”[⑦]，而“复制技术的不发达或太发达都有其经济意义，也都有可能导致现行版权作品私有的不可能”[⑧]。再说，那种认为网络降低了不法复制作品成本的观点，忽视的一个重要的事实就是，网络实际上也降低了作者生产、重制和宣传作品的成本；同时，网络还有利于提高作者的知名度和影响力从而增加作品的未来销路。[⑨]因此，网络技术所带来的对版权作品侵犯性利用可能性的提高，“它真的是权利所有者的一种净损失，以至于我们需要加大版权保护的力度，去保持一个不断完善的激励水平吗？”[⑩]

再说，正如著名学者马克·罗斯（Mark Rose）所说的那样，“网络所具有的协同性，实际上已极大地减少了诸如‘公共道路’（它在本质上也是一种公共产品）使用方面的拥塞成本。因此，如果说智慧财产领域有什么事物可以像有形世界的‘公有物’那样适合放在‘公共领域’内被人类共享的话，那么网络环境

---

① 13 Ann., c. 15 (Eng.).

② Pub. L. No. 105–304, 112 State 2860 (1998) (Codified as Amended in Scattered Section of 5, 17, 28, and 35 U. S. C.).

③ Pub. L. No. 105–407, 111State 2678 (1997) (Codified as Amended in Scattered Section of 17and 18U. S. C.).

④ Pub. L. No. 105–298, 112State 2627 (1998) (Codified as Amended in Scattered Section of 17U. S. C.).

⑤ S. 2291, 105th Cong. (1998).

⑥ James Boyle, The Second Enclosure Movement and the Construction of the Public Domain, 66 Law & Contemp. Prob. 42 (2003).

⑦ Neil Weinstock Netanel, Copyright and a Democratic Civil Soceity, Yale Law Journal, 106 (1996).

⑧ 刘茂林:《知识产权法的经济学分析》，法律出版社 1996 年版，第 129 页。

⑨ 就像波斯纳等人所言的，“复制成本的减少同样有助于著作权人减少自己的复制成本，并使得在许多领域，使表达成本有所下降”。因此，波斯纳等人认为，“即使在没有知识产权的情况下，很多自发的因素也将构成对复制的限制”。（具体参见［美］威廉·M. 兰德斯、理查德·A. 波斯纳:《知识产权法的经济结构》，金海军译，北京大学出版社 2005 年版，第 51—75 页。）

⑩ James Boyle, The Second Enclosure Movement and the Construction of the Public Domain, 66 Law & Contemp. Prob. 43 (2003).

下的知识无疑是这方面最适合的代表了。因为当作为基质的网络——其协同功能（网络效应）与不受管制的人类共有物——知识的共享性走到一起时，它往往能产生史无前例的知识创新能力和资源效应"[①②]。因此，在新的网络环境下"一个有所遗漏的市场是绝对比一个被严密控制的小型市场能带来更多的收益的"[③]。而"对公有信息的'圈地'，其对创新的潜在危害就只会是和鼓励一样多"[④]。Napster 案的裁定实际上就已经充分证明了这一点。[⑤]

总之，就版权对创新的作用而言，正如一些学者所预言的那样，"更多的财产权，尽管被假定为可以为创新提供更大的激励性支持，但它并不必然就会产生更多更好的产品与创造——有时它可能只会走向其反面才是真的。在人类持续创新的道路上如果设置多种财产障碍，设置多种多样必需的权利许可，它实际上就有可能延缓而不是促进了人类的创新"[⑥]。就像哈勒和艾森伯格引用"反公地悲剧"的

---

① Carol. M. Rose, Romans, Roads, and Romantic Creators: Traditions of Public Property in the Information Age. 66 Law & Contemp. Prob. 103 (2003).

② 不过，莱斯格先生对此有不同的看法。他认为，网络空间的特点恰是两种特征的最差组合："复制的能力好得不能再好了，而法律的保护则弱得不能再弱了。"（参见［美］劳伦斯·莱斯格：《代码——网络空间中的法律》，袁泳译，中信出版社 2004 年版，第 155 页。）因此，在笔者看来，这个时候我们更需要进行成本收益的考察，以证明在网络环境下是留有更多的公有知识对人类的创新更为有利，还是让知识产权人可以对知识和信息进行更为严格的控制更为有利。但一如我们前面所证明的那样，公共领域的网络效应和其强大的生产功能所带来的知识创造性能力是绝对优于将知识纯粹留给私人拥有的状况的。因此，笔者认为，在网络环境下，一个有所遗漏的版权绝对比一个严密控制的版权能为人类带来更多的知识收益和社会福利。

③ James Boyle, The Second Enclosure Movement and the Construction of the Public Domain, 66 Law & Contemp. Prob. 43 (2003).

④ James Boyle, Cruel, Mean, or Lavish?: Economy Analysis Price Discrimination and Digital Intellectual Property, 53 VAND. L. REV. 2007 (2000).

⑤ Napster 的成功，向我们展示了由技术推动社会知识财富迅速增长的前景和思路，它是个人自利行为和社会总体利益增长结合到一起的最佳典范。过度的版权保护不但将因财力所限、边际购买意愿较低的消费者排除出了消费市场，使他们不能享受到知识进步所带来的精神财富，同时，它还将扼杀潜在的根据版权人的作品创造出新的知识财富的可能性，而这不能不说是一种无谓的社会损失和成本。（参见张楠：《网络环境下的版权合理使用：法律经济学的视角——兼评唱片公司 A & M 等诉 Napster 案》，载《经济学季刊》2002 年第 4 期。）

⑥ R. David Kryder, ed al., The Intellectual and Technical Property Components of Pro-vitamin A Rice: A Preliminary Freedom-to-Operate Review, available at http//:www.isaaa.org/Publications/briefs/Brief/.20.htm. last visited 2008-03-11.

例子所解释的那样："当纷繁复杂的财产权引发的交易成本超过了创新所必要的促进成本时——'公地悲剧'也就将向其反面——'反公共悲剧'方向转化了。"[①] 如此，过多的版权实际上就不但成了"公共领域"存留的重要障碍和威胁，而且它也成了自身发展的严重桎梏和绊脚石。

四、版权法公共领域兴起的未来（一）：迈向"义务公共领域"的理论转型

面对 20 世纪晚近以来的那场版权扩张运动，一大批注重版权生态的学者都看到了从版权概括的对立面——公共领域的视角来审视版权问题的重要性，并试图建构一套积极有效的理论来制衡版权扩张的进程。然而遗憾的是，在大多数时候，这些理论都没能在理想的意义上奏效。在笔者看来，问题的关键就在于，学者们的论述并未充分把握"公共领域"的实质，他们基本上都是在一种"事实而非价值"的层面上描述了该概念。

20 世纪 80 年代以来，尽管很多英美国家的学者都看到了从"公共领域"理论出发来制止版权扩张态势的重要性，然而遗憾的是，这些学者在界定公共领域的时候，都将其定性为"权利过了保护期的那种状态"[②]，或是"不受版权保护材料的集合"[③]。但不管哪种界定，它们"都充其量是对公共领域的一种事实陈述而非对它的一种价值判断"。

但一如我们前面所说的那样，作者总是通过对"公共领域"的侵占来达到创新作品的目的。"无论是从历史还是从理论的视角来看，版权法的整体逻辑都并非使用者应当为他们'侵入'作者的范围去进行承认或辩护，而应当以作者和版权所有人去承认他们对'公共领域'要素的侵犯性利用为前提。"[④] 因此，在作者创造

---

① Michael A. Heller & Rebecca S. Eisenberg, CanPatents Deter Innovation? The Anticommons in Biomedical Research, Science, 698, May 1, 1998, The Second Enclosure Movement and the Construction of the Public Domain, 66 Law & Contemp. Prob. 44 (2003).

② Jane C. Ginsburg, "Une Chose Publique" ? The author's Domain and the Public Domain in Early British, French and US Copyright Law, 65 The Cambridge Law Journal638 (2006).

③ James Boyle, The Opposite of Property? 66 Law & Contemp. Prob. 5 (2003).

④ Ronan Deazley, Rethinking Copyright–History, Theory, Language, Edward Elgar Publishing Limited, 2006, at160.

了新作品之后，让作者将作品的内容无条件地放置在公有领域，以备其他作者自由使用，是作者创作的必要性“支出”和其对公众的一种“应然性义务”。

对此，就像有人在评价“合理使用”公共领域机制时所说的那样，某一个特定作者在创作过程中因利用了前人的作品而取得了“收益”，因此，当其作品完成后就必须为后人提供合理使用材料的“支出”。合理使用在本质上就是一定社会制度安排下，特定创造者和不特定的使用者之间就信息资源所进行的交换。[①]

既然“公共领域”是“公众”和“作者”之间的一种交换，那么二者就必然存在利益上的“对价”[②]关系。作者不但无权通过扩张版权的方式来达到挤兑和侵占“公有领域”之目的；相反，他们还负有足够的资源补偿义务来实现和促进“公共领域”的稳定丰富与长期繁荣。然而，20世纪晚近以来我们在发现了“公共领域”的概念之后，却未能很好地实现利用该概念工具来达到有效遏制版权扩张的愿望，根本问题就在于：我们只是在一种“事实而非价值”的层面描述了它，从而使我们在偏离甚至是在悖反该理论之精神内核的前提下，无力使用该理论去检视版权扩张的步伐。

相反，如果我们能够充分挖掘蕴于公共领域内“作者和公众”之间的资源交换和利益对价之关系，并采用一种“义务公共领域”的理论来解释问题的话，那么许多问题便会迎刃而解。之所以如此，是因为“既然公共领域是作者一个有所义务的领地，那么，相对于公众而言，它就是一个权利地带”。就像有学者所说的那样，公共领域位于与知识产权对立的另一端。它是知识产权的对应物，其由一系列作品和知识的集合构成，“与由知识产权法的各个部门通过积极有限的形式授予的私权相反，公共领域是由社会公众所享有的对信息的权利”[③]。对此，论者雷克·爱尔德（Eric Eldred）作了进一步阐述。他说：“版权并不意味着作者有权去阻止其他人复印的权利，而是确认‘拥有者’或者随之的一系列权利去确定其对创意的表达，这些权利包括复制、演绎以及公开或者不公开等。既然版权‘拥有者’的概念是可以接受的，那么，为什么不可以接着去确认‘公众’对公共领域也有着确定的权利呢？”

将公共领域确定为“作者的义务领地和公众的权利地带”，虽然只是一种描述

---

① 刘茂林：《知识产权法的经济学分析》，法律出版社1996年版，第129页。

② 徐瑄：《知识产权的正当性——论知识产权的对价与平衡》，载《中国社会科学》2003年第4期。

③ John Frow, Public Domain and Collective Rights in Cultural Rights in Culture, 13INTELL. PROP. J. 39, 39–40.

上的转向，但却能为公共领域披上一层“道德”的外衣，以对抗作者不断扩张版权的主张。因为，既然“拥有公共领域是公众的权利——它是一个价值上的判断，而不仅仅是一种事实陈述”——这样一来很多问题都将在此发生实质性的逆转。就拿“技术措施”这一侵入公共领域的版权技术扩张手段来说，在没有确定公众对“公共领域”的“权利人”地位之前，版权人完全可以主张说：“合理使用从来没有授权使用者运用这一特权去违反其他法律，合理使用不能让你撬开图书馆的门锁在那里‘合理’复制作品，或者砸开自动售货机把报纸拿来复制以与朋友共享。”[①]但在确认了“公共领域是作者的义务领地”之后，问题的逻辑就转换为：“我们没有必要去保护数字权利管理系统（DRM system），以免遭受未经授权的进入，某个人使用一把钥匙关了门，这个事实并不能让其有权去禁止其他人使用另一把钥匙去开门。”[②]因为，进入这扇门原本就是我们的权利。

因此，迈向“公共领域的义务理论”或者说采行“义务公共领域”的学说无疑是十分重要的。就像莱斯格先生提到的那样，“版权得到了过分的保护。因此，问题的关键已不在于版权‘权利’，而在于版权‘义务’”[③]，即受版权保护的所有人使其版权财产通过“公共领域”之方式，被他人正当使用的义务。“公共领域义务论”的提出，有助于我们彻底反思和抵制整个 18 世纪以来“浪漫主义”作者无所不能的情怀，对近代以来版权价值系统对“作者权利本位的无限强调和对公众资源贡献意义的极端漠视”这样一种极“左”理论的偏差纠正，都是具有十分重要的意义和价值的。

总之，正如大卫·兰吉（David Lange）教授所说的那样，“只要我们承认知识产权的理论，那么，我们就必须同时接受存在于其边界的如同‘无主土地’一样的东西”[④]。尹田在《物权法的方法与概念法学》中认为：“承认知识产权的排他利益就必然暗含着应对其观念上的对立物——公共领域的承认。”

---

①［德］托马斯·霍伦：《逻辑信息论——信息法琐记》，刘芝秀译，载周林：《知识产权研究（第 18 卷）》，知识产权出版社 2007 年版，第 46 页。

② Hearing on H. R 2281 and H. R 2280 Before the Subcomm, on Court and Intellectual Property of the House Comm., on the Judiciary 105th Cong. (1997), at 208.

③［美］劳伦斯·莱斯格：《代码——塑造网络空间中的法律》，李旭译，中信出版社 2004 年版，第 157 页。

④ David Lange, Recognizing the Public Domain, 44Law & Contemp. Prob147 (1981).

“公共领域义务论”的提出，虽然只是一种论证上的转向，但这种思维改变无疑是非常必要的。它显然有助于我们进入一个价值判断和关系范畴的认知体系，以摆脱长期以来对“公共领域”低层次的事实认知的状态。这种认知转换的意义就在于：它有效避免了传统法律思维“见物不见人”的缺陷。

“公共领域义务论”的提出与此如出一辙，其实质就是要充分挖掘内蕴于公共领域中“作者和公众之间的资源交换”关系，从而为迫使版权人在创造了作品后，让他 / 她继续为其他作者和公众保留必要的公共利用空间提供理论上之依据。这使得在作者本人和社会公众看来，为他人通过公共领域保留对知识创造的利用“特权”是其法律上的一种“当为性”义务，且应转化为自己生活实践上的一种行为自觉。如此一来，作为一种价值存在的“义务公共领域”理论就能彻底扭转版权人长期以来“无视公共领域的稳定存在而一味强调自身利益的错误倾向”，使版权法在关照了作者权益之同时，也为其他人留有足够的“呼吸空间”①。

五、版权法公共领域兴起的未来（二）：展开保证公共领域存在的制度创新

版权法上公共领域兴盛的未来，除了需要进行上述理念上的重塑之外，还需要展开一系列制度上的革新与创造。笔者认为，以下方面的实践或将预示着未来版权法上公共领域兴盛的方向，并为人类开展进一步的自由文化创造和知识创新开辟更为可行的路径：

1. 创作共享公有领域的兴起。“创作共享是一种非官方强制而由创作人或权利人自愿释出著作权法给予保护之全部或部分权利内容，并以预设条件形成契约条款，向不特定多数利用人宣示其著作权可供他人免费利用的创新机制。”② 这种创举主要是试图通过许可协议的方式来达到扩大“公有领域”之目标。创作共享运动诞生的最初目的，主要是对抗当今版权体制下作品利用人高额的作品许可使用费和版权法给予作者保留全部权利（all rights reserved）或

①［加］迈克尔·盖斯特:《为了公共利益——加拿大版权法的未来》，李静译，知识产权出版社 2008 年版，第 319 页。

② 林懿萱、庄庭瑞:《现行著作权体制下的弹性授权模式：谈 Creative Commons》，载《智慧财产权月刊》2006 年第 76 期。

者是没有任何权利可以保留（no rights reserved）之体制所带来的作品利用上的困难而出现的①。因为传统的版权体制在很大程度上使知识的传播与使用越来越受阻碍，从而直接威胁到了“创新者站在巨人肩膀上”的观念②，基于此，作为一种对抗运动，创作共享应运而生。

概括而言，创作共享的基本理念可以归纳为以下几点：（1）人类的创作依赖于接触并使用先前存在的作品；（2）版权法对使用作品设立了新的限制，并成为分享和再利用他人作品的障碍；（3）与版权相关的高额费用尤其影响了个人使用者，限制了他们使用和再利用作品的能力；（4）版权应该以一种能促进分享和再利用的方式被实践。③今天，创作共享运动不再囿于一国范围，全球性的创作共享运动（即所谓的 International Commons/ iCommons）也正如火如荼地发展。④

总之，虽然创作共享运动最初并不旨在建立一个“公有领域”，也与作者完全放弃版权作品而使其为人类共有的“意图公共领域”⑤不同，而是建立于“私有”版权制度之上的，但创作共享仍然创建了一个自由使用的区域，同时还使作者无需放弃自己对知识创造的排他性权利……因此，在这种意义上，“创作共享至少是反对任何威胁公共领域要素的商品化企图”⑥的。

尽管从目前来看，创作共享运动还只是一种民间推动，但正如其发起人之一的莱西格先生所强调的那样，创作共享建立了一个共同的理念基础：（通过公共领域——笔者加）获取免费文化。并且，莱西格先生郑重地预言道：“一旦这个运动在这条街上起了作用，那么它将会在整个华盛顿起作用。”⑦因此，我们完全有理

---

① 虞文祥：《从著作财产权授权利用之困境探讨创作共享机制之推展》，载《东吴法律学报》1994 年第 2 期。

② 欧洲专利局：《未来知识产权制度的愿景》，郭民生等译，知识产权出版社 2008 年版，第 49 页。

③ Niva Elkin–Koren, Exploring Creative Commons: A Skeptical View of a Worthy Pursuit [G]. // L. Guibault and P. B. Hugenholtz (eds), The Future of the Public Domain, Kluwer Law International., Netherlands 2006, at326.

④ 张永强等：《从我国著作权法探讨 Creative Commons 之应用与发展》，载《科技法律透视》2005 年第 5 期。

⑤ 所谓的“意图公共领域”，是指作者主动彻底地放弃所有的版权，使其成为人们完全自由使用的对象。

⑥ Verine Dusollier, Mapping the public domain in intellectual property: Beyond the metaphor of a domain, Working Paper, 28 June (2006).

⑦ Lawrence Lessig, Free Cultrue: How Big Media Uses Technology and the Law to Lock Down Culture and Control Creativity. the Penguin Press, New York, 2004, at 275.

由认为，作为仅具有民间示范意义的创作共享虽然还处于自发阶段，但难谓其不是未来公有领域兴起的前兆，并将以自己独有的方式不断挑战传统版权对“公有领域”勃兴的长期抑制。

2. 自由演绎公有领域的未来。这是指通过创造类似法定许可的规则，剥夺作者的演绎控制许可权，从而为公众创设自由利用现有作品的制度。自由演绎公有领域在很大程度上也是借鉴了公共领域的相关思想，即“知识产权存在的主要作用是促进文化的发展，因为，它从根本上就来源于它所存在其中的周边的文化资源”①。另外，正如有学者考证的那样：“伊丽莎白时代文学创作的繁荣就归因于占用和衍生的自由……但在卡普兰等人看来，那个时候以来，版权法保护范围的扩大约束或禁止了对出版作品的自由派生，这种派生以改编、删节、翻译和戏剧化为形式……”②著名知识产权学者盖勒也认为，一些创造性“搭便车”演绎在先作品的行为“引起了大量新作品的反馈，而这些新作品极大地繁荣了文化”③。然而，“当版权与作者的权利范围大大地扩张时，特别是作者获得了经济权利和精神权利而阻止后面的作者利用以前的作品创作新的作品时，该种权利就可能抑制这些反馈”④。基于此，“我们实际上完全有必要缩短版权的期限，以扩大他人创造性地使用‘公有领域’的范围；基于同样的理由，应当减少作者在控制他人准备创作其‘演绎作品’方面的权利”⑤，“尤其是在新的数字技术环境下……作者需忍受他人对其作品的修改和重构，例如建筑师无法阻止建筑所有权人随意改变建筑的结构并将改造后的建筑卖给他人”⑥那般。

---

①［澳］普拉蒂普·N. 托马斯、简·瑟韦斯：《亚洲知识产权与传播》，高蕊译，清华大学出版社2009年版，第167页。

②［美］罗纳德·V. 贝蒂格：《版权文化——知识产权的政治经济学》，沈国麟、韩绍伟译，清华大学出版社2009年版，第100页。

③［美］保罗·爱德华·盖勒：《版权的历史与未来：文化与版权的关系》，李祖明译，载郑成思：《知识产权文丛（第6卷）》，中国方正出版社2001年版，第303—304页。

④［美］保罗·爱德华·盖勒：《版权的历史与未来：文化与版权的关系》，李祖明译，载郑成思：《知识产权文丛（第6卷）》，中国方正出版社2001年版，第303—304页。

⑤ Malla Pollack, Asserting Copyright’s Democratic Principles in the Global Arena, Vanderbilt Law Review, 51 (1998): 217–329.

⑥［美］威廉·W. 费舍尔：《说话算数——技术、法律及娱乐的未来》，李旭译，上海三联书店2008年版，第220页。

不过，针对自由演绎行为可能带来的对原作者精神权利和财产权利的侵害，法律究竟该如何处理？对此，就像有学者所检视的那样，既然任何作品的创作都依赖于对公共领域要素的引用，并通过对它们的吸收和转化而来，因此“是谁在真正地言说，是他而不是其他人究竟又有何不同”①？既然如此，“所有的作品——不论其地位、价值与形式，也不论它们将受到何种方式的处理——最好的办法就是将它们以一种低语的匿名性（the anonymity of a murmur）来发展”②。这也即是说，“尽量地让那些曾经创造了新作品的人们，尽可能少地去塑造各种各样的法律和规则去维持惯常由他们所掌控的‘属于他们’思想内容的命运”③。比如说，版权法就可以通过开辟以下公有领域之方式，如允许作者放弃精神权利、规定精神权利也应受时间限制（最好和财产权的保护时间一样长）或者允许精神权利可以被合理使用等来达到使后续作者可以利用现有作品来开展自由文化建设的愿望。④ 而针对作者财产权，尤其是著作演绎权对后来者的控制，法律可以通过变知识产权的“物权主义”为“债权主义”之方式，即通过规定如果未经著作权人许可的演绎行为非常成功时，就可以剥夺作者的演绎许可控制权而创设一种类似法定许可公有领域之方式，使后来者可以自由地演绎并利用其演绎后的作品。通过这样的改造，版权法才能真正满足那些处于文化接收末端的人们，期盼通过一个公有的知识领域来实现文化的自由创新和自由扩展的愿望。

3. 建构网络时代默示许可的公有领域。所谓的默示许可，是指作品一经创作完成且公之于众后，只要作者事先未申明拒绝对作品的利用，或者是经合理的公示催告后，作者未明确表示不允许对作品进行利用，就推定作者认可了他人的使用，作为一种补偿，使用人应向作者支付报酬的制度。默示许可公有领域机制之所以在网络环境下必要，是因为“如果说网络是一个共享资源，它就必须得到无

---

① Michel Foucalt, What's author? in Robert C. Davis & Ronald Scheifer, Contemporary Litarary Criticism: Literyand Culturies Studies 274 (Longman, 1989).

② David Lange, At Play in the Fields of the World: Copyright and the Construtction of Authorship in the Post-Literate Millennium, 55 Law & Contemp. Probs. 148, 1992.

③ Negativland, Two Relationships to A Cultural Public Domain, 66Law and Contemporary Problems239–242 (2003).

④ 这方面的论证具体参见郑成思:《知识产权——应用法学与基本理论》，人民出版社 2005 年版，第 355—387 页；另见雷云:《作者精神权利的保护应有时间限制》，载《法学》2008 年第 1 期；等等。

限的发展”[①]，但一旦我们按照传统的版权许可模式，要求网络服务商一一联系作者才能使用作品时，那么，海量的版权作品许可所耗费的时间和精力成本也就足以将网络服务商挡在有效传播人类进步知识的大门之外。如果真是这样的话，那就等于是“使我们的法律将未曾涉及的海量文化和人类的创造力重新置于自己的控制之下”。[②]相反，如果创设一个网络环境下的默示许可公有领域[③]，它就如同是“在越来越多的充满知识产权保护的私有空间中开辟的一块‘公共绿地’……使创新有更大的空间，让权利人的垄断地位动摇，从而使知识产权制度更具适应性”[④]。

总之，作为一种有效扩散人类知识的手段，网络不应当成为公众窃取作者成果的工具，而我们的法律也不应当成为“版权商们用来控制公众获取文化产品的手段”[⑤]。只要我们承认“对社会公众的启迪是我们的目标，而整个私人知识产权的‘价值’实际上并没有超过文化在一个管理更少的环境下对人类智慧扩展之价值”[⑥]的话，那么我们完全有必要创设这样一个限制作者版权许可发放的公共领域机制，来达致促进网络时代人类文化无限繁荣壮大的目标。

六、结语

以上是有关版权法上公共领域盛衰的探讨，具言之，只有我们承认作为一个

---

①[美]罗伯特·洛根、路易斯·斯托克司：《合作竞争——如何在知识经济环境中催生利润》，陈小全译，华夏出版社2005年版，第24页。

② Lawrence Lessig, Free Cultrue: How Big Media Uses Technology and the Law to Lock Down Culture and Control Creativity. the Penguin Press, New York, 2004, at8.

③ 默示许可制度在现行版权体制下并非没有先例。比如说我国《著作权法》第35条第2款规定的报刊之间的转载制度，即“作品刊登后，除著作权人声明不得转载、摘编的外，其他报刊可以转载或者作为文摘、资料刊登，但应当按照规定向著作权人支付报酬”。另外，《著作权法》第25条规定也是这方面的实例。不过，这些制度在传统著作权法理论上都被视为是法定许可，但其本质乃一种默示许可。默示许可和法定许可之区别主要在于默示许可是一种推定而来的许可，作者可以事前保留或事后拒绝对作品的使用，而法定许可则是基于法律的明确限定，作者没有保留和拒绝使用的余地。

④ 张平：《网络环境下著作权许可模式的变革》，载《华东政法大学学报》2007年第4期。

⑤ Edward Samules, the Public Domain Revisted, Loyola of Los Angeles Law Review, Vol 36 (2002): 393.

⑥ Negativland, Two Relationships to A Cultural Public Domain, 66Law and Contemporary Problems262 (2003).

依靠知识的保存来实现人类进步的方法，“版权只有惠及了大众这一目标时才能被首先证明为正当”以及“所有人——无论是群体、共同体还是个体——他们都有参与自己文化创造的权利……而任何精英都是不能垄断文化的生产、分配和传播”[①]的，如此，版权才能真正实现“旨在鼓励而不是阻碍收获知识”[②]的目标，而公共领域——这个“为人们创作材料相互交换提供方便的场所”也才可能永远繁荣和兴盛！

---

①［美］罗纳德 · V. 贝蒂格：《版权文化——知识产权的政治经济学》，沈国麟、韩绍伟译，清华大学出版社 2009 年版，第 100 页、第 228 页。

② Twentieth Century Music Corp. v. Aiken, 422 U. S. 151, 56 (1975).

非法演绎作品保护模式论考*

一、问题的提出：从美国的一则判例开始

早在1990年，美国最高法院即审结了一起著名的版权纠纷Stewart v.Abend案。[①]该案主要涉及美国著名导演阿尔弗雷德·希区柯克执导的经典影片《后窗》对原告Abend享有著作权的短篇小说《必然谋杀》演绎权（具体说是摄制权）的侵犯。被告希区柯克执导的《后窗》电影在未经原告许可的情况下拍摄而成，按照美国《版权法》的规定，这属于典型的侵权行为，原告可以要求法院颁发永久性禁令以阻止该片的继续发行。但是，美国最高法院在审理该案时采取了不同于以往的立场，它在被告继续发行影片可能影响原告利益的情况下，非但没有动用永久禁令制度，而且还认为，电影《后窗》的成功除原告的智力投入外，它还有赖于电影导演、录像者和作曲者等人的创造性活动，如果颁发永久禁令，对被告是极为不公正的。另外，法院还引入“公共利益”理论，认为法院如果颁发永久禁令，将永远剥夺观众观看该经典影片的机会，有害公共利益。基于前面的理由，法院采取了变通做法，即在判令被告向权利人支付赔偿金或继续支付使用费的情况下使被告的电影作品得以继续存续和利用。

《后窗》电影案引发出的一个问题就是，非法演绎作品究竟如何保护？当然，囿于情节之限制，该案并没有穷竭所有凝结在非法演绎作品上所可能发生的利益冲突，当然它也就未能给出解决类似案件的理论全貌。但从实践上看，未经原作者的许可而非法演绎他人作品的现象又频频发生，在我国诸如“钱某、甲出版社

---

* 原载《法学论坛》2008年第1期。

① Stewart v.Abend.495 US 207, 228–29 (1990).

诉胥某、乙出版社版权纠纷案”[①] 就是其适例。我国理论界和司法实务界对此类案件在认识上存有较大分歧，导致了类似案件的处理在结果上难以统一。因此，对非法演绎作品的保护从理论上再作一深入之探讨实为必要。

二、考察与透视：对非法演绎作品保护现有理论之梳理

在对非法演绎作品保护的相关理论展开梳理与考察之前，先对其作一范围上的界定。本文所称的“非法演绎作品”是指“未经著作权人许可进行演绎所获得的作品”，它和合法演绎获得作品之间的区别仅在于前者的演绎行为未经过著作权人的许可；除此之外，它符合正当演绎“作品”的一切要件。而这里所谓的“演绎”，包括注释、改编、翻译、整理和摄制等行为。对非法演绎作品的保护，综观世界各国的立法例及相关学者之学说，主要有以下几种理论：

1. 侵权作品论

这是多数英美法系国家和部分大陆法系学者的共同观点。按照这种理论，只要第三人的演绎行为未经原作者的许可，该演绎即为非法，在性质上属于侵权行为，因演绎而获得的作品当然也就不能获得任何保护，包括著作权法上的保护。这方面的代表有美国《版权法》。该法第 103 条第（a）款规定：“虽然版权客体可以包括编辑和演绎作品，但对使用享有版权的已有资料创作的作品的保护，不得扩大到该作品中非法使用此类资料的任何部分。”《法国知识产权法典》第 L.122—3 条亦有类似规定，即“未经作者或其权利所有人或权利继受人之同意，通过任何技术和手段的翻译、改编、改动、整理或复制均属非法”。英美法系国家采行这种做法，其理论基础主要来自英美衡平法上的“不洁之手”学说。所谓“不洁之手”，是指“任何人在诉讼中有所主张时，行为人自身如有不当行为，则其亦无权主张他人行为之不当”[②]。非法演绎作品正好符合这一理论特征，第三人正是在侵犯了原著作权人正当演绎权的前提下才获得演绎作品的，该种权利在获得前提上本身就有瑕疵。一个自身就存在瑕疵的权利，是不足以对任何人有所主张的，这是

① 上海市高级人民法院知识产权庭：《上海法院知识产权案例精析》，人民法院出版社 1997 年版，第 21 页。

② 张伟君：《知识产权滥用的概念、表现和规制措施》，载《电子知识产权》2007 年第 12 期。

英美衡平法的基本理念。

与英美法系如出一辙，大陆法系虽无同样学说，但大陆法系国家民法上有一个重要的原则，就是“侵权行为本身并不能产生合法之利益”，这一理论和大陆法系国家奉为圭臬的“诚实信用”原则不谋而合。根据这一原则精神，一个基于不诚信而行为的人，其行为非但不能获致法律的正当认可从而形成权利，相反，还应遭致法律的诘难。因而，对于一个悖于诚信原则的演绎人而言，其演绎行为无论做出多大程度的创造性劳动，演绎行为所生作品不管有多大程度的独创性，演绎人对其作品都不能有所利益。这是大多数恪守法律道义论国家的基本立场。

2. 著作权保护论

这是许多国家在放弃了法律道义论的立场转而从法律解释学的方法所得出的一种结论。这些国家不但不认为非法演绎的作品系侵权，相反，还认为其应受到著作权法的积极保护。这方面立法例有瑞士的《版权法》和英国法院版权案件的相关判例。[①] 另外，希腊《著作权法》也有类似之规定。[②] 我国学者当中持相同见解者也不乏其人，其理由主要基于以下几个方面：

第一，作品的独创性是衡量作品属性的基本尺度，“非法演绎的作品毕竟不同于侵犯他人复制权的作品，侵权人并没有‘白拿’他人的劳动成果，而是自己也付出了创造性劳动”[③]。如果不赋予其著作权，则当有一第三人擅自使用这一成果时，非法演绎者束手无策，只能听其使用，其结果必然有失公允。[④]

第二，非法演绎所生作品由于其表达形式所使用的文字及其组合发生了很大的变化，作者自己的独创性行为甚为明显，加之演绎后的作品针对的往往是不同的读者和消费者，因此它不会对原作品的潜在市场造成实质性影响，对其进行保护不会影响到在先作品著作权人的利益。

第三，尽管各国著作权法大都规定了“本法不适用”和“不受本法保护”的作品，但非法演绎的作品显然不在其列。就著作权法不予保护的作品而言，各国立法均有明确规定，它多指“反动言论的作品、违反社会公共利益、侵犯社会公

① 郑成思：《版权法》，中国人民大学出版社 1997 年版，第 183 页。

② 陶鑫良、单晓光：《知识产权纵论》，知识产权出版社 2004 年版，第 265 页。

③ 郑成思：《版权法》，中国人民大学出版社 1997 年版，第 183 页。

④ 吴晓萍：《与演绎作品有关的侵犯著作权行为》，载《著作权》1999 年第 4 期。

序良俗的作品”等。也就是说，不受著作权法保护的作品是从作品的内容方面而非从创作作品的行为方面来加以界定的，非法演绎作品显然不在其列。①

第四，非法演绎的行为尽管侵犯了作者的著作权，应当受到法律的否定评价，侵权人也应承担相应的法律责任。但不应当就此否定演绎作品可受保护的自身正当。我们谴责藐视版权侵权行为，但“平息知识的反抗不可能通过重申知识所反抗的罪恶来加以进行”②。

3. 著作权消极保护论

这是一种介于“侵权作品论”和“著作权保护论”之间的折中保护模式，笔者称其为“著作权消极保护论”。这种保护模式的代表国家是德国。德国 2003 年《著作权法》第 23 条规定：“只有取得被演绎作品或被改编作品作者的同意，才可以将演绎后的或者是改编后的作品予以发表或利用。在涉及电影改编、按照美术作品的图纸与草图进行施工、对建筑作品的仿造、数据库作品的演绎与改编的情况下，从演绎物或改编物制作之时起就须得到作者的同意。”按照这一规定，德国著作权法并没有要求演绎人的演绎行为经原著作权人的许可。但如果一个未经许可而加以演绎的当事人要想对演绎作品加以利用时，则必须经过原著作权人的同意。另外，结合该法第 3 条“对于构成了演绎者的个人智力创作成果的某部作品的翻译和其他演绎，在不损害被演绎作品的著作权的情况下，作为独立的作品予以保护”的规定来看，在德国，不管第三人究竟是基于何种目的对原作品进行演绎活动，著作权都已经产生了，用德国著名的版权法专家 M · 雷炳德的话来说即是“演绎作品著作权的产生并不依赖于原作品作者的准许”③。

尽管如此，演绎人的著作权却又是相对消极的，即演绎人自己不能主动行使和利用，欲行使自己的著作权，须经原著作权人同意。换句话说，非法演绎人的著作权是从属于原作者的著作权的。从著作权具有完整的“禁”和“行”两面来看，德国模式下的非法演绎人（当然也包括合法演绎者）仅享有“禁”的权利，而不具有正面“行”的权利，尽管这种禁止的对象甚至可以直接指向原著作权人

---

① 刘晓军：《改编权与改编作品的若干问题研究》，载万鄂湘主编：《民商法理论与审判实务研究：全国法院第十五届学术讨论会论文集》，人民法院出版社 2004 年版，第 653—662 页。

②［美］本杰明 · N. 卡多佐：《法律的成长：法律科学的悖论》，董炯、彭冰译，中国法制出版社 2002 年版，第 85 页。

③［德］M · 雷炳德：《著作权法》，张恩民译，法律出版社 2005 年版，第 162 页。

自身。[①]

4. 不当得利保护论

该理论是针对著作权消极保护论的不足而提出来的。学者们认为，如果我们仅因为担心非法演绎者的劳动被第三方无偿占有会带来对非法演绎人的不公平才必须赋予其著作权保护的话，那么，如果又有一个第三方在非法演绎作品的基础上进行了再一次的演绎，而该种演绎同样属于非法时，为什么在先的非法演绎人就可以动用其消极的著作权来制裁在后的非法演绎者呢？仅仅是因为他们演绎先后不同？因此，持该种理论者认为赋予非法演绎人以支配性质的著作权，即使是消极的著作权都是不妥当的，因为它无法公平对待前后两个平等的演绎者。再说，如果赋予非法演绎人以著作权保护，即规定非法演绎人有权针对第三人的使用提起诉讼的话，那么其是否有权在诉讼中达成让被告从事负担行为的和解？从诉讼法理上看当然可以，但如此一来，这和非法演绎者有权授权他人使用又有何区别？这从本质上说已经属于非法演绎人在积极行使权利了，它和消极著作权保护论之前提产生了矛盾。[②]因此，持不当得利论者认为用版权来保护非法演绎的作品，即使是在消极意义上进行，无论是从法理上看还是从操作上来说也都有诸多不合理之处。当然，这并不意味着非法演绎作品就不受保护了，演绎人的劳动同样是不可漠视的。只是在保护的方式上，作为其请求权基础的不应当是著作权，而应是不当得利。其中理由，概因两个请求权之间判然有别：其一，不当得利请求权并非独占性的权利，权利人不体现对客体的支配性，而仅仅表现为被动请求利用演绎作品的第三人给付相应报酬之权利；如此可以避免前述通过赋予著作权保护模式所可能带来的对平等演绎者差别对待的缺陷，使法律保持衡平与正义。其二，不当得利保护免去了著作权保护下量化非法演绎人附加劳动大小的实践之难，便于操作。[③]因此，用不当得利保护相对科学。

5. 添附规则保护论

这是一种为我国少数学者所持的见解。在他们看来，“知识产权在本质上是

---

① 张玉敏：《知识产权法学》，法律出版社2002年版，第72页。

② 马秀荣：《非法演绎作品之著作权辩》，载《知识产权诉讼研究论文集》，知识产权出版社2003年版，第263页。

③ 马秀荣：《非法演绎作品之著作权辩》，载《知识产权诉讼研究论文集》，知识产权出版社2003年版，第265页。

一种准物权，具有物权的特性，适用于物权的添附制度也同样可以适用于知识产权"[①]。添附规则在民法上的意义历来为学者们所称道，谢在全先生就曾如此评价道："'民法'关于添附之规定，具有下列之共同特质，此等特质具有利用物权之归属原则以实现鼓励创造或恢复经济价值公共政策之目的，再利用债权上之补偿方法以实现当事人间对等正义之功能，此可谓物权法与债权法之绝妙配合。"[②]

在非法演绎场合，由于演绎人的劳动和原著作权人的劳动结合在一起而变得不可分，它符合添附的事实特征，可以比照添附规则来解决。也即在处理上先由原著作权人与非法演绎人协商演绎作品著作权之归属，其结果可以是共有，也可以是由其中一人所有。而当双方不能达成一致意见时，由法官斟酌演绎者和原作品作者创造性贡献的大小，决定著作权之去向。而取得著作权一方则需给予对方以必要补偿。添附模式的优点在于它能明确非法演绎作品著作权的最终去向，这是不当得利论难以做到的。因此，添附理论在许多场合被法官和学者们引入，作为判定和裁决类似案件的依据。

三、求证与探析：非法演绎作品保护现有理论之质评

侵权作品论仅以演绎行为前提系非法为由而全面否定演绎人的劳动努力，其错误是明显的。从民法理论的发展来看，作为支撑侵权作品论者的无论是英美法系上的"不洁之手"理论，还是大陆法系"侵权行为不能产生合法权利"的学说，在近代都得到了合理修正。近代民法基于侵权行为产生权利或法律上之利益的现象可谓比比皆是。再说，就非法演绎作品而言，演绎者毕竟不同于一般的"窃取者"，其通过自身的演绎努力，为公众带来了全新的文化形式，使人类享受到了有别于原作品的全新知识形态，从而使公众的文化福利得到了增进。晚近以降的民法更加强调的是利益的动态保护，更为关注的是立法的实质正义和权利的社会妥当性。具体到版权制度上，美国法院与时俱进地导入"公共利益"的概念，从而使《后窗》电影在违反了版权法相关规定的情形下仍然获得法律上的保护。总之，非法演绎作品毕竟是作品的一种，它符合版权机制赋予创作者以合法权利人地位

① 冯晓青:《知识产权法前沿问题研究》，中国人民公安大学出版社2004年版，第190页。
② 谢在全:《民法物权论（上）》，中国政法大学出版社1999年版，第255页。

的所有要素。其和合法演绎所获作品间的唯一区别仅在于它需要介入作为演绎源泉之在先著作权人的利益。但这是两个不同层面的问题，前者决定非法演绎作品是否应当保护，而后者解决的是如何在非法演绎人和原作品著作权人之间进行利益分配的问题，二者显然不可同日而语。

著作权保护论从结果主义立场出发，认为非法演绎的作品可以获得充分的版权保护，尽管其照顾到了演绎人劳动努力法律上的正当性，但它使原著作权人的权利黯然失色，同样是不可取的。如果说非法演绎和合法演绎并无区别的话，那么版权法上赋予著作权人以演绎权还有何意义？笔者认为，赋予著作权人以演绎权，其作用不仅在于作者对演绎作品市场的控制，还关系到作者对作品保护完整权、修改权等人身利益的维护。因此，如果立法规定非法演绎可以如同合法演绎作品一般，获得完整的著作权，那就等于说从法律上默认了第三人对作者演绎权的任意剥夺，它所带来的不仅是著作权人经济利益被涂炭，甚至殃及作者的人格价值，并最终破坏版权机制的整体激励结构。因为，相对于演绎作品而言，原作品毕竟是更具基础性的，它是演绎人再创造的源泉。如果我们抹杀了最初著作权人的创造激情，那就等于竭泽而渔，它将使人类整个文化创新的源头干涸。因此，著作权保护论同样不可取。

不当得利论的致命缺陷在于不当得利制度本身。不当得利实质系一种请求权，而非支配权。两者的根本区别就在于后者具有绝对的排他性而前者不具有。不当得利的功能在于事后的衡平，它体现的是法律上的矫正正义，而财产权制度的功能除事后衡平外，还在于事前的确权以赋予权利人完整的支配力，它体现的是一种分配正义。如果认为非法演绎作品的所有人仅享有一个被动的不当得利返还请求权的话，那么，如果有一个第三人对非法演绎的作品加以抄袭或为其他之利用，演绎人无权制止而只能待他人宰割后主张一个不当得利的报酬请求权，其对非法演绎人的保护是否过于轻薄？毕竟非法演绎作品和合法演绎作品之间仅差于有无经过著作权人的许可，二者在法律上的评价自然不应如此之悬殊！另外，不当得利保护论还提到了一个否定著作权消极保护论的有力观点，那就是如果赋予非法演绎者以有限的著作权，使其得以阻止第三方未经许可的演绎，它会带来同样是非法演绎人，在前者却可以动用法律来制止在后演绎者这样一种厚此薄彼的现象。乍一看，似乎很有道理，但仔细分析却不以为然。我们说非法演绎者可以制止后手的非法演绎行为，但并没有说非法演绎者自身未经许可的演绎行为就是正当的了。法律的价值自应是恒定和统一的。赋予非法演绎者以一个消极的而非一个完整的著作权，就属于已经考虑了演绎人演绎行为未经许可这一瑕疵，及其可能给原著作权人所带来的利益侵害而做的安排。当然，原著作权人或在先非法演绎人有权阻止非法演绎者或后手非法演绎人对演绎作品的使用。但有权阻止并不一定必须阻止，有时候还要考虑更多的因素，比如说公共利益、社会财富最大化和效率等问题。因此，非法演绎作品折射出来的利益结构远非一个不当得利制度所能解决的。

添附保护论的优势在于它可以明确演绎作品的最终归属，从而避免作品因无一个明确的所有者而带来其利用上的“公地悲剧”现象。同时它还能为没有取得作品著作权的一方当事人提供有效的补偿，体现了法律的衡平正义。但添附规则在版权领域的适用，其缺陷同样十分明显。按照添附理论，如果双方不能就非法演绎作品形成合意，就需根据添附行为与原作品价值大小进行衡量斟酌。这在作品领域实非易事，甲把乙的散文改成了小说，丙把丁的歌剧改成了话剧，究竟谁之贡献大，法律难以确定。再说，就演绎作品而言，即使是合法演绎之情形，演绎人可以获得著作权的也仅能是其在原作的基础上所增加的属于自己独创之部分。这与添附规则下，一旦添附人获得添附物的所有权，原物的所有人将丧失原物整体所有权的情况完全不同。因为，演绎作品之情形，即使演绎行为合法，原作者依然享有原作品的完整著作权，演绎作品中未经演绎者改变之部分，其著作权仍然属于原作者。因此，添附理论与演绎作品不会因演绎行为而斩断作者与原作品及演绎作品中未经改变要素间版权联系的事实不相符，这也就成了添附理论不能被接受的另一个重要理由。最后，也是最关键的就是我们前面反复提及的，演绎权之于作者，其意义远不止于让其可以享有著作权被延伸至演绎作品市场时所带来的利益，其另一个重要的功能在于它可以使作者牢牢保有对作品修改的控制。因为演绎行为无不涉及对作者原始作品的改动，涉及对原作品主题、人物和情节等的正确理解。正如一些学者所说的那样：“禁止未经授权而演绎原作品，是运用演绎权来保护作品的完整性。这是一种间接保护作者精神权利的方式。”[①]但是，由于添附理论更多强调的是演绎作品经济价值的发挥，并不考虑该种归属原则所可能带来的对原作者人格利益的侵害，因此，添附理论同样不是解决非法演绎作品

① 李明德：《美国知识产权法》，法律出版社2003年版，第202页。

归属的最佳进路和方式。

四、批判与证成：对非法演绎作品保护模式的再探讨

通过比较分析，笔者认为对非法演绎作品的保护，著作权消极保护论应成为立法的最优选择。这还得回到对“演绎权”本质的考察上来。历史上的版权法只禁止制作与相同载体的版权作品实质相似的复制品，并不禁止与原作有明显差异作品形式的使用。然而，随着新技术条件下人类对作品利用方式的多样化，这些新形式的作品在很大程度上挤压着原著作权人的利润空间，其所创造的市场效益远在原作之上，这可以从售价几元的小说拍成电影就能为制片人带来上亿元的利润略见一斑。如果不把演绎作品市场配置给著作权人，必将失去生产新作的动力。因此，演绎权之于作者首先是基于经济上的激励考量。[①] 另外，如前所述，为作者配置演绎权更主要的理由可能还在于它是人格理论或“人身权”观点渗入版权的一种方式，对演绎行为的保护给予了原作版权人对其作品进行修改和“改进”的控制权，是版权法保护作者精神利益的一种政策工具。[②] 正是基于这样两种理由，演绎权开始在作者的权利结构中登场。尽管如此，在非法演绎作品的保护上仍有以下几个问题需要明确：

第一，演绎人真正要构成对原作品潜在市场的影响以及对原作者的精神利益造成侵害，其前提是必须将演绎作品公开，并以此为基础，对演绎作品作出复制和发行等行为。反之，如果行为人仅仅为单纯的演绎行为则并不会对原作者造成损害。比如为个人学习或欣赏的需要而翻译或改编他人的作品，就属于合理使用的范畴，可以无须事先征得原作者的同意。鼓励基于既有作品的演绎创新，乃至于创作出与原作完全有别的独立新作，是著作权制度促进版权作品市场持续繁荣的客观要求。单纯的演绎行为本身属于公众的自由权范围，其不应受制于作者版权而存在。所以，演绎者对演绎作品享有著作权应当是绝对的和自动的，不应依赖于原作者之许可而产生，甚至和被使用作品是否受保护之间也不具有任何关系，

---

① 冯晓青：《知识产权法利益平衡理论》，中国政法大学出版社 2006 年版，第 215—216 页。

② Wendy Gordon. Toward a Jurisprudence of Benefits: The Norms of Copyright and the Problem of Private Censorship57, U Chi. L. Rev.1009 (1990).

即使属于对已经进入公共领域的作品或官方著作等不受版权保护的作品进行演绎，演绎作品著作权也同样产生了，这正是著作权消极保护合理之所在。[①]

第二，演绎作品的著作权随演绎作品的完成而自动产生，演绎人也可以在无须原作者同意的情况下按自己的自由意志支配作品，比如在私人场合对作品进行复制和再演绎等行为。演绎者的这种支配力，不但可以排斥任何一个第三人，甚至可以及于原作者。比如在原作者同意发行其原文的情况下，演绎者也可以禁止对自己的演绎作品为同样之利用。因此，从禁止权能看，演绎人对演绎作品的权利是绝对的。尽管如此，如果演绎人欲对演绎作品为发表及其他公开利用时，则仍须经原作者的同意。因为，演绎作品较原作品而言永远是“第二性”的，它属于利用了原作品的思想乃至于表达后成就的结果，对演绎作品的使用必须以原作品的同时利用为条件。所以，如果允许演绎人任意对演绎作品为公开的自由支配，必将对原作者的精神和财产利益造成难以控制的损害。其带来的结果必然是在根本上破坏版权制度对作者的原初激励，因而，未经许可对演绎作品进行公开的使用应属于被绝对禁止的范畴。至此，我们可以看出，所谓非法演绎作品的保护问题，实际上已不再是一个强调演绎行为有无经过原作者同意的问题，而是转换为在未经原作者许可而演绎作品后如何对该作品进行利用，以及如何协调演绎者和原作者之间利益的问题。对演绎者而言，不管其演绎行为是否经过原作者的同意，只要不影响到原作者的利益结构，对演绎作品的支配就属于完全自由，反之，就应当获得原作者的许可。

第三，如果有人对原作品进行了演绎创作，同时在未经原作者许可的情况下对演绎作品进行了公开性的使用，又该如何处理？对此，笔者认为，我们可以借鉴美国法院的做法，及时地导入“公共利益”的理论，即如果演绎作品非常成功，公开后受到了社会公众的一致认可与赞誉，那么就不能采取严格的“物权主义”原则，裁定演绎作品的公开为非法而要求停止使用。相反，应采取“债权主义”

---

① 对此，美国著名版权学者保罗·金斯坦（Paul Goldstein）曾这样描述：“版权法关于演绎作品权的激励规定，是存在以下两方面的差异的：其一，赋予‘基于版权作品创作演绎作品的专有权’，它使版权人能够基于预期回报决定对作品表达形式的投入；其二，将版权保护扩大到演绎作品的原创性因素，它也鼓励被许可人及其他主体对每个演绎作品增加原创性的表达形式。因此，版权实际上是既鼓励演绎使用，又阻止演绎使用；既禁止擅自创作演绎作品，又保护演绎作品。”引自 Paul Goldstein, Derivative Rights and derivative Worksin Copyright 30 J. Copr. Society 209 (2003).

的手段，让非法公开的演绎作品得以继续存在，而由演绎人向原作者支付必要的报酬以作补偿。其理由在于：首先，演绎作品公开后既然能获得公众的青睐，在很大程度上可以认为演绎人的演绎行为不致对原作品的本意有所歪曲与篡改。更何况，演绎作品成功的市场运作同时也促成了原作品的传播，有助于实现著作权机制对作者的激励。其次，“公众的利益，是我们对著作权进行保护的理由，是著作权保护社会目的性的根本落实”①，既然非法公开之演绎作品实现了增进公众文化福利的目的，我们自然不能过度倾注于对私益之庇佑而使公众的消费福祉有所忽略，而让该作品在文化市场得以继续存在，它有利于版权机制实现增进消费者福利这一根本宗旨。该安排在不致使原作者的境遇变得更坏的前提下使社会公众受益，有效实现了版权机制的帕累托改进，有利于社会财富利用效率的最大化，因而这种安排无疑是最优的。

五、余论

非法演绎的作品由于凝结了原作品作者、非法演绎人和社会公众等多方主体之利益，对其的保护既要兼顾原作品作者的人格和财产利益，又要关注非法演绎人创造性努力在法律上之正当评价和公众演绎自由权的合理配置等问题，因此，对其的保护显得十分复杂。而著作权消极保护论由于很好地协调了作者、演绎人及社会公众在内的多方利益结构，在实现了著作权机制对作者创作激励原初目的的同时，还鼓励人们展开自由的演绎创作，能从根本上增进版权机制促进文化多样性的终极价值。版权的保护是一个动态的历史过程，更是一个持续的公共选择过程。本文所述之非法演绎作品的保护仅为人们观察类似问题提供了视角，而一个更为完善的版权机制的执行及其实现只能寄托于更多具体的场景化判断，该过程的参与无疑需要包括立法者、司法者、版权人、潜在创作者和社会公众在内多方主体的合作性博弈和建设性努力。

---

①［德］格里哈德·施里克尔：《工业、文化政策与著作权》，韦之译，知识产权出版社 2001 年版，第 306 页。

寻求著作权制度理论解放之力量

——评李琛教授《著作权基本理论批判》*

近日，笔者有幸阅读了李琛教授的新作《著作权基本理论批判》(以下简称《批判》)①。该书展现了李琛教授一贯的精美文风和思辨理性。也许是内心深处的某些共鸣，笔者在阅读此书后，写此书的读后感，在表达对书中部分观点理解和支持的同时，也试图将自己对著作权制度的零碎思考融入，以寻求与原作更深层次的共鸣。囿于篇幅，本文仅选择自己相对有所思的两个问题：著作权制度的正当性和功能以及著作权性质的反思展开述评与解读。

一、对著作权正当性及功能批判的解读

《批判》的第一章是有关著作权基本理论的反思，作者重点论证了著作权正当性理论的批判，如探讨了著作权自然权利理论和工具主义激励创造说的困境，对著作权的制度功能及其实现方式进行了重解，对著作权研究史展开了批判性的解读，以及对著作权与法的人文性进行了创造性的剖析。这当中，作者不乏真知灼见。本文仅就作者论述的著作权的正当性和著作权制度的功能重解展开述评与解读。

（一）对著作权自然正当理论反思的解读

在该章中，《批判》重点批评的一个问题是劳动自然权利理论。作者认为，劳

---

* 原载《知识产权》2013 年第 12 期。

① 李琛：《著作权基本理论批判》，知识产权出版社 2013 年版。

动理论只能回答“谁是所有者”，但没有回答“为何要在对象上设权”的问题[①]。作者认为“无论是劳动说还是人格说，自然权利理论的缺陷是相同的：只从对象与主体的关系上论证权利，而忽略了财产权是一种社会关系。某对象源自甲，抑或体现甲的人格，最多能够论证如果要把该对象设定为私权，甲比其他人更有理由成为权利人，而不能认为设权本身的正当性”[②]。这种反思颇有价值，意在从源头上连根拔起，从“劳动所有权理论”本身的局限出发，来否定著作权自然正当的见解。

该种反思是有意义的。因为包括著作权在内的知识产权，毕竟不同于传统的所有权，就像波斯纳法官曾经说到的那样，“将有体财产的诸项原则过快地移植到知识财产当中，国会和法官难免犯下一个错误”[③]，必然带来所有权的“精神”与知识产权的“肉身”之间的不和谐。因为，哪怕劳动自然权利的理论在论证有形财产所有权的正当性问题上没有疑问，但著作权自然权利的理论将首先面临：为何基于“自然”的所有权秉承的是永恒权利的观念，而著作权从一开始就预设好了其必须进入公共领域，须受时间的限制？

实际上，本文认为，如果说所有权是“自然”的产物，那么，包括著作权在内的知识产权则绝对是“人工”的结果[④]。否则，我们就无法解释：为何同样作为自然权利，所有权是永久的，而著作权则是临时的？所以，如果说“所有权”制度是对劳动的肯定，著作权制度则绝对不是对作者的奖赏。正如 Lessig 先生在解释美国的知识产权宪法条款时所说的那样，美国《宪法》第 1 条第 8 款规定，“为促进科学和艺术的进步，国会有权保障作者和发明人对其作品和发明在有限时间内的排他性权利”。在 Lessig 先生看来，“该条款只是说，国会有权力推进科学及艺术的进步，此权力的实现可以通过对作者和发明者的写作和发现，授予有期限的独占权利”。但该条款并没有说国会有权授予“创造性财产权利”，而是说国会有权力推动“进步”。授予权利是其目的，但该目的是一个公共目的，不是养富

---

① 李琛：《著作权基本理论批判》，知识产权出版社 2013 年版，第 7 页。

② 李琛：《著作权基本理论批判》，知识产权出版社 2013 年版，第 11—12 页。

③［美］理查德·A. 波斯纳：《我们的知识产权是不是太多了？》，易健雄、李杨译，载张玉敏主编：《西南知识产权评论》，知识产权出版社 2010 年版，第 4 页。

④ 参见［日］加藤雅信：《所有权的诞生》，郑芙蓉译，法律出版社 2012 年版，第 142 页。作者认为，知识产权比土地所有权等物权更具“人工”性质。

出版商，甚至也不是回馈作者和发明者[①]。

这样看来，近代著作权制度原本就系功利主义的产物。作者身份并非基于"自然权利"的媒介进入法律，恰恰相反，它是作为"工具主义"的身份进入法律的视野。《批判》从洛克"劳动所有权理论"自身的局限性出发，来否定著作权"自然正当"的看法，有利于使著作权制度摆脱所有权理论的历史谱系。否则，如果视作品为作者的私产，作者对该私产拥有至高无上的"自然"权利的话，试问：著作权的保护是否还有边界？将所有权的理论过度移植到著作权法，必然使著作权制度不能承受所有权理论的"道德"之重，在淡化了著作权制度"工具"色彩的同时，使其走向不适当的扩张之路，从而破坏其"促进科学及艺术进步"的边界。另外，否定著作权自然正当做法的好处还在于：它有利于著作权制度甩开膀子，在保护和限制"作者"权利的两个维度之间进行科学的平衡，而不是一味地强调对作者的激励。

在前述论证的基础上，《批判》甚至对"著作权激励创造"工具论的合理性进行了质疑，并对著作权制度的功能进行了重新解读定位。作者认为，被法学视为通见的"不得回报不创造"的假定，与哲学、心理学的观点并不完全吻合。诸多哲学和心理学的观点认为：创造是人的天性。[②]作者随后引经据典加以论证。本文不妨再举些例子加以说明。亚里士多德早就说过，"渴求知识乃人类的天性"，"知识创新被视作对未知世界的知识进行探索性学习的追求"[③]，人类设想用创新来解决所有困扰自身的问题。美国学者詹姆士·博伊尔（James Boyle）教授亦认为，一些人创作作品可能就是因为喜欢它，另一些人则可能是希望得到一个更好的工作升迁的机会，或者纯粹是为了得到解决日常生活问题的乐趣而为，比如说某些计算机软件的开发者。[④]因此，版权法实际上只能是存在于需要它的地方。[⑤]"金钱不

① See Lawrence Lessig, Free Cultrue: How Big Media Uses Technology and the Law to Lock Down Culture and Control Creativity. the Penguin Press, New York, 2004, Chapter 14.

② 李琛:《著作权基本理论批判》，知识产权出版社 2013 年版，第 14 页。

③［美］戴布拉·艾米顿:《创新高速公路——构筑知识创新与知识共享的平台》，陈劲、朱朝晖译，知识产权出版社 2005 年版，序言部分。

④ James Boyle, The Second Enclosure Movement and the Construction of the Public Domain, 66 Law & Contemp. Prob.71 (2003).

⑤ 马斯·霍伦:《逻辑信息论——信息法琐记》，刘芝秀译，载周林主编:《知识产权研究（第 18 卷）》，知识产权出版社 2007 年版，第 42 页。

但并不与创作的热情和灵感成正比，而且它往往可能是一种障碍。”①

可见，著作权制度即便能激励创造，也并非唯一的激励手段，事实亦如此，如我国历史上著名的画家郑板桥先生终其一生未售过画，但其画作不断；李白、白居易、杜甫、苏轼从未因知识产权人的身份拿过稿费，但佳作卓绝后世；再看高校教师，很少有靠版权来创作和维系生活，学校的薪酬、职称的晋升、教授身份的社会地位、同人的认可、创作的愉悦、对真理的追求，都可谓激励创作的机制与手段。所以，《批判》认为，“即便我们接受经济人、理性人的假定，认为人的行为总是寻求自利，也不应把‘利’局限于财产利益。创造所带来的巨大的快感也构成一种回报。即便我们认为创造需要财产利益的刺激，也不能证明一定要把创造结果直接作为财产权的对象”②。

国外就有学者反思著作权“自动取得主义”规定的弊端，认为这是假定所有的人都希望得到“版权”财产。实际上，不少当事人并不需要“产权”，当下蓬勃发展的“创作共享”运动，就是以人们放弃版权或版权的部分权能为基础而产生的。③所以，有人建议恢复版权登记制度，避免由法律预设所有人都需要版权，使不欲获得著作权的对象尽早进入公有领域，为人们共享。

在此基础上，《批判》认为，“既然我们不能把制度奠定建立在创造天性的假定上，也就不应把制度奠定在占有天性的假定上”④。本文倒是认为，哪怕我们已经把著作权制度奠定在了占有（著作财产）天性的假定上，也应考虑到部分不以占有为目标的“创造天性”的存在。否则，就属于漠视了“多元”人性的作者。著作权与创造之间并非绝对的“充分必要”的关系，而是“非充非要”的关系。作者的创造未必一定是知识产权激励的结果，知识产权也不是激励创造的唯一因素，只是如《批判》所言，“它增加了创造的动力”⑤罢了。因为创造的实现是综合条件的产物，至少在一定意义上，它还需要以民主的社会氛围、科学技术的发展、教育的进步、文明的开化为前提。在诸多因素中，只能说知识产权与创造的关系最

① 周翼：《挑战知识产权——自由软件的经济学研究》，格致出版社、上海人民出版社 2010 年版，第 93 页。

② 李琛：《著作权基本理论批判》，知识产权出版社 2013 年版，第 15 页。

③ 黄汇：《版权法上公共领域的衰落与兴起》，载《现代法学》2010 年第 4 期。

④ 李琛：《著作权基本理论批判》，知识产权出版社 2013 年版，第 17 页。

⑤ 李琛：《著作权基本理论批判》，知识产权出版社 2013 年版，第 25 页。

直接。

（二）著作权与激励创造观联姻的透视及评析

著作权究竟是如何与“鼓励创造”说相关联的？《批判》进行了很好的解读。本文认为，这是“知识产权正史从《安妮法》和《垄断法》直接跳入20世纪，诸如版权大辩论之类的史实（这段史实恰好奠定了版权工具主义的定位——本文注）被忽略，对历史进行想象性结构的结果”[①]。就像作者所说，“复杂的利益争斗与文化交错在知识产权制度史中常常被隐去，从某种观念出发，常常对历史进行某种倒推的格式化，总是很难避免”[②]。另外，“鼓励创造说成为主流话语的另一个原因是它能够增强知识产权的正当性。在知识产权起源时，商人成功地利用创造者获得了产权的起点，他们需要继续利用鼓励创造的话语来维持社会的认可”[③]。“而这种定势一旦在近代定格后，随着经济全球化，知识产权的确立已不再是一国根据某种自主设计的结果，而是外来压力、利益较量、争斗妥协相互交织的结果，一旦方案形成后，官方文件却通常将此方案的形成过程描述成自主选择的结果，最常用的方式当然是‘为了鼓励本国的创造’，这种现象……并不鲜见。”[④]

也就是说，从历史的进路看，“鼓励创造说”不过是出版商为著作权奋斗的一个口号。它使一切拒绝保护著作权的理由都变得如此之苍白。而一旦“鼓励创造说”获得了重要地位，并成为我们社会的主流意识后，那就不仅是反映型的，更是建构型的。自其后，知识产权与“鼓励创造说”之间是相互依凭、相互强化、互为前提、互为正当，以致“我们无法从历史的视野中获得解读知识产权制度功能的新角度”[⑤]。

对此，就像邓正来先生所说，“社会科学知识绝不像客观实证主义所宣称的那样只是反映的或描述性的，也不只是技术管制性的，而更是建构性和固化性的——这种知识通过各种制度化安排而渗透和嵌入了各种管制技术和人的身体之中，并形成我们形塑和建构人类社会秩序及其制度的当然理想图景，而由此形成

① 李琛：《著作权基本理论批判》，知识产权出版社2013年版，第20页。

② 李琛：《著作权基本理论批判》，知识产权出版社2013年版，第24页。

③ 李琛：《著作权基本理论批判》，知识产权出版社2013年版，第30页。

④ 李琛：《著作权基本理论批判》，知识产权出版社2013年版，第25页。

⑤ 李琛：《著作权基本理论批判》，知识产权出版社2013年版，第19页。

的社会秩序及其制度反过来又不断强化着它所依凭的那种知识”①。所以，一旦“鼓励创造说”成为主流话语后，它将沁入知识产权制度体系的每一个细胞，而这一套制度的观念体系反过来又强化了“鼓励创造说”的合法与正当。

当然，《批判》并未停留于此，而是试图刺穿历史的面纱，为著作权制度史提供别样的解读。作者经过理性的分析后认为，“传统理论基于‘经济人’的简单假设，把全体创造者假定为‘不获利就不创造’的利益共同体，实际上是一种不可靠的随便定义”②。版权法近代的成长进程，实际上正是出版商动议的结果。正如美国学者帕莱克（Malla Pollack）所说：“美国近两百年来知识产权扩张的历史显示，作者和发明者都更倾向于整体出售他们的一系列权利。因此，对知识和技术传播的高额金钱奖励实际上几乎都流入了中间人，比如说出版商和风险投资人的手中。”③彼得·达沃豪斯教授等人也认为：“绝大多数知识产权不是掌握在最初的创作人手中……保护知识产权的理由是如此依靠创造者与其创造的成果之间的个人联系，这一保护理由却未能以任何方式说明知识产权商业化的结果，因为在知识产权商业化的过程中，创造者往往与他们所创造的产品分离，而且只得到很少的报酬。”④

（三）著作权功能重新审视和定位的再剖析

那么，著作权制度的功能究竟如何？《批判》在这方面作出了探索性的尝试，作者创造性地认为“知识产权制度的主要功能是确认、分配知识的市场化所产生的利益，知识产权的产生是知识成为市场要素的结果，支持该制度的核心利益诉求不是来自创造者，而是来自以知识为市场要素的产业”⑤。这种论述的转向是有价值的。既然产业利益是著作权保护的核心动力，但鉴于商业利益不具有著作权制度那样的道德史，所以“为追求利益的最大化，它往往会不顾及后续的创造，甚

---

① 邓正来：《小路上的思与语》，北京大学出版社 2006 年版，第 96 页。

② 李琛：《著作权基本理论批判》，知识产权出版社 2013 年版，第 27 页。

③ Malla Pollack, The Democratic Public Domain: Reconnecting the Modern First Amendment and Original Progress Clause (A.K.A Copyright and Patent Clause). 45 Jumentric J.27 (2004).

④［澳］彼得·达沃豪斯、约翰·布雷斯伟特：《信息封建主义》，刘雪涛译，知识产权出版社 2005 年版，第 15 页。

⑤ 李琛：《著作权基本理论批判》，知识产权出版社 2013 年版，第 25 页。

至希望阻断创造，以维持自己的市场优势”①。因此,《批判》善意地提醒我们，要注意到国际公约输出“鼓励创造说”之类的观念和其中包含的话语结构所隐含的权力意义。作者说，“知识市场化程度不同的国家，从知识产权制度中获益的程度是不同的，发展中国家应当结合本国的知识存量、资本与知识的结合能力等因素，来确定与本国产业结构相适应的知识产权保护水平”②。

实际上，在知识产权法治的世界里，知识产权的“供过于求”和“供应不足”都并非“善法之治”的体现，它必将造成知识产权“法治的代价”③。因为，曾几何时，知识产权制度是随着产业革命的兴起而诞生于西方世界的，只是近百年来才移植到包括中国在内的世界各地。但知识产权“法律是什么、能够是什么，以及应该是什么，都将取决于制定、解释和实施该法律的过程的特性。这些过程之间的互动决定了法律的供给与需求”④。

总之，过度的知识产权保护只会与保护不足一样有害。因为，正如经济学家汪丁丁所说，“在转型社会里，一项知识应当把它所能实现的价值的更大一部分交给社会，因为它实现自身价值的过程比在法治的社会里更加依赖于社会的援助”⑤。

《批判》则从另一种视角，即激励创造不是著作权制度的主要功能，“著作权不过是为知识的市场化提供一个支点”的角度，来为我们论证正确激励作者的重要性。就像作者所说的“对知识产权的‘倡导’，原意是对创造的倡导，由于错解了知识产权制度与创造的关系，对创造的倡导被简单转化成了对知识产权的倡导”⑥，这显然不尽合理。所以，认清知识产权制度的本质功能，注意到知识产权制度的绩效，在知识产权法治化程度不同的国家有着差异化的表现，注意到“每个国家都有自己的立法传统和经济条件……著作权法律与其他法律制度一样，也是一种适应特定国家立法和规制者所理解的本国自身需求的制度”⑦，我们才能建立正

① 李琛:《著作权基本理论批判》，知识产权出版社 2013 年版，第 36 页。

② 李琛:《著作权基本理论批判》，知识产权出版社 2013 年版，第 39 页。

③ 参见凌斌:《法治的代价——法律经济学原理批判》，法律出版社 2012 年版，第 85 页。

④［美］泥尼尔·K. 考默萨:《法律的限度——法治、权利的供给与需求》，申卫星、王琦译，商务印书馆 2007 年版，第 3 页。

⑤ 汪丁丁:《盘旋的思想——知识、秩序、自由》，生活·读书·新知三联书店 2009 年版，第 106 页。

⑥ 李琛:《著作权基本理论批判》，知识产权出版社 2013 年版，第 40 页。

⑦［德］阿道夫·迪茨:《中国著作权制度：英美模式还是大陆模式？》，载《中国专利与商标》2011 年第 1 期。

确的著作权（知识产权）制度。

二、对著作权性质批判的解读

《批判》的第三部分，是对著作权性质的批判。作者在提到著作权的性质时，认为著作人格权说或者说作品体现作者人格的观念是“浪漫主义的美学和法学偶遇的结果”[①]，使著作权法上的作者被赋予了绝对的人格评价，导致作者有权通过著作人身权对“作品”实施严密的控制，不但禁锢了作品意义的开放，也限制了其文化和经济功能的释放，不利于作品的传播和利用[②]。作者认为，如果说传统的著作人格权理论有科学成分的话，也仅反映的是作者与某些特定作品，如文学作品之间的人格关联。这种历史条件下的预设，如果将其推及所有其未能预见之对象时，将犯下与时俱进的著作权法被绑架在“历史肉身”上的错误。例如，传统著作人格权理论就无法解释，为何视听作品、计算机软件、大型数据库等，其著作权往往归属于制作人或者雇主而非本人[③]。因此，《批判》创造性地认为，“二元论下被预先一般性设定的著作人格权，只是一种立法创制的规范概念，在逻辑上是不单纯的，很难单一归入人格权的范畴”。随着哲学观由“主体本位向文本本位”变化，著作人格权的观念也应得到及时的纠正，即“不应把著作人格权的专属性恪守到民法人格的程度”[④]，而是应注意到其“人格权、财产权、公益保护的复合体”[⑤]这一应然面貌，并承认其例外，“如可以转让和放弃”[⑥]，从而为著作人格权专有性“松绑”的同时，最终释放著作权法的经济潜能，以促进作品的传播和利用。

（一）对著作人格权性质的再质辩

本文完全同意《批判》的上述见解，著作人格权与民法上的人格权绝对不可同日而语。从民法的一般原理来看，民法的调整对象实际上有四种情形：第一，

---

① 李琛:《著作权基本理论批判》，知识产权出版社 2013 年版，第 178 页。

② 李琛:《著作权基本理论批判》，知识产权出版社 2013 年版，第 182 页。

③ 李琛:《著作权基本理论批判》，知识产权出版社 2013 年版，第 181 页。

④ 李琛:《著作权基本理论批判》，知识产权出版社 2013 年版，第 183 页。

⑤ 李琛:《著作权基本理论批判》，知识产权出版社 2013 年版，第 183 页。

⑥ 李琛:《著作权基本理论批判》，知识产权出版社 2013 年版，第 183 页。

是以肖像、名誉、健康、姓名为代表的人身权；第二，是以物权为代表的财产权；第三，是与财产有关的人身权，如著作人格权；第四，是与人身有关的财产权，如继承权。很显然，著作人格权不同于一般的人格权，它是与财产有关的人格权。著作人格权绝对不是为了维护作为具有民事权利能力之“主体人格”的存在而做的安排，也并非与表征作者的尊严价值之间具有须臾不可分离的联系。否则，就无法解释，没有创作作品的人是不是就没有“人格”了？这与民法人格权，无论是表征“人之所以为人”的“抽象人格权”，还是以姓名、肖像、健康、隐私为代表的“具体人格权”都具有平等的品格，格格不入。这同样可以解释，在民法引入精神损害赔偿，以弥补自然人人格损害的制度已经年累月的今天，对著作人格权的损害能否给予精神损害赔偿、该给予多大程度的赔偿才算合理，为何至今仍纷争不断。

这也即是说，著作人格权对主体人格尊严维续的价值远不及民法上的人格价值。如果将二者等量齐观加以看待，我们完全可以作出这样错误的推论：如果说著作人格权具有与民法人格权同样之价值的话，为何著作人格权制度只有短暂的数百年的历史，但人类的创作行为却可以追及至上古时代，在这个空档期内，创作作品的人都是“没有人格的存在”？很显然，著作权法是一个历史的产物，它经由市场和传播技术的双重推动，并凭借资本的力量才最终诞生。我们完全可以从历史主义的法学进路中，洞见早期的版权制度实际上是为代表资本的出版商之利益而铺就的。对作者的保护不过是打在出版商利益与公众利益之间的一个“楔子”，高扬作者的利益，包括人格利益，最终是为了更好地保护出版商。

由此，本文认为，在认识著作人格权的本质时，也要从历史的负累中解放出来。著作人格权不是为了维持作者的尊严而存在的。19 世纪，以德国著作权法为代表的所谓“作者是作品之父”“著作权是作者人格的外部延伸”的说法，不过具有观念上的价值，有利于为“著作权私权观念”的确立和为其顺当地进入“私法”秩序提供修辞上的质料罢了。就像有学者在提到“社会契约论”时所说的那样，“社会契约论是论证（社会秩序）正当性的一个故事、一个说法。当它完成了历史使命，就由其他的故事接过去了”[①]。因此，当这一切都退去，也该是我们对该理论进行反思的时候了。

---

① 许纪霖等：《政治正当性的古今中西对话》，漓江出版社 2013 年版，第 52 页。

可见，当著作权制度无须再通过更高品格的伦理话语，来宣泄其进入“私法”保护秩序的必要性时，冷却曾经甚嚣尘上的具有功利主义目的的高调“人格”理论，回顾著作人格权制度产生的真实动因，认识其“技术建构的本质”十分重要。因为，如果说著作人格权是作者人格的反映，为何至今不同的国家都还有不同的著作人格权内容？美国甚至在1996年的《视觉艺术家法》之前，没有著作人格权。凡此种种，都足以证明《批判》所提到的，“著作人格权制度是建构的产物”这一观点的正确。著作人格权是历史行进到一定阶段的现象，它既受制于各国传统文化观，也满足各国文化商品化的经济动因和全球著作权保护一体化进程的需要。

就像《批判》所说的，“著作人格权具有复合性，用单一的人格利益无法解释。发表是作品的首次利用；署名表明了作品的归属，是作者行使财产权的前提；作品的完整性影响作品的价值。所以，从财产的角度，也可以解释著作人格权”①。这也就是说，著作人格权绝不仅仅是一种维护作者人格利益的安排。本文同意这样的见解。实际上，有的著作财产权又何尝不具有人格权的性质？如“演绎权”，难道它仅仅是一种财产权？其确立仅是为了保护著作权人的财产利益？因为，从功利主义的激励理论来看，大多数的原创作者都无力创作演绎作品，著作权法提前把演绎市场分配给作者，这种超前激励的做法，它符合激励理论吗？②实际上，演绎权在具有财产价值的同时，也具有人身权的价值，演绎权配置给作者，不仅具有防止原作品因为演绎作品的产生，从而使自己作品在市场提前饱和的效果，它还是作者对自己精神利益的一种间接保护方式③，具有人身权的属性。

具言之，著作人格权既不具有民法上“所有权”的那种“财产即人格”“无财产即无人格”，以维持民事主体存在的抽象崇高；亦不具有民法上的“肖像、隐私、健康、名誉、荣誉”等权利那样，维持民事主体存在的具体崇高。这大概也就是现行著作权法理论承认，即便“作者不署名也是其行使署名权的一种表现”之故。但民事人格权就完全不同了，其既不允许转让也不允许放弃。但著作人身权不但可以转让，如中国古代的“绝卖”，也可以放弃。作者甚至可以毁灭作品的

---

① 李琛：《著作权基本理论批判》，知识产权出版社2013年版，第174页。

② 演绎权的是非争议请参见［美］罗伯特·P·墨杰斯等：《新技术时代的知识产权法》，齐筠等译，中国政法大学出版社2003年版，第359—367页。另见［美］迈克尔·A.艾因霍恩：《媒体、技术和版权：经济与法律的融合》，赵启杉译，北京大学出版社2012年版，第32—35页。

③ 参见［德］M·雷炳德：《著作权法》，张恩民译，法律出版社2005年版，第162页。

方式，如烧毁作品的手稿，来终极性地破坏其著作人格权的存在。因此，能谓著作人格权具有民事人格权的价值意味吗？

（二）互联网时代著作人格权的重生和展望

本文认为，“作品反映了作者的人格”不过是一种观念上的拟制，其有历史理论的功能，曾经起到了联系现代著作权制度和“浪漫主义”作者观之间的桥梁作用，并为著作权进入“私法”秩序提供了一种重要的法律哲学的基础。而我们经由历史的理论，洞察著作人格权与一般人格权的不同，就是为了洞悉前者乃“法律建构的本质”，并需要从观念上澄清过分沉浸于“作品是作者人格的反应”“著作人格权神圣不可动摇”的观念，对于具有工具色彩的《著作权法》之于促进创作市场和促进版权产业繁荣的影响。这大概就是《批判》的任务之所在。

既然“著作人格权是建构的结果”，著作权具有文化和商品化的双重品格，那么在当今，尤其是互联网技术日益荡涤我们的文化生活，并影响着作品经济潜能的时代，著作人格权理论又面临着再次“建构”的问题。本文看来，这一次与前次恰好相反，我们不是去宣扬著作人格权与主体人格之间的价值“同一性”，而是要进一步淡化著作人格权对作品利用行为的影响，从而为互联网时代，著作权和作品经济潜能的释放开道，使著作权制度更好地契合“知识经济”这驾马车。

面对互联网环境，著作人格权需要作出的变化是：进一步弱化其绝对性，尤其是如《批判》的作者倡导的那样规定，“其既可以被放弃，又可以被转让”。本文认为，在一定程度上还不排除其可以被“合理使用”和受“时间”限制，如给予与著作财产权一样长短的时间保护，[①]在特别的与作品的利用形成冲突的情况下，著作人格权利益还应让位于作品的经济利益，为其传播利用开道。如在情况特殊不便于表明作者署名的情况下，可以省去署名等，或采取其他变通处理的方法，以及借鉴《法国知识产权法典》的规定等，对著作人格权的损害一定要以对作者“声誉”的贬损为前提条件，从而为互联网时代正常的演绎创作开道。

“著作人格权不是禁忌”，著作人格权制度不应成为著作权法适应 21 世纪的枷锁。破除著作人格权制度 19 世纪的精神“套牢”，著作权法重新开放，才会使著作权制度在历经印刷时代、静电复印时代之后，在互联网时代再次获得新生，并

---

① 参见雷云：《作者精神权利的保护应有期限的限制》，载《法学》2008 年第 1 期。

回应知识经济、互联网技术对著作权法变革的时代召唤!

三、结语

《批判》一书洋溢着著作权制度理论解放的力量。但批判不是为了否定，反思是为了更好地建设。学术的使命就在于不断打破传统理论的藩篱，寻觅到制度前行的方向。这样的制度才能体现人类思维的印记，体现法律原本就属于人类“创造”的本质。《批判》的目的也许就在于此。囿于篇幅，本文只是结合自身对著作权制度的体悟，择其有限的一二展开述评，而对《批判》一书最原汁原味和最全面系统的理解，还有待读者深入原作。对《批判》最真实的体会，亦留待读者阅读原文后自由评说。

人工智能生成物被视为作品保护的合理性*

目前，学术界关于人工智能的生成物究竟如何归属，主要有“编程者独立权说”①“操作者独立权说”②“共有权说”③“类职务作品说”④以及“类法人作品说”⑤等观点。前三种学说实质上都将人工智能视为一种工具，既然人工智能只是一种工具，其生成物系自然人通过这一“工具”创造的，毫无疑问其权利应归属于主体人本身，因此这三种学说坚持的是传统的作品构成理论。而后两种学说，即“类职务作品说”和“类法人作品说”，分别将人工智能生成物类比为职务作品和法人作品进行归属。无论是通过“类职务作品说”还是“类法人作品说”，都能够推定人工智能具有独立运用公司的资源或者代表公司意志进行创作的能力。当然，如果说这二者有何区别的话，就在于根据我国《著作权法》的规定，由单位来享有

---

* 原载《江西社会科学》2019 年第 2 期，本文系与学生黄杰合作完成。

① 该观点认为人工智能生成物的权利应归属于人工智能背后的编程者。参见曹源:《人工智能创作物获得版权保护的合理性》，载《科技与法律》2016 年第 3 期。

② 该观点认为人工智能生成物的权利属于操作人工智能的主体。参见孙建丽:《人工智能生成物著作权法保护研究》，载《电子知识产权》2018 年第 9 期。

③ 该观点认为编程者和操作者共同享有人工智能生成物的权利。但有学者认为这样的归属仅适用于当程序员与操作员进行密切合作时。参见陈青宝:《计算机产生的作品作者身份确定问题探析》，载《河北法学》2000 年第 6 期。或者由计算机完成“创作”之后再由操作者进行修改时，采取这种归属。参见谭碧赟:《智能机器人“创作”作品的著作权归属》，载《黑龙江省政法管理干部学院院报》2017 年第 3 期。

④ 该观点将人工智能生成物类比到职务作品上来保护。参见吴汉东:《人工智能时代的制度安排与法律规制》，载《法律科学（西北政法大学学报）》2017 年第 5 期。

⑤ 该观点认为人工智能生成物权利归属类比适用法人作品的规定。参见熊琦:《人工智能生成内容的著作权认定》，载《知识产权》2017 年第 3 期。

著作权的职务作品的情形极为有限[①]，所以从人工智能生成物种类多样性的状况出发，“类法人作品说”要比“类职务作品说”适用的范围广泛得多。但不可否定的就是，无论是“类职务作品说”还是“类法人作品说”都不符合传统意义上作品需由“自然人”创作这一事实要件。

也即，不管哪种学说，其本质性的前提就是：人工智能生成的对象究竟能否划入作品的范围？如果不能，则所有关于其权利归属的探讨既无前提亦无必要。反之，如果人工智能生成物可以在不考虑作者人格因素的情况下被视为作品，分歧带来的后果仅在于权利的归属不同，而不至于否定人工智能生成物的可著作权性。因此，人工智能生成物究竟能否成为作品，就成了探讨其归属时绕不过去的一个原点问题，其也是我们认识人工智能生成物本质的核心。以下，笔者将从技术上可能、价值上必要和逻辑上符合三个维度，来论证人工智能生成物被视为作品的合理性，从而为后续相关的研究奠定方法论和价值论基础。

一、人工智能生成物被视为作品：技术维度的合理

纵观人类历史的发展，人类技术的进步先后经历了四次重大的技术革命。从18世纪中叶以蒸汽机为代表的第一次工业革命，到100多年后被称为“电气时代”的第二次工业革命，再到20世纪60年代，随着第三次工业革命的到来，计算机进入人们的视野，成为人类知识文明和信息生产的第一动力。技术的发展使我们从农业社会步入现代文明社会；从烦琐的手工生产转变为规模化的机器大生产。总而言之，“基于前三次工业革命的种种迹象，我们有理由相信，当前人类正处于第四次工业革命的开端：与此同时，人工智能和机器学习也开始崭露锋芒”[②]。

也就是说，自20世纪晚近以来，人类正在从有序的人类定义世界的状态向人类被世界定义的方向发展，而人工智能正是这种发展的重要证明之一。实际上，从

---

① 一般而言，职务作品的著作权是由作者享有，单位有两年的优先使用权。但在特殊情况下，作者利用单位的物质条件创作了工程设计图、产品设计图、地图、计算机软件等作品，并且作品是由单位承担责任，则这些作品的权利归属于单位，作者只享有署名权。（该文发表于2019年，2020年《著作权法》修改，新法在职务作品部分新增“报社、期刊社、通讯社、广播电台、电视台的工作人员创作的职务作品”。）

②［德］克劳斯·施瓦布：《第四次工业革命》，李菁译，中信出版社2016年版，第4页。

技术的维度来看，根据人工智能具有自主意识的不同，研究人员明显地将人工智能分为了弱人工智能和强人工智能。弱人工智能不具有类似于人类的意识，没有自主学习的能力，其工作原理就是按照提前设置的算法或者程序进行相应的工作。人类基本上只把它们当作工具来使用，从而避免将过多的精力投放到一些过于程序化的工作上，以进一步解放人类的双手。这一阶段的人工智能，与其说是“智能”，倒不如说是“人工”更好，它更多地被视为只能依靠人类输入的算法和模板工作的“机器”，而不能作为“智能”来看待。相反，强人工智能由于具有一定的自我学习能力，具有类似于人类或者与人类完全不同的思维方式和思维能力，在处理事务时会经常加入自己的判断方式和处理技巧。质言之，强人工智能已经具有自主学习和一定程度上的意识自我进化能力。这种人工智能已能够突破人类为其设定的算法限制，从而对外界事物进行界定、判断、辨别和处理。因此，对于这种强人工智能，与其说算法是它的边界，毋宁说终有一天它将为算法设定边界。

那么，这种人工智能生成的对象，究竟能否成为作品？笔者认为，答案显然是肯定的。

首先，在判断一具体的对象究竟是否构成作品时，我们需要判断的就是其是否表达了某种思想情感。但无论是人类一贯的认知，还是权威词典的解释[①]，都认为“思想”为人类所特有，它是人类区别于外在世界而成为生物中心的重要标志。弱人工智能，由于其只能机械地按照人类输入的算法执行命令，不具有自我学习的能力，当然就难以创造出体现思想情感的“作品”。但在日本2016年的“星新——微型小说文学奖”评比中，却有一篇人工智能撰写的小说，通过了比赛初审。[②]这说明人工智能生成物完全有可能蕴含连人类都无法识别的“思想”，只不过这种“思想”不是经过人类大脑形成的，而是由人工智能生成的“类思想”。但不管是人工智能的“类思想”，还是人类的思想，其本质都是一种抽象存在，都属于非物质性的对象，都具备对现实外部世界进行想象、定义和描摹的能力。所以，如果从“思想 / 表达”二分法的角度来看，人工智能生成物同样表达了思想情感，至少也是一种可以和人类情感相通的

---

①《现代汉语词典》（第 5 版）将“思想”解释为：“客观存在反映在人的意识中经过思维活动而产生的结果。”

② 于娜：《人工智能入侵艺术圈　机器人伦勃朗问世？》，载《华夏时报》2017 年 5 月 15 日。

“类思想”。而作品是否表达思想情感，是作品区别于其他无序事实和杂乱无章材料堆积物而成其为“作品”的重要标志，也是作品被视为“人类理性之花”的重要象征。基于此，人工智能生成物与人类创造的作品可以说无比地接近。

其次，从作品的一般构成要件来看，根据我国《著作权法实施条例》第2条[①]的规定，某个对象要构成作品有三个基本的要件：其一，处于文学、艺术和科学领域内；其二，具有独创性的智力成果；其三，能够以某种有形的形式加以反复复制利用。反观人工智能生成物，以新闻机器人的写作为例，其写出来的新闻报道属于文学作品，并可以进行反复利用，毋庸置疑。而唯一不符合的就是，其不能称作具有独创性的智力成果。作品需有独创性，是世界范围内大多数国家著作权法的一般规定。例如，《德国著作权法》第2条第2款规定：“本法所称著作权仅指个人的智力创作。”[②]《法国知识产权法典》虽然只是列举了保护作品的种类，并没有明确要求作品具有独创性，但经过法院对不同个案中独创性的解释形成了法国的传统观点，即独创性是指作者个性的反映。[③]而所谓的“独创性”，从学理上看大多数学者都倾向于将其拆分为“独”和“创”两个方面来理解：“独”指的是作品需要作者自己独立完成，而并非剽窃、抄袭、模仿、复制之结果；“创”是说作品需要有一定的创造性，即具有一定的创作高度。例如，有学者就认为作品应是由作者独立创作，并且“体现了作者的精神劳动和智力判断，而非简单的摹写或材料的汇集”[④]；还有学者认为独创性应该包括“独立完成，而非对他人现有作品的复制”和“具有最低限度的创造性”两个方面。[⑤]此外，有学者在比较了英美法系和大陆法系的做法之后，将独创性分为了“量”（作者独立完成作品）和“质”（具有“最低限度的创造性”）两个角度来解释；[⑥]还有学者甚至认为，独创性应该综合考虑“独立创作”“个性因素”“作者因素”等条件，在不是独立创作的前提下，

①《著作权法实施条例》第2条：“著作权法所称作品，是指文学、艺术和科学领域内具有独创性并能以某种有形形式复制的智力成果。”（本文发表于2019年。2020年《著作权法》第3条规定：“本法所称的作品，是指文学、艺术和科学领域内具有独创性并能以一定形式表现的智力成果。”）

②《十二国著作权法》翻译组：《十二国著作权法》，清华大学出版社2011年版，第147页。

③ 姜颖：《作品独创性判定标准的比较研究》，载《知识产权》2004年第3期。

④ 李明德、许超：《著作权法》，法律出版社2003年版，第31页。

⑤ 李扬：《知识产权法基本原理（Ⅱ）——著作权法》，中国社会科学出版社2013年版，第32页。

⑥ 吴汉东、胡开忠、董炳和：《知识产权基本问题研究（分论）》，中国人民大学出版社2009年版，第34—38页。

应该考虑其“可区别性”和“创造性”。[①]

最后，人工智能生成物究竟能否成为作品，其最大的障碍就在于：因为人工智能不具有自然人的血肉之躯，没有经历过达尔文生物学意义上的思维进化历程，所以有观点就认为，其生成的对象难以满足独创性意义上的智慧因素和个性要件。但笔者认为，该观点可能只是对人工智能的一种前意识状态。必须看到的是，21世纪的今天，新技术的发展可谓势不可当，当某一天人类成功地探索出自身大脑认知和思考的奥秘，并将其应用到人工智能时，谁都不能否认我们将从弱人工智能时代进入强人工智能时代，甚至是超人工智能时代。因此，当这一天即机器人通过了“图灵测试”，印证其具备了自主意识或者类人意识到来时，我们将不得不重新审视人工智能生成物与独创性的关系。尽管有观点认为，人工智能无论怎么发展都只能是机械延伸或者说是人类意识的延伸，不可能脱离人的意识，自主活动，甚至超越人类意识。但实践证明，随着人工智能技术开发的不断深入，以“深度学习”[②]为代表的人工神经网络技术的日臻完善，人工智能终究会摆脱人类为其预设的算法限制，形成自主意识，进而独立解决问题完成任务。例如，在2014年由人工智能学家创办的AIE实验室对50个搜索引擎进行了“人工智能智商测试”，结果为得分最高的谷歌尚不及6岁儿童智商（55.5分）的一半；然而到了2016年，AIE实验室再次进行测试时，谷歌与6岁儿童智商差距已缩小到了8.22分。[③]基于智能技术的不断演进，2016年欧盟法律事务委员会向欧盟委员会提议，将目前最先进的自动化机器人定位为“电子人”，并赋予其特定的民事权利和义务能力，主张对其进行登记以便纳税、缴费和领取养老金等。[④]

总之，如果以客观的标准来衡量的话，著作权保护的应是创造力本身，而不仅仅是人类的创造力。并且随着人工智能进入强人工智能阶段，其究竟是“机

---

① 卢海君:《版权客体论》，知识产权出版社2014年版，第152页。

② 深度学习是机器学习研究中的一个新领域，其动机在于建立、模拟人脑进行分析学习的神经网络，它模仿人脑的机制来解释数据，例如图像、声音和文本。参见于泽:《深度学习那么火，它究竟能做什么？》，http://www.dlworld.cn/YeJieDongTai/26.html，最后访问时间：2018年3月15日。

③ 参见《世界人工智能智商最新测试结果公布》，http://tech.163.com/16/0328/09/BJ82BEKN000948V8.html，最后访问时间：2018年3月15日。

④ 参见叶明:《精彩演讲：人工智能对法律制度的挑战》，http://mp.weixin.qq.com/s/qBdgV–1i74mYqsEb2mZWmw，最后访问时间：2018年3月15日。

器”还是“人”？法律上已难以言说。因此，当机器和人难以界分，甚至机器可以超越人类思维而存在时；当哲学意义上“我思故我在”这种肯定主体人的方式，已经超越为“我在故我思”这种后现代意义上的智能思维时；著作权法完全有必要突破传统的独创性的理论，不再以自然人创作为条件，而是视人工智能为“作者”，赋予人工智能生成物以科学的法律地位，使其受到著作权法的保护。更何况，正如有学者所提出的那样，人工智能生成物的属性应由人工智能是否具有自主性来加以判断：若其生成物完全是提前输入的算法或程序运行的结果，则只能看作机械延伸，不具有自主性；反之，若其能够运用相同的素材在不同的环境或者时间依靠自身生成不同的内容，则具有自主性。① 笔者认为该观点具有一定的合理性。因为人工智能生成物是最直观、最具有代表性的存在，只有将生成物与输入的素材相比较，才会看出人工智能是否进行了自主的加工、选择与整理、辨析的过程，是否融入了人工智能自身的技巧与判断。如果是的话，就应当给予人工智能生成物以作品地位，因为它反映了创作的本质，只不过此时的“作者”不再是我们惯常认为的自然人，而是人工智能罢了。

二、人工智能生成物被视为作品：客体本质的合理

人工智能生成物应当被视为作品，可以成为著作权法的保护对象，除可以从技术维度获得证明外，还可以进一步从著作权客体本质的反思角度获得证明。19 世纪的著作权法，因为深受“作者中心主义”理论观的影响，所以作品由人类创作成为著作权法上的一种固有的认识。“作者中心主义”源于法国大革命，是基于“浪漫主义作者理论”“人格主义理论”和“主观权利理论”等哲学理论所形成的创作理念。作者中心主义强调作品是作者建构的结果，是作者主观世界对客观世界的一种外化。然而，作为浸润整个 19 世纪的作者理论观，在随后的一个多世纪却受到了来自其他哲学理论的全面冲击，其中不外乎：第一，主张作品是作者人格延伸的“浪漫主义”理论遭到了强调作品内在结构对其诞生的作用而认为作者仅是作品助产士的“结构主义”的冲击；第二，突出强调人之重要性的“人格权理论”，遭受了认为语言是在使用中被确认，进而主张人是

---

① 易继明：《人工智能创作物是作品吗？》，载《法律科学（西北政法大学学报）》2017 年第 5 期。

语言工具的“语言哲学”的冲击；第三，在作者、文本、读者中强调作者中心地位，文本意义是由作者赋予的“传统解释学”，遭遇了以读者为中心，强调文本意义是由读者给予的现代“哲学解释学”的冲击。[①]总之，主体哲学革命带来的对作品客体认知的价值就在于：作品并非人类理性的定义物，作品甚至不是自然人建构的结果，作品的意义和秩序是在“作者—文本—读者”的结构秩序中，借助语言学的手段被重新定义和再发现的。作者不是作品的建构者，读者才是其作品的诠释者。既然全新的主体哲学理论断然舍弃了以自然人作者为中心的创作观，作品不再被认为是自然人作者智性努力的结果，那么在究竟是谁在创作、作者为何创作都显得不再重要的背景下，著作权法又有何必要去探知作品究竟是由人创作还是由人工智能创作？法律又有何理由将人工智能生成物拒之于“作品”的大门之外呢？

实际上，19 世纪的知识观和创造观，反映到整个知识产权领域，那就是长期以来知识产权学界所坚持遵守的一种客体理论，即“智力成果说”。该学说认为知识产权保护的对象是人类智力劳动的产物，其必须体现人类的智慧本性和智思本源，体现人类的智识努力和智性价值。然而，随着商标、商号、地理标志、域名、不体现创造性的数据库、商业秘密中的不体现创造性的经营信息等少许体现或者几乎不体现人类智慧因素的成果被纳入知识产权的范围，学者们就不得不对知识产权客体的本质开始重新思考，并对其进行审视和反思。例如，有学者从“知识”和“产权”的二维本质出发，认为知识产权的客体是能够为生活带来便利、能对主体产生“利益溢出”价值的信息，而非一定体现人类的智力本性[②]；还有学者主张应当超越“智力成果权范式”的权威地位，因为“只要财产形态相似，支配财产的行为必然相似，于是可以适用相似的行为规范”，而不用考虑其是否一定为智力成果[③]；一些国外学者也认为知识产权客体开始从所体现的劳动价值转移到该对象本身的价值上，“前现代知识产权法在处理无体财产时使用了古典法理学的语言，而现代知识产权法则趋向于更加依赖于使用政治经济学的话语和概念。亦即，法律不再评价在某一特定对象中所体现的劳动，而是开始集中于该对象的宏观经

① 林秀芹、刘文献：《作者中心主义及其合法性危机——基于作者权体系的哲学考察》，载《云南师范大学学报（哲学社会科学版）》2015 年第 2 期。

② 黄汇：《解释与转型：知识产权去“智力化”的阐明》，载《知识产权》2007 年第 1 期。

③ 李琛：《对智力成果权范式的一种历史分析》，载《知识产权》2004 年第 2 期。

济价值；集中于它对知识和进步，或者正如我们现在所说的，对于国民生产总值（GNP）或者生产力的贡献”①。换言之，知识产权本质上是一类产权构建技术的代名词。只要成果体现了作为客体所需具备的价值性、稀缺性和能为人力所控制、支配的特征②，同时它又不能按照通常意义上的物权范式来加以调控和规制时，即可以纳入知识产权的范畴，按照知识产权的范式来对其加以保护，至于其是否体现了人类的智慧因素在所不问。

人工智能生成物具有物理上的可控性、稀缺性自不待言。比如说可控性，人工智能生成物因其在形式上与自然人创作的作品几无区别，故它完全可以成为能够透过物质载体感知的独立存在，为人力支配和控制。再从价值性的角度看，人工智能生成的对象和普通的知识产品无异，其生成的对象在相当程度上满足了主体的不同审美情趣和艺术追求。例如由美国公司开发的“Auto-beatnik”诗歌创作软件，已在《地平线》杂志上发表了由其创作的《玫瑰》《风筝》等一系列诗歌作品。③这些作品的鉴赏与艺术价值甚至超过人类创作物本身，其作品的意境令读者甚至是后来的作者都惊羡不已。2016年，谷歌公司成立了“Magenta”团队，目的也在于让其模仿人类的思维模式以进行音乐和艺术的创作④；同年3月，谷歌公司在旧金山举办了一次人工智能画展，许多画作可谓惟妙惟肖、栩栩如生，有的人工智能画作拍卖价格甚至高达8000元⑤。概言之，人工智能生成物或者为文学作品，塑造了人们的语言表达和对现实世界的想象能力；或者为艺术作品，为人类带来视觉上与听觉上的非凡享受；或者为科学作品，帮助人们形成理性的思维方式和增进探索未知世界的能力。总的来说，人工智能生成物如普通的人类创作物一般，具有启蒙明智或者令人怡情愉悦之功效。⑥

总之，财产权原本就具有社会性，财产权客体的种类、性质有着时空上的差

①［澳］布拉德·谢尔曼、［英］莱昂内尔·本特利：《现代知识产权法的演进：1760—1911年英国的历程》，金海军译，北京大学出版社2006年版，第209页。

② 张文显：《法理学》，法律出版社2007年版，第189页。

③ 杨守森：《人工智能与文艺创作》，载《河南社会科学》2011年第1期。

④ 于娜：《人工智能入侵艺术圈　机器人伦勃朗问世？》，载《华夏时报》2017年5月15日。

⑤ 刘润坤：《人工智能取代艺术家？——从本体论视角看人工智能艺术创作》，载《民族艺术研究》2017年第2期。

⑥ 王坤：《作品概念的科学建构及其在著作权法上的意义》，载《知识产权》2010年第6期。

异性，会随着主体认识和实践活动范围的变化而不断变化。同时，“利益是权利的基本要素，是权利的基础和目标，也是法律制度设计的重要参照系”①。因此，知识产权客体的本质也并非人与创造物之间的一般对应关系，而是表现为主体对对象的某种利益建构关系。只要客体符合主体的建构需求和建构利益，其就可以成为产权的对象，而无问其是否体现了人类的智慧本性。对此，就像有学者在分析现代财产进化史时所说的那样，“当技术的变革增加了某项资源的价值时，财产权便随之出现了。比如说在录音技术发明之前，声音从来都不是财产；照相机发明之前，名气从来都不是财产；广播技术发明之前，电磁频谱也从来都不是财产”②。但当技术的革新使得人类对某项资源的依赖变得空前时，这一切皆变得可能。也就是说，“财产权是一种法律创造，一个人认为财产是什么，取决于其要用财产来干什么，即其希望通过一定的方式来看待财产试图推进什么样的目标，人们的财产观念从来都是被塑造的结果，财产权从来都是手段而非目的”③。很显然，从刺激人工智能产业发展的愿望出发，著作权法也不应该局限于对人类创作物的保护，置人工智能生成物等非人类创作物于千里之外。

若将人工智能生成物置于著作权法保护之外，尽管可以扩大人类创造行为所依赖的公共领域资源的范围，但毕竟公共领域的对象大多是由私有版权迁延转移而来。私有版权和公共领域存在辩证互动、互为滋养的关系：彻底的公共领域将导致过度放牧带来的“公地悲剧”问题；反之，过度的私有版权保护也将导致“著作权丛林”现象，不利于人类的后续创新。④具言之，从人工智能市场供给的一般动力出发，人类也完全有足够的理由舍弃传统的著作权客体属于人类智慧创作物这一客观要件，视人工智能生成物为一种作品财产。就像有学者所认为的那样，“尽管事实上没有生命，没有道德思维，但在法律设计上，只要法律思维认为有必要这样做，法律便可以不只唯一地尊重有智慧的人”⑤，从而，视人工智能生成物为作品。否则，“如果法律一味坚持自然人才能成为法律意义上的作者，那么就是在坚持一

① 冯晓青：《知识产权法利益平衡理论》，中国政法大学出版社2006年版，第4页。

②［澳］斯图尔特·班纳：《财产故事》，陈贤凯、许可译，中国政法大学出版社2017年版，第445页。

③［澳］斯图尔特·班纳：《财产故事》，陈贤凯、许可译，中国政法大学出版社2017年版，第444页、第446页。

④ 黄汇：《版权法上的公共领域研究》，法律出版社2014年版，第67页。

⑤ 龙卫球等：《法人本质及其基本构造研究——为拟制说辩护》，载《中国法学》1998年第3期。

种手工业时代的经济模式，而不是社会化大生产的制度”[①]。并且,“作者权体系固执地坚持由 19 世纪农耕社会所形成的一套理论”[②] 是不能 “解决 20 世纪工业社会才出现的新问题的”[③]。因此,21 世纪的版权法，显然需要以更加开放的客体理念和作者观念来容纳人类不断开拓的智能实践，为人工智能技术的发展开道。否则，著作权法如果恪守 19 世纪的观念，必然成为 21 世纪人工智能产业发展的桎梏和羁绊，19 世纪的版权观将难以承受 21 世纪人工智能发展之重。

三、人工智能生成物被视为作品：历史逻辑的合理

人工智能生成物被视为作品来保护，除了可以从客体本质和技术进步的维度获得证明，还可以从历史逻辑的视角找到依据。正如霍姆斯法官所言，“一页历史抵得上一卷逻辑”[④]，之所以要从历史的维度来寻找问题的出路和观察视角，是因为“知史可以明鉴，查古可以知今”。

当代版权保护的范围伴随着技术的不断更新进行着全面的延伸和拓展，现代版权史既是一部技术的进步史，也是一部主体和客体的扩张史。在这过程中，“版权的扩张主要利用类比和拟制等技巧来实现的”[⑤]。版权法之所以需要进行拟制，概因法律作为沟通事实与规范的媒介，其不仅有反映现实的一面，也有超越现实的虚拟的一面，使得人类社会具有了虚拟性而不同于纯粹的客观世界，而法律拟制就是这种虚拟性的集中体现。[⑥] 法律拟制本质上是将未有明确规定的事实，类比到已规定的事实中去，以弥补法律的滞后和缺漏，它是 “一种法律上不容反驳的推定或假定”，是 “一种模拟性决断或一种决断性虚构”[⑦]。历史上，版权法通过拟制的方式来扩张其保护范围的做法比比皆是，最典型者莫过于将

---

① 吴伟光:《著作权法研究——国际条约、中国立法与司法实践》，清华大学出版社2013年版，第293页。

② Edward J. Damich, the Right of Personality: A Common-Law Basis for the Protection of the Moral Rights of Authors, 23 Ga.L.Rev.1, 25-29 (1988). 转引自孙新强:《论作者权体系的崩溃与重建——以法律现代化为视角》，载《清华法学》2014 年第 2 期。

③ 孙新强:《论作者权体系的崩溃与重建——以法律现代化为视角》，载《清华法学》2014 年第 2 期。

④ New York Trust Co. v. Eisner, 256 U.S.345 (1921).

⑤ 易建雄:《技术发展与版权扩张》，法律出版社 2009 年版，第 193 页。

⑥ 毛淑玲:《推定与法律拟制》，载《黑龙江省政法管理干部学院学报》2010 年第 11 期。

⑦ 卢鹏:《拟制问题研究》，上海人民出版社 2009 年版，第 21 页。

法人拟制为作者。"法人"的概念最初来源于注释法学派，之后经由1900年的《德国民法典》首次以法律概念的方式加以成文法化。法人制度能够经由民事权利能力的媒介而一跃成为私法上与"自然人"并列的主体，与人类文明尤其是商业文明的发达是分不开的。在人类社会发展之初，几乎都是人与人之间打交道，但随着社会文明的进步，商品经济带来了社会大生产，带来了社会协作和社会分工，逐渐衍生出了各类团体，打破了自然人是唯一民事主体的法律垄断，再加之"法人实在说""法律拟制说"等法学理论的学术证成和支撑，法人制度随之产生。

基于民法上的"法人拟制"理论，版权法自然也将法人视为作者。根据我国《著作权法》第11条第3款的规定，"由法人或者非法人组织主持，代表法人或者非法人组织意志创作，并由法人或者非法人组织承担责任的作品，法人或者非法人组织视为作者"。之所以要将作品的著作权赋予法人这种超人格的主体，概因作为一种团体人格，法人具有超越自然人人格的组织化优势。就好比将电影作品的版权赋予制片者一样，"为了对自己经常情况下投入大量投资的电影进行利用，必须把一些必要的权利集中在自己手中"[①]。并且，从经济效益方面来讲，在雇员的创作活动中，雇主通常承担着所有经费和风险，所以将作品的版权赋予雇佣者（法人单位），有利于最大限度地获取作品的经济利益。[②]既然版权法中早已存在拟制的情形，有将除自然人外的法人拟制为作者的先例，我们又为何不可以将不属于自然人的人工智能拟制为"作者"，将其生成物视为"作品"呢？对此，正如戴维斯教授质问的那样："既然法人可以被赋予法律人格，机器人为什么就不能拥有法律人格？"[③]

目前，人类正迎来"数字化"的虚拟信息时代，包括人工智能在内的新技术，成为沟通人类和物质自然的桥梁：对人而言，它是认识自然的工具，是客体化的存在；对物质自然而言，它相当于人类意识的延伸，又具有主体的性质。由此，有学者认为，虚拟信息技术成为"主体创造出的一种客体"，是"第二自

---

①［德］M·雷炳德：《著作权法》，张恩民译，法律出版社2005年版，第201页。

② 李响：《美国版权法：原则、案例及材料》，中国政法大学出版社2004版，第86页。

③ Colin R. Davies, *An Evolutionary Step in Intellectual Property Rights—Artificial Intelligence and Intellectual Property,* 27 Computer Law&Security Review 601, 617 (2011)，转引自梁志文：《论人工智能创造物的法律保护》，载《法律科学（西北政法大学学报）》2017年第5期。

然的一部分”。[①] 所以，我们所能感知到的客体也变得丰富起来，认知范围也得到了拓宽。这使得人类的认识不再局限于主体简单地“反映”客体，而是发展到“虚拟论”的认识论；使得“人类实践从‘现实性’的必然关系领域进入‘可能性’的创造关系领域”[②]。在此情况下，“现实中的悖论性存在、两难困境和大量的不确定性关系”便会层出不穷，我们从而需要转变传统的法律思维方式，利用“法律的虚拟化方法中的智能化、智慧化和想象化方法”进行解决，即在坚持法律正义的前提下，利用法律拟制、法律推定等方法进行大胆的设想和突破。[③] 比如遵循法人被视为作者的历史逻辑，再次将人工智能拟制为作者，将其生成物拟制为作品，这既是现实的必要，也完全符合版权法拟制的历史逻辑，具有可行性。

再者，退一万步来讲，哪怕不进行这种拟制，当今版权扩张的历史进路亦可以让我们清晰地看见，版权法扩张的背后正呈现出一种“去人格化”或者说“人格弱化”的趋势，作者的人格利益正在被功利化的版权价值所取代。这条历史的进路同样为著作权法接纳人工智能生成物提供了论说性依据。版权法的去人格化表现在两个方面。首先，是客体人格主义的消亡。比如，1976 年美国对其《版权法》进行了修改，正式将计算机软件纳入版权保护范围；在美国的影响下，英国于 1985 年通过了《计算机软件保护法》，将计算机软件列为文学作品加以保护；欧共体也不甘示弱，于 1991 年通过了《计算机软件法律保护指令》，要求将计算机软件作为文学作品保护。为了适应和接纳计算机软件作品，德国甚至放弃了传统的对作者个性的要求，而是引入了所谓的“小铜币”理论，对智力成果的考量从“主观方面的那些独特性”转移到了“客观方面（从外部看起来）的独特性”。[④] 而从创作的主观论到客体的独特论，足见曾经甚嚣尘上的作者人格主义价值观正在褪去作者神秘的面纱。无独有偶，随着数据库作为互联网运作信息基础的地位被发掘，各国亦开始纷纷抢占数据库立法的潮头。比如，1995 年欧盟部长理事会正式通过《数据库法律保护指令》，对不体现创造性的数据库实行特别权利的保护。英国亦于 1997 年颁布了《数据库中的版权与权利规则》。总之，20 世纪以来

---

① 温晓莉：《法律范式的转换与法律虚拟》，载《东方法学》2012 年第 2 期。

② 温晓莉：《法律范式的转换与法律虚拟》，载《东方法学》2012 年第 2 期。

③ 温晓莉：《法律范式的转换与法律虚拟》，载《东方法学》2012 年第 2 期。

④［德］M. 雷炳德：《著作权法》，张恩民译，法律出版社 2005 年版，第 51 页。

的版权，完全是功利主义的产物，其专注于作品所带来的经济利益，而不再是作品的精神利益，正如有学者所言的“版权更像是被视为一种政策性工具而被立法者加以使用”[①]。“版权法的目的并不是奖励作者的劳动”[②]，而是通过激发知识的创造增进消费者福利和公共利益。因此，基于功利主义的考量，作者的人格利益虽不敢断言已经“死亡”，但至少正日益走向“消亡”。

其次，作者人格利益的褪色，不仅表现在客体的“去人格化”上，还表现在精神权利的受限制上。精神权利作为作者人格价值的最高反映，在近代以来的版权历史进程中亦屡屡突破其防线，受到了诸多的限制，从而为新技术的发展开道。比如说，为了促进电影作品的发展，《德国著作权法》明确规定电影作品的修改权、保护作品完整权等精神权利和复制权、广播权等经济权利统一由电影制片人享有[③]，并且若是情况不明时，其他参与电影制作的人取得了电影作品的著作权，则需将翻译权、修改权等权利让与电影制片人[④]。这表明，至少在电影作品上，德国已经作出了让步，人格因素在电影作品的生成与利用面前显得不再那么重要。作为德国的邻国，法国对于电影作品依然坚守着自己人格主义的底线，导致制片人不能享有精神权利[⑤]，因而严重阻碍了其对电影作品的使用。之后，当计算机软件出现时，法国为了不再重蹈电影作品的覆辙，其在 1985 年的《著作权法》中义无反顾地要求，若计算机软件是由一名或者多名雇员完成的，则雇主同时享有法律赋予作者的所有权利，包括精神权利。而后来的《法国知识产权法典》则修正为雇主享有软件的财产性权利，不过作者行使修改权时，要受到一定限制，并禁止其行使追悔权和收回权。[⑥]另外，为了促进对计算机软件、新闻作品的利用，一些国家的版权法甚至规定精神权利可以转让、放弃或被限制。如《英国版权法》第 79 条规定表明作者或导演身份的权利不适用于计算机软件、字体设计、为报道时

① 王迁：《著作权法》，中国人民大学出版社 2015 年版，第 8 页。

② 李响：《美国版权法：原则、案例及材料》，中国政法大学出版社 2004 年版，第 11 页。

③ 参见《德国著作权法》第 94 条第 1 款。

④ 参见《德国著作权法》第 89 条第 1 款。

⑤ 因为根据在法理上著作权中的精神权利或者说是人格权利是不能被转让的，所以制片人至多只能继受其他参与者的经济权利，而精神权利却依然保留在他们身上，这无疑加重了制片人使用作品的负担和成本。

⑥ 参见《法国知识产权法典》第 L.113-9 条、第 L.121-7 条。

事新闻而创作的作品等；第 87 条甚至规定权利人可通过书面文件放弃精神权利。[①]《日本著作权法》第 19 条第 3 款也规定，按照作品的使用方式，不对作者身份利益造成危险且不违反惯例时，可以省略作者的姓名。[②]《美国版权法》第 106 条之一仅规定了两项精神权利（表明作者身份权和保护作品完整权），但就是这两项权利也仅适用于“视觉艺术作品”，且有期限的限制，同时作者可以通过书面合同的方式放弃。[③] 此外，《德国著作权法》第 39 条亦规定，“基于诚实信用原则无法拒绝改动其著作及其标题的，本法允许改动”[④]。

总之，20 世纪以来的版权法，人格主义的衰落和实用主义的兴起是其发展的一条基本的历史脉络，该条发展线索可谓清晰可鉴。既然著作权并非人格的产物，舍弃创作的人格主义、追寻版权的功利目标是一个既定的趋势，那么退一万步来说，哪怕人工智能不被拟制为作者，其生成物被视为作品亦完全符合版权法发展的历史逻辑，符合其发展的历史印迹。著作权法将人工智能生成物当作作品，亦体现了版权发展的历史承继性，自然并不突兀。

四、结语

总之，人工智能生成物是随着 21 世纪智能技术的发展而产生的一种新型客体类型。无论是从技术合理，还是从价值必要，抑或是从逻辑符合的角度，我们都可以看到将其当作作品来保护具有科学性和合理性。这既符合技术理性，也符合著作权保护对象乃主体对客体利益建构关系的法律本质，同时它亦符合近代法律拟制化的逻辑规律，及晚近著作权法人格主义衰落和实用主义兴起的版权发展趋向。将人工智能生成物视为作品保护，显然有利于为把我国建成 21 世纪世界人工智能技术的研发高地和创新中心，奠定重要的规范理论之基础。

---

①《十二国著作权法》翻译组：《十二国著作权法》，清华大学出版社 2011 年版，第 611—612 页、第 616 页。

②《十二国著作权法》翻译组：《十二国著作权法》，清华大学出版社 2011 年版，第 372 页。

③ 李明德：《美国知识产权法》，法律出版社 2014 年版，第 352—353 页。

④《十二国著作权法》翻译组：《十二国著作权法》，清华大学出版社 2011 年版，第 158 页。

第三编
理论研讨与制度展望

“山寨”治理与中国知识产权建设的未来*

“山寨”是近年来我国兴起的一种文化现象，“山寨”本质如何？其何以诞生，又代表着怎样的“诉求”？在我国知识产权法治建设的进程中，如何对其代表的诉求进行“法治化”的治理和回应？本文希望通过对前述诸种关系的揭示，能获致对知识产权制度正当性更为深刻的认知，为更好地利用“知识产权公共政策”[①]工具来促进创新型国家的建设和知识的传播共享提供有益的建议，为我国的知识产权法治建设朝着更为健康的路径发展提供科学的制度设计。

一、“山寨”本质：知识产权垄断保护下对公共利益的救济

“山寨”作为一种文化现象在我国的兴起，始于2008年前后并延续至今。所谓“山寨”，按字典释义，是指绿林好汉占据的山中营寨，有不被官方管辖的含义。当今的“山寨”则源于广东话，指绿林好汉聚义之地。[②]“山寨”和知识产品的联姻，最早源于手机。曾经，一股以“模仿性、平民化、低价格”为特征的“山寨”产品不断涌现，受到百姓的热捧。近年来，“山寨”不断波及电子、新闻、娱乐等行业，并最终沉淀为一种文化的力量，俗称“山寨文化”，以区别于传统的知识产权文化。那么究竟何谓“山寨”行为？依笔者所见，所谓“山寨”是指以他人在先知识产权元素为基础，并对这些元素和内容进行模仿，在添加了模仿者自己的要素和内容后，再以新产品或作品的方式推向市场，从而和原知识产权产

---

* 原载《法学评论》2015年第3期，本书收录时对标题进行了修改。

① 吴汉东：《知识产权的多元属性及其研究范式》，载《中国社会科学》2011年第5期。

② 参见《现代汉语词典》，商务印书馆1996年版，第1100页。

品相竞争的行为。[①] 从范围上看，“山寨”既可以是产品，也可以是作品或各类影视节目。

而从是否“合法”的认定标准上看，首先必须承认“山寨”存在非法侵权者。比如“瓢柔”山寨洗发露就构成了对“飘柔”品牌的仿冒侵权。还有的“山寨”产品虽然没有构成商标侵权，但构成了不正当竞争或专利侵权。[②] 对于“山寨”侵权现象，知识产权法律必须严厉加以管控和禁止。否则，创新型国家的建设不可能有未来。与此同时，也须承认“山寨”行为中有模仿创新者。比如说手机领域，早期的“山寨”机就以功能全面、价格低廉著称于世。它们中的很多还通过模仿，创新出超长待机、GPS 导航等功能，[③] 但其价格远低于其他知名品牌机的价格。具体而言，这部分以模仿创新为特点的“山寨”行为，具有以下特征：首先，在理念上，它以降低知识产品的垄断价格为特点；其次，在行动上，它以“复制、模仿、拼凑、恶搞、解构”为特征，[④] 处在知识产权保护的边缘，有创造但不违法；最后，在实施上，它以模仿为起点，又超越模仿，是一种试图通过“模仿”来达到创新的“创造性破坏”[⑤]。

从历史的视野看，我们都知道知识产权制度以“促进人类知识进步和文化共享”诞生于世，“知识产权制度的宗旨在于维护知识权利的正义秩序，并实现知识进步的效益目标”[⑥]。但近年来，知识产权在日益服务于发达国家贸易利益最大化的要求下，部分跨国公司出于对高额垄断利润的追逐，逐渐背离了“文化传播”“知识共享”的知识产权立法宗旨，掀起了一场“信息封建主义”[⑦] 的财产观革命。少数文化和专利产品的垄断者，摒弃了知识的“公共品性”和“文化传播”“文明扩散”的理念，日渐强调创造的“个人主义色彩”和“有价值就值得保护”的知识

---

① 参见熊英、施璟:《“山寨”行为性质及其涉及的知识产权领域研究》，载《重庆工商大学学报》2010 年第 5 期。

② 参见许春明:《“山寨”产品的知识产权侵权辨析》，载《知识产权报》2010 年 10 月 20 日。

③ 参见王雪琴:《“山寨”一词的翻译探析》，载《中南财经政法大学研究生学报》2009 年第 5 期。

④ 李灵灵:《论山寨文化现象——对当代文化生产机制的反思》，载《中国图书评论》2010 年 3 期。

⑤ 参见［美］泰勒·考恩:《创造性破坏——全球化与文化多样性》，王志毅译，上海人民出版社 2007 年版，第 21 页以下。

⑥ 吴汉东:《利弊之间：知识产权制度的政策科学分析》，载《法商研究》2006 年第 5 期。

⑦［澳］彼德·达沃豪斯、约翰·布雷斯韦特:《信息封建主义——知识经济谁主沉浮》，刘雪涛译，知识产权出版社 2005 年版，第 16 页。

产权理论观，从而使公众法定的“消费者剩余”日渐缩减。

但“知识产权法律保护是为了激励创新和创造，最终目的是让创造和创新丰富人类共同的知识与信息的源泉”[①]。因此，知识产权的终极价值，实际上是由其对公共利益的提升，对文化进步、技术演进和消费者福利反馈的程度来决定的。而“公众对于信息、知识和创造性表达最大限度地获取，是其融入公共生活和新知识发展的一个条件”[②]。所以，除去侵权的情况，部分“山寨”所代表的诉求就是：试图通过合理的“模仿”来实现创造，从而挤压由于缺乏充分有效的竞争所带来的生产者对“知识盈余”的占领，以降低知识产品的定价，并使知识产权惠及公共利益。

总之，如果对“山寨”行为做一本质界定的话，“山寨”既有侵权者，也有模仿创新者。侵权“山寨”不值一提，而以模仿创新为目的的“山寨”系知识产权人拥有知识产品的定价权，留给公众法定的“消费者剩余”空间不断被挤压所形成的。它在强调分享知识“进步”福利的同时，以其行动推动着我国知识产权法中公共利益的实现。

二、“山寨”：对知识产权法“模仿”概念的实践性创造

排除侵权的情况，如果要问“山寨”行为究竟有何特征、对知识产权制度究竟有何价值的话，笔者认为，其价值就在于它以实践方式制造着知识产权法中的竞争性“模仿”概念。“山寨”现象，不管是“山寨产品、山寨明星、山寨节目”，都以“模仿”为前提。但传统知识产权法律中并无模仿的概念。换句话说，在传统知识产权法律体系下，“模仿”并没有太多法律地位，当模仿和商业行为相联系时更是如此。一般而言，一个完整的模仿行为，需经过“学习、借鉴、复制、再创新”等阶段，但知识产权法通过对商业性“复制、表演、演绎、传播”等行为的禁止，限制了模仿。因此，在知识产权制度体系中，尽管有“模仿”的语言，但更多是人们的一种文化情怀，只在与商业无关的私人使用中才有意义。就像美

① 薛虹：《十字路口的国家知识产权法》，法律出版社 2012 年版，第 242 页。

②［澳］普拉蒂普 · N. 托马斯、简 · 瑟韦斯主编：《亚洲知识产权与传播》，高蕊译，清华大学出版社 2009 年版，第 170 页。

国知识产权学家科尼什（Cornish）教授所说："'在竞争市场中，模仿被大多数人认为是正当的，而非不道德。'然而，TRIPs 协议强调为权利持有者提供保护，将许多形式的模仿视为不道德，将以前合法的企业家们丑化为'知识犯罪'。"①

必须承认，一方面，知识产权法律应禁止"模仿"搭便车侵权行为。否则，知识产权人将因模仿品的过度挤占，失去激励其创造的市场利益，从而引发知识产品开发的动力不足问题。另一方面，知识产权法律也不能一味禁止模仿。因为，"模仿"对于人类社会的演进尤为重要，就像亚里士多德所说"渴求知识乃人类的天性"，"人们被学习、模仿和创新激励，并感到满足"②，"人类创造过程中大量的东西就是从公共文学和文化中'借'来和模仿因袭而来的"③。因此，"没有复制和模仿，许多对社会有价值的信息都得不到传递和学习"④。

正是依凭着"山寨"式的借鉴创新和模仿创造，人类的知识文明才不断向前发展。在人类文明演进的过程中，因模仿创新的例子比比皆是。如绘画领域，马奈最为著名的作品《草地上的午餐》包括了对拉斐尔、提香和库贝尔等人作品的复制。在影视剧方面，《窈窕淑女》以萧伯特的《卖花女》为蓝本，《上流社会》以《费城故事》为基础。⑤中国文学领域，鲁迅写《狂人日记》就是接触阅读了果戈理的《狂人日记》，受到感悟并结合我国当时的国情创作完成。⑥"《水浒传》《西游记》等也莫不是作者创造性模仿的结果。"⑦

总之，人类演进的历史就是通过模仿获得进步的发达史。"模仿是创新传播的重要形式，模仿不只是简单的仿制，它还包含着渐进的创新、对原设计的不断改

①［美］苏珊·K. 塞尔：《私权、公法——知识产权的全球化》，董刚、周超译，中国人民大学出版社 2008 年版，第 15 页。

②［美］戴布拉·艾米顿：《创新高速公路——构筑知识创新与知识共享的平台》，陈劲、朱朝晖译，知识产权出版社 2005 年版，第 155 页。

③ 参见［美］罗纳德·V. 贝蒂格：《版权文化——知识产权的政治经济学》，沈国麟、韩绍伟译，清华大学出版社 2009 年版，第 225 页。

④［澳］彼德·达沃豪斯、约翰·布雷斯韦特：《信息封建主义——知识经济谁主沉浮》，刘雪涛译，知识产权出版社 2005 年版，第 16 页。

⑤ 朱慧：《激励与接入：版权制度的经济学研究》，浙江大学出版社 2009 年版，第 108 页。

⑥ 参见齐锋：《从果戈理的〈狂人日记〉到鲁迅的〈狂人日记〉》，载《山西师范学院学报》1981 年第 3 期。

⑦ 王运涛：《略论创造性模仿和古代文学传播》，载《沈阳大学学报》2005 年第 3 期。

进。”[①]“模仿”本质上属于有创新的破坏,“曾几何时,‘美国制造’‘日本制造’也曾靠‘模仿秀’而流行世界，自主创新都要经历这样的过程”[②]。从形式上看，模仿的种类也很多，如技术上的模仿就有类比、组合、移植、反向、集成模仿等。不管哪种情况，都须以既有知识产品为前提。

也就是说，排除侵权的情况，“山寨”的本质就是一种模仿文化。在知识产权保护和“山寨”模仿创新之间，作为“特权”[③]的知识产权才属于法定的对象，而对他人知识产品的模仿学习，则属于法无明文禁止即自由的行为。对此，正如美国知识产权学者史蒂文 · D. 安德曼教授所言：模仿不但必要，还是“维持竞争生命的血液”[④]，对竞争的存在极有价值。因为,“有效的知识产权保护制度，一方面，应使模仿产品的质量水平不会太低，保证模仿产品对知识产权产品形成潜在威胁，逼迫知识产权产品的价格低于垄断价格，减少市场扭曲。另一方面，应使得模仿产品的质量不能太高，保证知识产品能制定较高的垄断价格，以促进创新”[⑤]。今天,“山寨”现象在一定意义上就是因为知识产权法律对“模仿”的过度限制，导致了竞争的匮乏，引发知识产品定价居高不下才出现的。

总之，以侵权为目的的“山寨”不足一提，如果要问以模仿创新为目的之“山寨”对于知识产权建设之意义的话，就在于它以实践方式制造着知识产权法中的模仿概念。而“模仿”对于人类的发展不可或缺。就像有学者所说，“在发达的市场经济体中，专利法、商标法和版权法等法律手段禁止对知识产权的滥用，但即使在这些国家，法律的保护也不完善，模仿仍随处可见”[⑥]。所以，知识产权法律如果一味禁止模仿行为，那么一切新知识的创造都将成为无源之水。反之，如果一味鼓励模仿侵权，又将带来知识生产竭泽而渔的现象。所以，科学的知识产权机制应在鼓励知识的排他产权和合理的模仿之间进行有效的平衡。在知识产权保

---

① 赵旭梅:《构建知识产权制度与自主创新效应研究》，对外经贸大学出版社 2013 年版，第 24 页。

② 曹怀义:《创造与合理仿造的专利法律实务》，知识产权出版社 2011 年版，第 196 页。

③ 参见［澳］彼得 · 德霍斯:《知识财产法哲学》，商务印书馆 2008 年版，第 157 页以下及第 227 页。作者将知识产权视为一种在“抽象物”上建立的权利，其本质为一种抑制自由的“特权”，而非普通权利。

④ American Safety Table Co.v.Schreiber, 269F.2d 255, 272 (2andCir.1959).

⑤ 参见赵旭梅:《构建知识产权制度与自主创新效应研究》，对外经贸大学出版社 2013 年版，第 52 页。

⑥ 庄子银:《创新、模仿、知识产权和全球经济增长》，武汉大学出版社 2010 年版，第 375 页。

护和模仿创造之间，既要鼓励静态的知识创新，又要鼓励动态的模仿创造。

三、“山寨”之成因：对知识产权和公共利益平衡的拷问

从制度发生学的视角看，知识产权法律在保护和模仿创新之间，原本维持着二者的精妙平衡。因为，知识产权乃权利人和社会公众之间的契约，在该契约关系中，既要为发明者、创作者和品牌设计者提供智力保护，同时，基于“竞争、公共领域、国家产业利益和消费者福利的增进”等其他公共政策目标，又不能使权利人对知识产品形成过度的独占。在鼓励权利人知识创造的同时，又得为其他人的自由学习和自由模仿留下空间。否则，就“将不适当地限制公共领域出于社会长远利益促进创新的能力，并为适当利用的行为设置障碍”①。

也就是说，知识产权法律须禁止非法使用知识的行为，这种禁止体现了对“知识产权作为普遍承认的私权神圣不可侵犯”②的价值认同。同时，禁止的有限性，又体现了公权力对私权利的介入和干涉，这种干涉体现了对知识拥有者利益的限制，体现了社会激励知识生产的动机和期望知识共享、推动知识扩散动机之均衡。③总之，维持知识产权人和公共利益的平衡，是知识产权法的基石。④智慧财产权是包含许多利害关系人的生态系统，保持生态系统的平衡而不是极大化某一方的利益或权利极为重要。⑤

利益平衡的理想固然美好，实际的情况却未必按理想的路径来发展。因为，“专利、版权、商标、工业设计等是私权利，这些私权利由参与市场竞争并追求经济利益最大化的权利人所拥有。权利人的某些做法可能限制竞争行为，而这些行为对于消费者具有负面影响。如跨国公司的专利池或交叉许可安排等，就可能会阻碍其他竞争者获得基本技术，并抑制创新；独占交易、搭售、索取高额的许

①［加］迈克尔·盖斯特：《为了公共利益——加拿大版权法的未来》，李静译，知识产权出版社 2008 年版，第 329 页。

② 参见郑成思：《知识产权论》，社会科学文献出版社 2007 年版，第 2 页。

③ 参见吴汉东：《知识产权的私权和人权属性——以〈知识产权协议〉和〈世界人权公约〉为对象》，载《法学研究》2003 年第 3 期。

④ 参见冯晓青：《知识产权法利益平衡理论》，中国政法大学出版社 2006 年版，第 69 页。

⑤ 参见吴敬琏等主编：《洪范评论（第 14 辑）：知识产权——法律与政策的反思》（第 14 辑），生活·读书·新知三联书店 2012 年版，第 9 页。

可价格，会对下游产业和消费者带来重大损害”①。总之，“知识产权法是一种在合理限制竞争基础上增进有效竞争的机制。但当知识产权人凭借知识产权优势，妨碍、限制或消除竞争，损害其他经营者、消费者合法利益和社会利益时，就构成了对公平竞争机制的扭曲和损害”②。当下“山寨”行为之所以出现，正是因为权利人过度垄断知识产品，使“模仿”创新受阻，知识产品价高难求，后续创新困难重重。

也就是说，过度的知识产权保护只会带来高昂的后续创新成本，后来创新者要么须承担昂贵的知识产权许可使用费，要么干脆放弃对现有知识产品的利用，③从而牺牲掉以既有发明创造为基础的“累积创新和增值创新这两项重要的市场竞争因素”④，并使“本可以为普通公民与创作群体所共享的知识的积累实际减少”⑤。这方面的例子，不妨以美国电影纪录片《民权运动史》的再现为例，为了使该黑白影片在停播若干年后重现人间，其拍摄团队花了将近 20 年的时间，才成功明晰或替换了影片中所有素材的产权。⑥作者感慨道：“支离破碎的知识产权给电影、音乐、艺术、历史造成了无形的损失。由于文化难以整合，我们在不知不觉中减损了自己的集体财富，包括艺术表达在内的前沿创新遭受的伤害最大。”⑦

再看《专利法》领域，宽泛的可专利主题，不经实质性审查就赋予实用新型和外观设计的专利授权体制，⑧产生了大量“潜水艇专利”和“垃圾专利”。总之，“当今社会，知识产权权利的扩张导致自由模仿的空间越来越小”⑨，这在相当程度上成了“山寨”在知识产权“权利丛林”中诞生的重要原因。

---

① 李轩、卡洛斯·M. 柯莱亚主编：《知识产权实施：国际视角》，知识产权出版社 2012 年版，第 157 页。

② 吕明瑜：《知识产权垄断的法律控制》，法律出版社 2013 年版，第 119 页。

③ 参见兰磊：《创新视角下的知识产权——反垄断法关系》，载《电子知识产权》2013 年第 5 期。

④ White v. Samsung Electronic Inc., 989F.2d at1512–3 (9th Cir.1993).

⑤ Suzanne Scotchmer.Standing on Shoulders of Giants: Cumulative Research and the Patent Law, 5 Journal of Economic. 29 (1991).

⑥ 参见［美］迈克尔·赫勒：《困局经济学》，闾佳译，机械工业出版社 2009 年版，第 8 页。

⑦ 参见［美］迈克尔·赫勒：《困局经济学》，闾佳译，机械工业出版社 2009 年版，第 14 页以下。

⑧ 参见［美］亚当·杰夫、乔希·勒纳：《创新极其不满：专利体系对创新的危害及对策》，罗建平、兰花译，中国人民大学出版社 2007 年版，第 2 页以下。

⑨ 孔祥俊：《知识产权法律适用的基本问题——司法哲学、司法政策与裁判方法》，中国法制出版社 2013 年版，第 372 页。

尽管如此，笔者认为：无论情势怎么变化，一方面，全社会须不断构筑起“崇尚创新精神、尊重知识产权”的文化，并使之固化为国民的精神认同；另一方面，也要构筑起“思想共进、文化共享”的精神认同。否则，就可能带来知识的专有和共享之间的对抗，造成“知识产权过度保护”“反公地悲剧”“文化圈地”“公有领域缺失”“专利丛林”“商标符号霸占”和“权利滥用”等现象，使知识产权机制表现出“合法化危机”①。

也就是说，“知识产权的私有可以给生产者提供优势地位，但它绝不是一种损害社会公众利益的垄断”②。知识权利的“供给过剩”和“供应不足”一样有害。法律保护所有的“非山寨”和任由“山寨”侵权同样不足，都将带来知识代谢失调、文化发展止步不前、科技革新滞后、民智难启和消费者福利难开的局面。因此，维持知识产权和公共利益的平衡，应成为知识产权法的主旋律。反之，极大化“知识产权人”或“山寨者”一方的利益，都不会带来知识产权机制的良性建构和科学发展，都将带来双方零和博弈的后果。

四、知识产权利益平衡的中国语境：“山寨”的场景化解释

“利益平衡”不但是知识产权法的终极价值追求，还是一个场景化的理论工具。对中国这样一个国家来说，强调知识产权和公共利益的平衡更具现实意义。因为，我国的现实状况是：正处于从农业文明向工业文明转型变迁的历史进程中，该过程中我国国民总收入高，但人均 GDP 较低。国民购买力有限，知识水平又亟待提升，城市和农村、东部和西部不同消费群体的消费能力差距甚大。所以，在这样的国情下：

一方面，固然需要推倒重来，推进知识产权的建设，并不断培育知识产权文化。否则，将被抛弃在知识经济发展的浪潮之后。因为“知识产权越来越成为生产力解放和发展的重要标志，越来越决定着一个国家、一个民族的命运和发展进程”③。所以，在这一背景下，强调自主知识产权的产出，不仅是国际社会压迫的结

① 参见［德］尤尔根·哈贝马斯：《合法化危机》，刘北成、曹卫东译，上海人民出版社 2001 年版，第 91 页以下。

② 宁立志：《知识产权权利限制的法经济学分析》，载《法学杂志》2011 年第 12 期。

③ 林炳辉主编：《知识产权文化读本》，知识产权出版社 2008 年版，第 49 页。

果，更是国际大变革趋势下，中国应对知识竞争所进行的战略主动性安排。[①]这样一来，放任“山寨”侵权的发生自然没有出路，因为任何国家都不可能靠侵权起步发家。

另一方面，知识产权“法律是什么、能够是什么，以及应该是什么，又都取决于制定、解释和实施该法律过程的特性。这些过程之间的互动决定了法律的供给与需求”[②]。就像日本学者所言：“土地所有权这个概念是以农耕社会的社会必要性为基础而自然产生的。与此相同，比土地所有权更具有人工色彩的知识产权概念，也必然以社会的社会必要性为基础产生……”[③]经济学家汪丁丁也认为：“在转型社会里，一项知识应当把它所能实现的价值的更大一部分交给社会，因为它实现自身价值的过程，比在法治的社会里更加依赖于社会的援助。”[④]

对于仍属于发展中国家的我国来说，首先，自然不能脱离知识产权国际游戏规则，不能不保护知识产权。其次，也不能超越时空条件，跨阶段地保护所有知识产权，而是“要在激励现实创新与自由获得信息以激励后续创新，两个方向相反的力量之间取得平衡；并非激励越大越好，也并非自由获得的程度越大越好”[⑤]。也就是说，对于中国来说，“知识产权政策的着眼点仍应是促进新技术的传播和使用。而且，一国的受益主要来源于对适合本国保护模式的自由选择”[⑥]。因此，笔者认为，我国在现阶段要的不是权利供给过剩、产品定价过高、权利丛生、高度垄断的知识产权，也不是“盗版”横行、侵权产品遍地、知识为全民彻底共享的知识产权，而是与我国社会主义初级阶段相适应，知识的专有与共享大体平衡的体制。如此一来，在“山寨”问题上，严格的“山寨”模仿限制与宽松的“山寨”侵权界定，都无助于利益平衡价值的实现。

也就是说，为了实现利益平衡的价值目标，我国“当务之急应该是维持并利用现有知识产权国际制度的灵活性，而不是对需求、风险和影响等不加评估的情

---

① 吴汉东：《中国知识产权法制建设的评价与反思》，载《中国法学》2009年第1期。

②［美］泥尼尔·K. 考默萨：《法律的限度——法治、权利的供给与需求》，申卫星、王琦译，商务印书馆2007年版，第3页。

③［日］加藤雅信：《所有权的诞生》，郑芙蓉译，法律出版社2012年版，第142页。

④ 汪丁丁：《盘旋的思想——知识、秩序、自由》，生活·读书·新知三联书店2009年版，第106页。

⑤ 参见兰磊：《创新视角下的知识产权——反垄断法关系》，载《电子知识产权》2013年第5期。

⑥ 宁立志、李文谦：《不争执条款的反垄断法分析》，载《法学研究》2007年第6期。

况下，便再次提高知识产权的保护水平”[①]。“为了实现这一价值目标，知识产权法在对知识产权予以充分确认和保护的同时，也应通过时间限制、地域限制、强制许可、合理使用以及权利穷竭等制度或原则来协调知识产权人与非权利人及社会公众的利益，民法在充分认可知识产权这一私权的同时，还应以公平、诚信、公序良俗等原则对知识产权的滥用予以制约。”[②]

总之，在打造知识产权强国的征途中，科学的制度建设“应在鼓励创新和因知识产权垄断导致的市场的非效率之间寻求平衡，并使从创新激励中获得的收益，在减去市场效率下降产生的成本后，达到社会收益的最大化”[③]。实际上，“一个真正良好的知识产权制度，必定是能使所有的国家，不管是发达国家还是发展中国家，共同分享创新所带来的利益的制度”[④]。何况，知识产权人的利益和公共利益并非完全对抗。对公众利益的保护，“不但促进了知识的传播和利用，还为知识产权人的再创造和利益的享有提供了条件。所以，知识产品创造者权利和社会公众的权利是相互依存的，在根本上是一致的”[⑤]。

因此，对于中国来说，一味无视知识产权保护和一味无视“山寨”诉求的做法都不科学。在我们从“中国制造”向“中国创造”转型，从“知识产权大国”向“知识产权强国”过渡，从“知识产权法制国家”向“知识产权法治国家”变迁的过程中，既要“防止知识产权保护的贫困”，也要“防止公共利益的保留不足”。既要防止“山寨”侵权肆虐，也要照顾到现阶段“知识产权人、使用者、公共利益”等多方面的利益协调。既要考虑到“创新、竞争和民族国家产业能力”的提升，也要考虑到“知识产权人、公共利益和消费者福利”在内的包容性增长。

所以，在此阶段，法律应在阻止非法的“山寨”侵权和鼓励合法的“山寨”模仿之间取中间立场。否则，将难以实现通过知识产权公共政策工具，来促进民

---

① 参见李轩、卡洛斯·M. 柯莱亚编著:《知识产权实施：国际视角》，知识产权出版社 2012 年版，第 3 页。

② 参见吕明瑜:《知识产权垄断的法律控制》，法律出版社 2013 年版，第 113 页。

③ 参见赵旭梅:《构建知识产权制度与自主创新效应研究》，对外经贸大学出版社 2013 年版，第 67 页。

④ 田力普:《创新、增长与发展：知识产权的作用和成员国的国家经验》，载《知识产权》2010 年第 6 期。

⑤ 刘茂林、仪喜峰:《共同体视野下的宪法与知识产权》，载《公法评论（第 7 卷）》，北京大学出版社 2011 年版。

族复兴和国智民慧的愿望。

五、“山寨”救济公共利益：法治时代知识产权建设的代价

虽然“山寨”是知识产权过度私有化，导致成文法上公共利益萎缩才产生的，但笔者认为，在充分肯定“山寨”之同时，也须对其保持清醒的认识。因为，“山寨”在使国民享受廉价知识产品的同时，很大程度上也牺牲了法律的确定性。所以，“山寨”并非救济公共利益的最好方式。理由如下：

第一，“山寨”违反了知识产权权利法定的要求，与法治社会下“规则统治”的理念难以吻合。“山寨”行为，虽以拓展公共利益为目标，但在法治秩序下，无论是知识产权规则，还是体现人们文化权利的公共利益规则，都应通过制定法的方式才能获得。这是法治社会“规则之治”的基本要求。就像有学者所说，“知识产权制度是创造者获取经济独立的权利宪章”①，保证社会大众分享科技进步和文化发展的权利。因此，“山寨”显然违反了法治社会“规则之治”的基本要求。知识产权再强大，“山寨”也不能用“紧急状态下无法律”的格言来证明其合理性。否则，过度的“山寨”模仿只会带来对知识产权法治确定性的破坏，使社会重新陷入对知识产品使用的无序状态。

第二，“山寨”由于无法定的程序要求，完全可能走向过度救济的边缘。“山寨”作为公共利益的一种救济方式，其奉行的是“报应”正义。但从法理学角度看，很多“山寨”行为就完全逾越了公共利益的“法治”界限，变为了对他人知识产权肆无忌惮的侵权。如民间原本想以娱乐方式来挑战他人品牌之权威，并使知识产品的定价有所下降，便出现了“‘康帅傅’方便面、‘斯大舒’胃药、‘NLKE’运动鞋、‘Anycoll’手机”等过度救济的情况，②“山寨”者已构成了对他人知识产权赤裸裸的侵权。总之，“山寨”之于知识产权制度，无异于“废弃法律的治理”，但“一个表面上废弃法律技术的治理，恰恰是法律的全面治理，只不过这时的法律不是程序性的形式理性法，而是以暴力和纪律为特征的非理性法律”③。“山寨”

① 刘春田：《知识产权制度是创造者获取经济独立的权利宪章》，载《知识产权》2010年第6期。

② 参见赖少芬、张旭、陈鹏：《“山寨”侵权透视高价知产垄断》，载《检察风云》2009年第5期。

③ 强世功：《法制与治理——国家转型中的法律》，中国政法大学出版社2003年版，第165页。

从对公共利益的合法救济走向非法的侵权边缘，不能不说是“山寨”现象的悲哀。

第三，“山寨”作为救济公共利益的一种方式，在带来过度救济的同时，也可能带来救济的不足。救济不足的情况如利益受侵害者实力薄弱，没有足够的资源来对抗加害人；或者行为人导致的损失是分散的，相对人缺少足够的动机来对抗加害人。[①]知识产权同样如此，比如因知识产权过度垄断受影响的某些领域的公众或者企业实力薄弱，或者技术条件不成熟，无力通过“山寨”方式来“模仿”创新，降低知识产品的定价。或者因知识产权扩张，导致消费者的利益损失分散，他们缺少足够的动机或者难以集合起来进行模仿创造，以遏制知识产品的过度垄断。不管哪种情况，都带来了“山寨”救济公共利益的片面化。其与法治时代下权利救济“普遍、平等、有效”的原则格格不入。

第四，“山寨”的本质仍然是简单的模仿，尽管部分“山寨”具有一定的创造性，但大多数“山寨”产品仍处于产业链的底端。“山寨”产品或者粗糙或者创新程度有限，缺乏竞争力。从长远来看，只有知识产权保护下的“中国创造”才能引领知识经济发展的方向，“山寨”显然难以孕育文化和科技进步的动力。总之，知识产权机制在高扬权利保护的同时，虽然需对“山寨”诉求进行治理和回应，但这种回应不能再以法治为代价，而应在法治的轨道下，开辟更多法定的促进“文化共享和知识传播”的规则空间，以向社会释放更多技术进步和文化发展的能量。具言之，我们要的不是“山寨”这样“无需法律的秩序”[②]，而是法律下的秩序。因为，当今时代如果说“法治不够完美，但唯一可行”[③]的话；那么，无论是保护知识产权人利益的规则，还是以创造公共利益为己任的“山寨”行为，都须纳入法治的程序和轨道。

六、对“山寨”诉求的法治化回应：中国知识产权建设的未来

针对“山寨”诉求，只有让知识产权回归利益平衡的轨道，才能看到知识的专有和共享之间的平衡。所以，在未来知识产权法治建设的进程中，在强调“为

---

① 参见桑本谦：《私人之间的监控与惩罚——一个经济学的进路》，山东人民出版社2005年版，第146页。

②［美］罗伯特·C. 埃里克森：《无需法律的秩序——邻人如何解决纠纷》，苏力译，中国政法大学出版社2003年版，第5页以下。

③ 陈俊涛：《法治，我们共同的生活方式》，法律出版社2012年版，第48页。

知识产权而斗争”的时候，一定得认真对待“山寨”诉求。在强调对知识产品“盗用”禁止的同时，也须引入“权利弱化和利益分享机制”[①]，为文化和知识共享松绑。法律既要反对任何以“山寨”的名义对知识产品的盗用，也要坚决抵制知识产权人对公共利益的侵占。

知识产权建设的未来，不但要强化对知识产权人利益的维护，也需要不断打破技术和产品的不当垄断，促进不同企业之间的竞争，倒逼权利人为竞争而创新，为竞争而让利让价。因为，“绝对的保护必然带来绝对的垄断，过度的保护必然带来披上合法外衣的非法竞争”。

所以，在未来的知识产权建设中，必须同时考虑到“公共使用、市场界定、交易成本、外部性、行为激励和赔偿公正”[②]等问题。法律既要反对知识产权的保护贫困，也要防止公共利益的保留不足。无论如何，知识产权法治的建设和公众文化发展权利的实现，都不能依赖“山寨”模式，而应在法治轨道下开辟更多法定的维护公共利益存在的规则性空间。也就是说，面对“山寨”诉求，要的是在法治轨道下对其进行“合法化”的治理和回应。而要达致该目标，需要展开以下法律步骤的改革：

（一）程序上构筑起促进“民主知识产权”实现的体制

知识产权立法程序之所以重要，概因“程序的进步程度是法治文明的标尺”[③]，严格的立法程序既能促成与有关立法主体之间的合作博弈，从而获取更多的“合作剩余”，也有利于防止法律政策活动的随意性，从而减少消费者福利被知识产权的过度垄断所侵蚀的可能。根据现代程序法治的基本要求，立法正当程序的展开应包括立法的“自治、平等、公开、参与、理性、中立和及时”等原则。根据这些原则，为使将来知识产权法律政策的制定更加符合社会大众分享“进步知识”和“文化发展权利”的要求，我们须进一步构建包括以下理念的知识产权程序性立法体制：

---

① 曹新明：《关于权利弱化与利益分享理论之研究——一种新的知识产权理论范式》，载《中南财经政法大学研究生学报》2007 年第 1 期。

② 参见［美］迈克尔 · A. 艾因霍恩：《媒体、技术和版权：经济与法律的融合》，赵启杉译，北京大学出版社 2012 年版，第 19 页。

③ 徐亚文：《程序正议论》，山东人民出版社 2004 年版，第 257 页。

第一，程序自治原则，即作为“私权”的知识产权，其确立应严格依据合乎逻辑的立法程序来获得。同时，受知识产权赋权过程影响的人，都应有表达不同意见的权利，尤其是与知识产品的分享、利用、扩散、传播等行为息息相关的民众的意见应得到广泛倾听和关注。

第二，平等参与原则，即应让利益攸关者有尽可能多的机会参与到知识产权法律政策制定的进程中来，以表达其需求、主张和利益。无论是知识产权人、新技术开发者、知识的传播方还是知识产品的使用人，都应有自己的代表参与到立法程序中。

第三，价值中立原则，即所有参与知识产权赋权过程的人都应秉持中立的价值原则，不应代表任何知识产权集团的利益。应授予或不授予知识产权的情况须同等对待，不能针对不同的知识产权所有人，特别是国外的知识产权所有人进行差别化的立法。

第四，透明度原则，即知识产权授权的决策过程应更公开透明，为全社会广泛知悉。[①] 立法的争辩过程也应充分公开，无论保护或不保护某知识产权客体的意见都应作成记录，让社会公众有充分的知情评价的权利。

第五，程序至上原则，即通过正当程序所得到的知识产权法律政策之结果不能被随意推翻，除非启动另一正当程序，该结果不能被任意修正，包括司法程序对可能影响公众利益之知识产权规则的实质性修正。

第六，及时衡平原则，即需建立及时有效知识产权法律政策的评估反思和衡平纠错的机制，尤其是当既有的知识产权政策，可能严重影响公众的文化发展权、知识进步权和社会福利权时，应得到最及时的纠正。

总之，要回应“山寨”诉求，必须确保“知识产权法惠及公共利益”这一目标实现。

（二）实体上建立起促进“知识共享”的法律新机制

要回应“山寨”诉求，除需施行严格的程序性规定外，还应启动另一重要法律步骤的变革，即建立起更多促进“知识共享”的法律新机制。具体包括以下方面：

第一，进一步通过《公司法》中的“企业社会责任”制度，来贯彻落实“知

---

① 透明度原则也是 TRIPs 协议第 63 条规定的重要原则。

识产权源于社会，又最终惠及于社会”的制度目标。具体如建立起一系列的惩戒制度，如税收惩戒、融资惩戒等对滥用知识产权、对知识产品进行掠夺性定价和对获取超额垄断利益的反竞争行为进行惩罚，以确保知识产品市场的充分供应。

第二，知识产权法律应严肃惩罚各种挤占公共利益的行为，尤其应在具体的知识产权法律如《著作权法》中明确，“知识产权人有权利采取技术手段保护知识产品的同时，也应明确通过技术措施，非法垄断为公众共享之信息内容的行为为违法”。

第三，在立法保护知识产权之同时，不断强化《反垄断法》《反不正当竞争法》的实施，注重知识产权保护和民法“禁止权利滥用”原则之间的协调，为社会创设合理的知识产品定价机制和传播分享机制。

第四，为知识产权人提供更多的替代性制度激励，如建立国家补贴制度，使对社会具有重大意义的知识产品进入公共领域，为全民共享。同时不断打破知识产权垄断，以更加开放多元的许可机制和集体管理机制，促进知识产品的利用，并促进不同利用者之间的竞争。

第五，知识产权法律在鼓励知识创新的同时，应开辟更多合法的竞争性“模仿”的空间。如借鉴日本《反不正当竞争法》有关“依样模仿”的规定，明确“新产品上市三年后，对产品外观进行模仿而产生的产品，其销售、转让、进出口的行为为合法”。

第六，必要时，可考虑建立起知识产权法中的“公共利益管理委员会”①，使其有权代表公众参与到知识产品的立法质询和听证程序中。使其有权代表公众，在有关知识产品的相关权利受侵害时提起公益诉讼，以维护公众“知识共享权”和“文化发展权”的确定存在。

七、结语

总之，面对“山寨”诉求，知识产权机制只有回到利益平衡的轨道，在回应多元化权利需求和鼓励创造、刺激创新的同时，又兼顾人们的知识自由和信息自由，顾及人们的文化发展权、受教育权和分享文化与科技进步的平等权，这样知

① 这种委员会类似于消费者协会，美国的 Mark Rose、Lessig 教授都曾提出类似设想。

识产权机制才能在照顾到个体权利的同时，不失其促进公共利益的终极价值正当。也就是说，中国知识产权建设的未来：一方面要反盗版、反侵权，以维持合理的知识产权保护；另一方面要反垄断、促竞争，以实现知识的传播共享。这样知识产权机制才能奠定在更为合理的规范论基础上，以更显著的绩效和更优化的激励方式，促进我国知识创新的活动不断迈向未来！

解释与转型：知识产权去智力化的阐明*

在人们的印象中，知识产权总是以保护人类的智慧性成果的面貌出现。人们对知识产权客体的认识也总是归结在它是人类智慧劳动的产物，代表着人类引以为豪的创造力上。但如今越来越多的客体正在逸出“智力性”特征并得以进入知识产权的范围，商标[①]、地理标记[②]、不体现创造性的数据库和商业秘密中与人类的智慧基本无涉的经营性信息[③]等无不是其适例。该种现象的出现，引致了人们在知识产权法律特征认识上的高度不统一，甚至很多学者开始惊呼：“知识产权正在开始从嘉许人类智慧的制度向膜拜人类身体劳动的所有权制度蜕变！”[④]面对知识产权机制这种“形”与“神”之间的高度不统一的现象，很多人不情愿也不敢去相

---

* 原载《知识产权》2007 年第 1 期。

① 对于商标的非智力成果属性学术界已基本达成共识，具体论证可以参见张玉敏：《知识产权的概念和法律特征》，载《中国欧盟知识产权法比较研究》，法律出版社 2005 年版，第 3—4 页；龙文懋：《知识产权法哲学》，人民出版社 2003 年版，第 19 页；张玉敏、黄汇：《注册与使用之间——对商标法保护对象的思考》，载张玉敏主编：《知识产权理论与实务》，法律出版社 2003 年版，第 6 页。

② 地理标记大致可以分为两大类，一类是产品的特定质量、信誉或其他特征主要是由该地域的人文因素所造成的，比如说是由该地传统工艺带来的，如果说这类地理标志产品和人类的创造力还有一定的关联的话，那么另一类是由于自然环境所成就的地理标记产品——如新疆吐鲁番葡萄——与人类的智慧努力关涉则较少。但该类地理标记仍属知识产权的保护范围则是世界各国一致之共识。

③ 商业秘密也大致包括两大类：一类是技术信息，另一类是经营信息，如客户资料等。不排除商业秘密中某些技术信息的创造性高度，但同属商业秘密保护对象的经营信息则未然和人类的创造性总有关涉，比如说通常所言的“客户资料”则显然具有客观性和非建构性；但它属于各国公认的知识产权保护对象同样是不争之事实。

④ 笔者自己就曾持这样的观点，具体见黄汇：《知识产权非理性扩张的法哲学解读——基于知识产权和所有权理念之差的视角》，载《西南民族大学学报》2006 年第 6 期。笔者愿意把曾经前后矛盾着的思维结论展示给读者，一方面意在表明自己在该问题上的心路历程，另一方面则意在强调“自识与反思”对当下学术的重要意义。

信这是真的，于是他们纷纷开始寻求对问题的解释以求维持知识产权机制从前的尊严——人类智慧劳动的象征。而在诸多的解释中，知识产权政治经济学往往成了他们首选的解释方法。即，他们宁肯相信客体的去智力化是主权国家在知识产权问题上利益斗争的结果，而不认为它是知识产权机制发展的必然；去智力化成为知识产权机制日益被“工具化”和“意识形态化”的产物，成为知识产权机制被高度扭曲和异化的明证。然而，“主观的判断终究敌不过事实的支配”，当越来越多的国家对知识产权的范围开始形成了较为一致的认识，从主权国家内部来看，它们也不得不主动地把知识产权机制引入并用到对非智力性成果的保护上来时，知识产权政治经济学的解释似乎也显得不那么奏效了。[①] 于是，人们便不得不重新回到制度本身，以省察问题之根本。而在笔者看来，知识产权未必就是用来保护人类的智力性成果的——尽管在客观上它主要担当起了该种使命。以下，笔者寄希望于从对知识产权语言中“知识”和“产权”二词的本质解读，寻找到知识产权去“智力化”的合理化解释路径。并寄希望于通过解释，[②] 使知识产权机制所表现出来的事实与规范之间的紧张得以消解，机制自身也得以合规律性地发展。

一、知识产权去“智力化”知识本体论[③]之维的解读

在人们的认识习惯上，我们之所以把知识产权与“创造性”、人类的“智力成果”等概念相关联，从本体的知识论视角加以考察的话，主要是因为我们对知识产权概念中“知识”一词产生了误解。长期以来，我们在思维习惯上总是存在这样一个误区，就是认为但凡“知识”，它都代表着创新，代表着人类的未知领域。而这种认识，在知识产权制度的整个体系中，尤其是作为知识产权核心的两大制

① 知识产权政治经济学解释的致命缺点则在于它的非本体性，它并不是在知识产权内部并通过对知识产权机制自身的超验和本质把握来理解其应然的发展趋向的。因此，受其方法论的限制，政治经济学的解释路径注定无法达到对知识产权世界的“真知”理解。

② 为什么需要解释？解释的本质在于打通混沌的生活世界和理想的意义世界间不可化约的屏障力量，从而在二者间构架起某种可以沟通的桥梁。从功能主义的立场看，解释的作用还在于使生活世界就范于意义世界，让其服从于意义世界的规范旨趣。

③ 所谓本体是指“在自身内并通过自身而认识的东西，它的确立可以无需借助它物的概念”，参见［荷］斯宾若莎:《伦理学》，贺麟译，商务印书馆 1983 年版，第 3 页。知识产权语言中，作为其理解进程中的本体之一即对“知识”本体的理解。

度——专利制度和版权制度印象的支配下，更是变得牢不可破。因为这两项制度保护的正是人类智慧的创造性成果。[①]

当然，这种误解，从知识产权的形成过程来看，是有其历史性根源的。具言之，它是人类在面临知识产权这种新的权利形态如何获得法律上保护的正当性论证过程中发生的。为了证成作为有别于有形财产权制度之知识产权机制的合理性，在支撑有形财产权制度的“先占”理论不敷所用的情状下，早期的理论家转而去寻求一种更具普遍性的“劳动所有权”的理论来加以论证。他们认为，财产权的取得，占有并非唯一的依据，劳动也是财产权形成的重要原因，而不管该种劳动是体力上的还是智力上的。[②]而早期的知识产权形态——无论是版权还是专利权则都恰好是人类的劳动成果，并且在细分的意义上看，它们甚至都是人类智力性劳动的成果。由是，智力性特征在知识产权制度危难之际奉命而出，它最终成就了知识产权机制的形成。但反过来，知识产权本身也从此开始形成了对“智力性”特征论证上强烈的路径依赖。自其后，“知识产权就是用来保护人类的创造性劳动成果的”作为一种历史的论证开始支配人们对知识产权机制的基本印象。人们在衡量和评价一个客体究竟能否成为知识产权的保护对象时，“智力性”特征也往往成了最关键、最具评价力的因素。[③]

然而，“历史的偶然终究不可消解当下”。在昔日为知识产权辩护的旧有背景不复存在，知识产权作为一个独立的权利类型业已成为无可争辩之事实的当下语

---

① 版权法保护的是作者对经验世界理解后贡献给人类的原创性表达；专利保护的则是有见识的头脑在对现象世界的规则和原理加以创造性运用后所供奉给人类的全新技术构思和设计方案。而正是在这两类饱含人类创造力之客体的强烈示范下，它把人类带入了一个对知识产权机制无限迷恋的世界，即知识产权机制被奉为了人类智慧和创造力的象征，在规范的释论上，人们总是自觉或不自觉地把“创造本性”完整而全然地赋予了它。这方面的最好注释莫过于TRIPs协议，其第7条明确把知识产权的目标唯一界定为“促进技术知识的创造者和使用者的互利”不正是这方面的最好注解？在促进目标上，TRIPs甚至把“原创性作品的表达”排除在外而仅以“增进技术知识的创造为目的”，它足以宣泄知识产权机制和人类智慧创造之间关联的现实蒂固性。当然，这也很好地证明了文章后面笔者提到的科学技术对知识产权世界乃至于整个人类生活世界征服的广延性和弥散性。

② Brad Sherman、Lionel Bently:《The making of modern intellectual property—— the British experience, 1760—1911》, Cambridge University Press 1999年版，第20—24页。

③ 就是在今天，人们还正竭力维护着知识产权该种规范起点的原始正当和逻辑自洽。这可以从人们试图把商标权纳入知识产权机制时，所表现出来的“把商标解释为一种智力成果”的不辞努力及其包含的“内心确信”窥豹一斑。

境，还历史和制度以本来面貌就成了现时解释论者的神圣使命。① 而在笔者看来，返躬制度之本体，一切之关键可能还在于我们误读了知识产权语言中“知识”一词本身。因为，在人类的知识谱系中，并非所有的知识都是人类的创造性活动成就之结果。

按照现代知识论的观点，人类的知识从总体上看可以分为常识系统、科学系统和形而上学系统三大部分。就是在科学系统内部，人类的知识状态还可以进一步细分为“关于是什么的知识（Know—what）”“关于为什么的知识（Know—why）”“关于怎么做的知识（Know—how）”“关于是谁的知识（Know—who）”四大部分。而在这四种知识中，只有“关于为什么的知识（Know—why）”“关于怎么做的知识（Know—how）”才能和传统的知识产权制度相印证，即只有这两种知识才在更大程度上体现为人类的一种智力性成果，而其他两类知识往往都不表征人类的智力本性。在其他两类知识中，“关于是什么的知识（Know—what）”属于主体对事实和现象的一种认知，它不体现主体的主观建构，不蕴含主体的智识含量。如果按这种划分加以甄别的话，不体现创造性的数据库和地理标记——尤其是与环境因素关涉紧密的地理标记、商标等就属于“关于是什么的知识”范畴。具体说来，不体现创造性的数据库是人们对事实性数据和资料的一种认知集合；地理标记和商标则是客观的符号② 在人们内心深处的集合性印记。而商业秘密，尤其是当中不体现创造性的“经营信息”，比如说顾客资料等，在划分上则属于我们前面所言的“关于是谁的知识（Know—who）”，而这些知识的共同点都在于它们都具有客观性和非建构性。当然，它们又都同时具有价值性和社会属性的特征。尤其是社会属性，按照知识论者们的观点，任何知识都具有“有所为”的社会特征，即在本性上“知识总能把复杂化为简单，把纷乱化为条理，把事态化为原则。化为简单，化为条理，化为原则是为了便于抓着。可见知识根本上就是为了有所抓着”③。它能为人们带来某种认知上的便利。因此，“便利特性”便是

---

① 否则，如果仅因某种历史的错位而将影响一套制度的整体未来，其间的解释成本是不是未免过大？因此，如何通过再解释，在历史的来路和未来的延展之间修复那难以逾越的解释断桥则恐怕是我们连通过去与现在，联结既往与未来的唯一选择。

② 商标和地理标志在本质上都是一种概念符号，随着人类抽象能力的增长，有关“是什么”的知识在本质上都表现为了对符号概念的认知。参见汪丁丁:《知识印象》，中信出版社 2006 年版，第 92 页。

③ 张东荪:《知识与文化》，上海商务印书馆 1946 年版，第 34 页。

现代知识论意义上知识所具有的最重要的特征之一。当然，如果从终极的“人就是符号的动物”（卡西尔语）之视角来加以认识的话，主体自身的存在即表现为一个“永久不断的逝去”，而人类所掌握的这些知识，尽管它并不是主体建构的结果，但由于它在本质上乃主体对客体的一种涵摄，因此在终极意义上，它能使主体的逝去之流得以暂时停留，而主体自身借由这些知识也得以自住。由是，对这些知识的把握，从本质上说，它还是主体肯认自身存在的一种方式，是主体存在的一种意义展现。因此，对这些客观知识的强调，其不但是功能主义的，同时还是存在主义的，我们自然不能因为它的非建构性而忽视其价值。

然而，今天，在知识产权内部所表现出来的却是对知识的狭隘理解，即认为只有以专利和版权保护下的那些体现了创造性，代表主体建构努力的知识才真正称得上是知识。这种认识论上的错误，除前面提及的知识产权机制形成过程中某种历史的偶然外，另一个重要的原因就是近代以来，知识和科学活动联姻，使科学知识，尤其是自然科学知识对知识概念形成了垄断。知识和科学的划一理解在近代有着悠久的历史传统，早期德国哲学家康德把真知识规定为知性范畴与感性直观的结合就已经预示着科学知识垄断知识概念的开始。今天，无论是拉丁语当中的“Science”还是德语中的“Wissenschaft”都兼具“知识”和“科学”的双重含义也不失为其明证。[①] 而科学知识之所以具有如此大的魅力，则主要是因为其具有逻辑性、实证性和形式性的特征。逻辑性的特征保证了科学知识的普遍有效；实证性的特征保证了科学知识的确证；形式性的特征则保证了科学知识在界定上的可操作性。而正是这些特征的存在，不仅使科学知识可以最大限度地摆脱具体的活动者主观的特征而更易为他人接受，还使科学知识更加容易传达和保存。当然，在法律自身也日趋科学化的情状之下，科学知识更容易进入法律的视野，成为法律的界定对象就变得更为自然了。这不但是科学知识得以垄断知识概念的真正原由，同时它也直接影射了知识产权制度与以创造性、智力活动为特征的科学（技术）知识无限亲缘关系的真正原因。今天，知识产权受“智力性”因素的驱使，人们对知识产权机制所形成的传统理解也都与此直接相关。

当然，科学知识霸权的确立并不意味着它对人类知识领域的完全殖民。科学知识在将其他知识逐出知识家族的同时，它自己也受到了来自其他知识领域的强

---

① 贡华南：《知识与存在——对中国近现代知识论的存在论考察》，学林出版社 2004 年版，第 1 页。

烈对抗。论者们认为，尽管某些知识具有形式性的特征，但它绝非所有知识的特征。而且，进一步讲，不仅是形式性，就是表达性也并非知识的本质特征，不可表达的和处于隐含状态而未加以表达的知识也同样具有正当性。[①] 我们今天所言的商业秘密，它不就是这样的知识吗？而另外，正如我们前面提到的那样，现代知识论所讲的知识，其关键性的特征在于它能为人类带来某种“便利性”，从而使主体的存在获得意义上的确定。而至于该种知识是否为人类智力建构的结果则在所不问。前面我们提到的不体现创造性的数据库、地理标记和商业标识等，虽然它们都不体现为人类的智慧本性，但它们在助益于主体生活的方便性上是一致的。商标和各种地理标记，作为一种信息符号，不但有利于区别不同厂家提供的相同的产品和服务，还有利于主体对同品牌下的商品或服务形成合理的质量信赖。这在根本上减少了主体购物时的搜寻成本，有助于主体生活的方便和效率。而不体现创造性的数据库则更是如此，在人类社会高度信息化的今天，我们每天面临的是海量的信息源，而要求每个主体自己去搜寻其需要的各种信息，不但费时耗力，而且由于个体搜寻工具的局限性，它还不能保证主体所需信息的全面和可靠，从而徒增了主体生活的不确定性和复杂性，而由专业机构来提供各类数据库则可以避免这样的问题。因此，诸如数据库、商标、地理标记等，尽管它们在本质上是一种存在性的知识，或者说它们并非主体智力建构的结果，而属于主体一般性劳动的结晶，但它们在简化主体生活、为主体提供便利并最终达致肯认主体存在的意义上是一致的。而这恰恰又是现代知识论下“知识”的本质属性。[②]

通过前面的分析，我们可以得出这样的结论，即知识产权的去“智力化”实质上是一个伪命题，它是科学知识——这种强烈印证着人类创造活动、标示着人类智慧特性的知识垄断了人类的知识语言，从而使许多同样包含意义和价值的客观知识被隐去的必然结果。而当我们重新追寻人类知识发展的印迹并得以发掘许

---

① 黄汇：《知识产权非理性扩张的法哲学解读——基于知识产权和所有权理念之差的视角》，载《西南民族大学学报》2006年第6期。

② 实际上，Brad Sherman、Lionel Bently二君在《The making of modern intellectual property——the British experience, 1760—1911》一书中所提到的“知识产权从保护创造到保护对象”，“从保护人类的智慧劳动到保护投资行为”这一基本的演绎趋向完全可以从知识论视角得到支持和应照。当今知识论强调知识从“慧识性”向“实用性”转型和前面提到的知识产权演绎趋向之间可谓不谋而合；但后者却能为前者在更为本体的意义上提供解释支持和理解支撑。

多存在性知识的价值时，我们的制度就不能不作出相应的回应。因此，知识产权机制从附魅于科学知识，以保护人类的创造性劳动和智慧性成果为唯一己任，到开始向非智慧性成果的扩延，从本质上而言，它不是知识产权制度的变异，而恰恰是机制本身的一种良性回归。而面对该种回归，我们应当采取的是一种积极的而不是消极的抵制态度，只有勇于以一种辩证否定的态度来认识制度的自我转向，我们才能正视这种回归，也才能使我们的制度和目的理性地发展！

二、知识产权“去智力化”产权本质之维的解读

前面，我们主要是从“知识”本体论的视角对知识产权去“智力化”展开了解读。本部分，笔者将从产权本质论的维度对此做进一步的分析。

我们都知道，从经济学的视角加以审视的话，知识产权和所有权一样，它们都系产权之一种。而一种客体资源究竟能否成为产权的对象，除该客体具有可界定性和能为人力所支配外，另外两个关键性的条件就是它必须满足“有用性”和“稀缺性”的要求。所谓的“有用性”，是指客体资源具有某种使用效能，能够满足人类的某种需要，从价值上看具有等价交换性。而所谓的“稀缺性”，则是指客体的数量相对于人们的需要来说是有限的、不足的，客体的市场供给总是小于人们对它的市场需求。因此，如果从经济学的进路加以观察的话，一客体究竟能否成为产权的对象以客体资源是否满足前面的“两性”为要件。至于该客体是不是人类智力劳动的产物，是不是表征了人类智慧劳动之本性则在所不问。一项客体资源，纵然不是人类智力活动之结果，但它照样可以成为产权的对象。所有权保护下的客体不都是人类体力劳动之结果，而非人类智慧之结晶吗？

然而，知识产权和所有权究竟有多大程度的不同？对该问题的回答就十分有助于我们对知识产权机制本质的认识。而在笔者看来，知识产权和所有权在“产权”属性上是高度一致的。我们暂且不论知识产权在很多国家的立法和学理的层面上就是被直接地称为“知的所有权”“精神所有权”“准物权”的，就是在权利的实质层面上二者也没有根本性的差异。知识产权和所有权作为产权之一种，二者都具有普遍性、排他性、可转让性和稳定性的特征。从权能上看，它们都具有支配、使用、收益和处分的权能。二者间所具有的些许差别，诸如在普遍性上，很多纵然有价值的资源也不能成为知识产权的对象，如科学发现、科学原理、智

力活动的规则和方法等；在权利的排他性上，知识产权要受到诸如时间性、合理使用、法定许可、强制许可等方面的较强限制；在权利的具体权能上，知识产权不能靠占有来加以支配，而只能靠法律拟制的“特权”来加以控制。而在具体权能的配置上，知识产权比所有权的权能又显得更为精细，仅著作财产权一项就可包含诸如复制权、出版权、发行权、出租权等多项具体的权能。但是，需要我们注意的是，前述差异并没有改变知识产权和所有权在“产权”问题上的同质性。从根本上来说，它们都是人类用以配置资源的一种制度方式。

二者之间存在前述差异，从根本上说是由于客体资源自身的属性差别所造成的。如我们前面所说，知识产权的客体是信息，它在本质上是一种公共产品，它具有所有权调整下的有形客体所不具有的可复制、可传播、可共享等特征，它是一种在传播中产生的权利。另外，该类客体还关涉了更多的人类公共利益成分，比如说它要考虑出于人类信息产品持续繁荣的需要对既有信息成果的借鉴和使用、要考虑人类的信息自由和言论自由等方面的问题。因此，在产权的界定上，它自然会表现出较所有权制度而言相对的开放性。但是，这些差异并不表明知识产权与所有权在本质上有什么不同，二者的差别只不过是人类在运用产权制度的时候针对不同客体的客观情况及其对政治国家不同的价值意义而进行了技术构建上的不同处理罢了。实际上，就是在知识产权内部，版权、专利和商业秘密在建构技术上又何尝不是迥然相异？版权采取思想 / 表达二分法，只保护思想的表达而不保护思想本身，而专利保护的恰恰就是技术思想。在具体权利内容上，版权建构了人身和财产的双重权利以维护作者的利益，而专利只有财产权的内容。在具体权能上的差别就更大了，仅著作权财产权就包括复制、出版、发行、出租、展览和信息网络传播等十余项内容，而专利则主要是禁止他人未经许可为生产经营目的的制造、使用、销售、许诺销售等行为。因此，如果是简单地从产权的内部构造加以甄别的话，统一的“知识产权”概念本身就是一个乌托邦，作为不同知识产权类型的版权、专利、商业秘密在内部建造上的高度不统一是很难让它们归化到一个统一的“知识产权”概念下来的。因此，要证成统一知识产权类型的合理性只能从客体本身的特性出发来加以阐释。知识产权的客体，无论是版权保护下的作品，专利保护下的技术，商业秘密保护下的经营信息或技术信息，还是商标法保护下的商标和各种地理标记、不体现创造性的数据库等，它们在本质上都是一种信息，都具有无形性和极强的可复制、可共享性的特征，用经济学上的话来说就是它们有很强的利益溢出。因此，在这些客体上建立“产权”的一致目的都在于禁止他人以竞争为目的对这些信息的“剽窃、抄袭和模仿”，从而以维护信息所有者的竞争利益。

所以，是客体共同的信息本质以及它们共同的强利益外部性，才使这些不同的权利类型可以成就到一个总的权利概念——“知识产权”的名义之下。换句话说，只要赖以建立产权的客体是以一种信息状态出现，当它无以按照有形物的方式去建构产权模型时，它都可能[①]按照“知识产权”的构建方式去建构，而不管客体是否蕴含了创造性价值。因此，知识产权与其说是统帅“智力成果”的产权，毋宁说是统帅“信息成果”的产权为好。知识产权冠之以“知识”的面貌，容易导致人们认为，只有与人类的知识有关、体现为人类某种智力上的成果时才能成为知识产权的对象，而这显然是一种误解。

如此一来，既然知识产权和所有权在上位的产权性质上没有区别，那么，我们是完全可以把知识产权称为“知识的所有权”的。而把不体现创造性的客体纳入“知识产权”，也绝不是知识产权开始向嘉许身体劳动的所有权蜕变的开始。理由就在于，知识产权本身也并非仅用来保护创造性劳动成果，它同样保护人类一般性劳动所成就之结果，只要该结果是以信息状态的方式出现的。而另外，就是从产权形成的内部价值来看，智力劳动和体力劳动难道就有本质上的区别？农民培育出来的庄稼和作曲家谱写出来的乐曲究竟又有多大程度的不同？对这类问题的反思同样有利于我们澄清对这两类权利的认识。

总之，从财产权经济学的角度来审视的话，一项客体资源究竟是否需要建立产权，关键是看该客体资源是否存在需要拟制产权以创造有效使用资源的诱因；或者从博弈论的角度看，它是否有必要通过建立产权以促成人们在资源利用上的合作博弈，从而实现更多的“合作剩余”。如果存在，产权的建构就是必要的；反之，就是不必要的。而产权建立需要与否，与客体本身是否体现为

① 这里之所以用了“可能”一词，是因为知识产权机制还仅仅是对以信息方式出现之客体提供保护的法律手段之一：除此之外，其他一些制度如优先权报酬制度、国家税收补贴制度和政府采购制度等也同样可以为信息开发者提供激励。只不过这些制度都是针对不能通过市场机制收回合理回报之信息开发者提供的一种非私人产权形式的制度安排罢了。对这些非市场机制制度存在的合理性论证我们可以参见李扬主编：《知识产权的合理性、危机及其未来模式》，法律出版社2003年版，第103—105页。

人类的智力性活动无涉。纵然是不体现人类智力活动的客体，只要其业已表现出了如果不建立产权，就必然带来“过度放牧”或者说“公地悲剧”的尴尬时，产权的建构就是必要的了。而知识产权和所有权在本质上都是产权，它们的功能都在于赋予权利人对稀缺资源的一种排他性地位，从而促成权利人对稀缺资源的生产和供应，并最终得以满足人类对稀缺资源日益增长的消费需求。作为一种制度性供给和一种激励工具，知识产权和所有权是完全同质的。而一种客体究竟是应按照知识产权的模型来构建产权机制还是按照传统的物权来建构产权，关键是看客体自身的状态。当客体资源是以信息状态出现时，按照“知识产权”的范式来建构产权无疑是最为合适和妥当的。反之，就应当按照传统物权（所有权）的模型来构造产权。因此，如果从产权构建技术的角度加以甄别的话，“知识产权”在实质上并非智力成果的权利集合，而恰恰是一类产权构建技术的集合，它是一类以“信息产”为建构对象的产权建构技术的代名词。而从事实的状态来看，一种客体资源究竟能否归化到知识产权中来，关键是看客体本身是否以信息的方式出现，而不是看其是否负载了人类的智慧力。

三、为知识产权祛魅——使知识产权机制向信息产权制度演进

通过前面的分析，我们可以看出，无论是从知识本体主义的进路还是从产权本质主义的视角来加以认识，所谓的客体“去智力化”，其对应然的知识产权机制而言都是一个结果为假的判断。在本质上，它不过是我们误解了知识的客观和对知识产权机制作为一种产权技术建构本质事先未加认知这两种力量的“合谋”下所达致的一个错误之结论罢了。而原本，只要我们依循产权本质主义之进路和知识客观主义的视角拾级而回的话，我们是可以重归知识产权与非智力成果之间的关联正当的。

既然如此，这是不是就意味着我们可以延续知识产权的现有概念及其规范体系了？在著者看来，结论依然是否定性的。理由就在于，由于受历史负累和现实冲撞的多重裹挟，知识产权机制始终表现出和智慧成果关联的历史蒂固性。“知识产权就是用来保护人类的创造性成果的”作为一种历史论证，其不仅已深深嵌入了机制自身庞大的制度构造；而且，更为关键的是，作为一种集体记忆和价值预设，它支配着人们对知识产权机制的话语结构和认知方式。而后者则是更具固化

性和内生性的支配力量。[①] 因此，如果我们仍然恪守知识产权机制的既有范式理念及作为支撑其运作背景的那套话语体系的话，其结果要么是使知识产权机制的传统特征和客体反智力化的紧张对抗进一步深入，从而使知识产权机制的统一性被瓦解，并最终使其失去规范意义；要么就会使很多不体现为人类创造性的信息得不到有效之保护，从而使我们失去加快向未来信息社会迈进的步伐。

而我们都知道，21 世纪及其往后，人类社会长期浸润的将是一个信息化的时代。信息作为一种稀缺资源，其财产价值亦将日益彰显。而可以认为，不体现创造性活动的数据库、地理标记和各种经营性信息等的出现，仅是未来信息社会的一个序幕。随着人类社会信息技术革命的不断深入和推进，人类对这类信息产生的依赖将变得更加空前和深刻。因此，展开对知识产权机制改造之探讨，从而使不管是否体现为人类智慧活动之信息都可以在规范价值的指引下获得应然之法律地位，它就不仅具有纯化知识产权学科的规范意义，还兼具推动人类社会走向信息繁荣的实践价值。因此，改造论题之探讨则显得实属必要。

而在笔者看来，在诸多未来改造的可行之进路中，构造一个更加上位的信息产权制度，同时保留现有的知识产权机制，使后者作为前者的一个子系统而存在，该种安排无疑应成为我们未来的最优进路和最佳选择。其基本理由在于，知识产权机制作为一种制度涵摄，其本该是可以统帅到所有的“信息成果”上来的。但当其冠以“知识”的面貌出现时，它极易导致人们认为，只有与人类的知识活动有关、体现为人类某种智力上的信息成果时，它才能成为知识产权的建构对象。但我们都知道，就知识和信息的关系而言，后者往往是前者的属性和表现形式。知识可以是信息的，但反过来，信息则未必一定是知识活动的结果，在我们对知识采取狭隘主义的理解，将其和人类的创造活动等同起来的时候更是如此。因此，如果我们恪守“知识产权”这一概念范式的话，其结果必将使许多不体现创造性的信息客体失去规范依据和建构前提，从而使其不能承受引领信息社会之重。而相反，如果我们建构一个更加上位的信息产权制度，同时保留既有的知识产权机

---

① 对此，如果用葛兰西著名的“文化霸权”论断加以解释的话则是“作为制度性的知识，它本身并不只是反应性或描述性的，也不仅只是技术管制性的，而更是构建性的和固化性的。该种知识通过各种制度化的安排而渗透和嵌入了各种管制技术和人的身体，并成了我们塑造和建构人类社会秩序及其制度的当然理想图景，而由此形成的社会秩序及其制度则又反过来不断强化它所依凭的那种知识”。引自邓正来：《中国法学的批判与建构》，载《政法论坛》2006 年第 1 期。

制，它就不仅可以增进对以信息为内容的整套无形财产权制度的解释力和包容性，为所有建构在信息客体上的类似权利提供一体之解释和理解之支撑；同时，它还有利于保持知识产权机制的历史形态，使其继续于人类对其“激励创造、鼓励创新”这一特定价值秩序的贯彻与执行。如此一来，该种改造进路，不但照顾了知识产权机制的历史依从和价值信守，也顺应了客体无限扩大对权利范式革新的现实需求，使机制很好地实现了在历史和现实之间的适度紧张和有效平衡。

当然，如果我们还想为该种改造从更高的认识论角度提供理据支持的话，其基本的理念可能还在于这样一种权利解释规则被得到了合理的遵守：当一种或更多的客体类型如果需要被纳进现有的法定权利中时，通过解释之方法，其或者表现为一种涵摄上的牵强，或者表现为一种制度成本耗费上的不经济时，权利解释的操作便不再是最佳之途径了。而让解释之方法让位于新权利之创设无疑就成了更具妥当性之做法。而实际上，早期的知识产权制度得以突破传统大陆法系财产权制度之局限而发展成为一种独立的观念和制度形态，其本身就是这方面很好的例证。而今天，我们建构一个更加上位的信息产权制度以取代知识产权机制，并使其统一到对人类信息产业的涵摄上来，其本质同样是该种权利解释规则的客观遵照。

论知识产权公益诉讼制度的建构*

2005 年，以北京大学张平等为代表的五位教授请求宣告 3C 集团“DVD 专利池”发明专利无效一案，是我国知识产权公益诉讼中影响力较大的案件。由于情节的限制，该案并没有给出知识产权公益诉讼制度在我国建构的理论全貌，而实践中知识产权人滥用权利导致对公共利益侵害的现象又经常发生。因此，对知识产权公益诉讼制度展开一番全面探讨实为必要。

一、知识产权公益诉讼制度构建的理论基础

论及知识产权公益诉讼机制在我国的具体构造前，首先需要解决的问题是：公益诉讼制度在我国的存在何以必要？对此，经济学上的公共产品理论、知识产权和公共利益冲突的事实状况以及我国现有民事诉讼制度功能上的局限性，为我们提供了这方面的认识前提。

（一）知识产权和公共利益辩证关系的经济学解释

知识产权保护的对象是一种为人力所能支配的信息。信息的本质在于它是一种公共产品，具有消费上的非竞争性和普遍性特点。因此，知识产权相较于传统物权而言，其和公共利益之间的关系更为紧密。即，知识产权除要承担保障知识创造者私益之任务外，还担负着促进知识传播和推动社会进步的公益责任。用 TRIPs 协议（第 7 条）的话来说就是：“知识产权的保护与权利的行使，目的应在于促进技术的创新、技术的转让和技术的传播，以有利于社会经济福利的方式促

---

* 原载《江西社会科学》2008 年第 6 期。

进知识生产者和使用者的互利，并促进权利和义务的平衡。”另外，因知识产权本质上乃法律赋予权利人的特权，其以公众对知识必要接近和分享的暂时受抑制为代价，因此，在以知识产品这样一种为社会普遍依赖的资源为对象构造知识产权时，就意味着权利人将拥有巨大的社会“威胁权力”。鉴于知识产权高投入的特点，这种威胁权力甚至会集中到少数人手中，从而对公共利益造成危害。①

知识产权与公共利益的辩证关系，用公共产品的理论来解释就是：公共产品在生产和消费过程中，可能会给社会成员带来一定利益。公共产品的消费越是普遍化，这种外在利益就越大。反之，公共产品受到损害，则不是一个人受损害，而是同一社会的其他人也受损害。因此，公共产品的普遍化与公共利益在相当程度上是一种“一荣而俱荣，一损则俱损”的关系。即：正值公共产品的普遍化有助于公共利益的提升；反之，一旦公共产品出现问题，则将使所有依赖于其而存在的社会整体受到损害，而不仅仅是个别社会成员遭到侵害。

（二）知识产权与公共利益的冲突

知识产权和公共利益之间原本应是协调一致的，尤其是当知识产权的保护被限制在一定程度内时更是如此。但如今，在资本和竞争双重力量的推动下，知识产权往往容易异化为一种竞争的工具，其结果是，知识产权背离了其公共理性之特质，表现为对公共利益的冲突。具体来说，该种冲突表现如下②：

1. 知识产权人对公共领域的侵占。公共领域是知识产权机制的一块保留地，但在权利独占主义的倾向下，知识产权人经常僭越权利的有效范围，将其私有的触角延伸至人类的公有领域。例如，越来越多的权利人主张将程序、方法也纳入版权法的保护；商标权人则将属于人类公有的地名和功能性的三维标志也注册为商标；而专利权人更是经常性地背离创造性要求，将公共领域的技术划归私有。这些行为不但破坏了知识产权和公共利益之间的有效平衡，还在终极意义上破坏了公众的信息自由和表现自由，使人类的创新受到影响。

2. 日益增强的知识产权反限制对公共利益的侵害。同样出于知识独占的目

---

① Peter Drahos, A Philosophy of Intellectual Property Law, Dartmouth Publishing Limted, 1996, 227.

② 黄汇：《知识产权非理性扩张的法哲学解读——基于知识产权和所有权之差的视角》，载《西南民族大学学报》2006 年第 5 期。

的，原来在知识产权机制内所规定的许多重要的权利限制制度——如权利保护期制度、合理使用制度等都在不同程度上受到了反限制。就如版权保护期，适当的保护期限有利于公众的自由创新，但今天的版权保护期是越延越长，以至于人们都开始感慨“文化已经被私有了”。而对合理使用的反限制更是频频加剧，从最早需要权利人同意开始，到后来版税制度对合理使用者收费，再到最近技术措施对合理使用的完全抵制，合理使用不但适用范围越来越窄，使用条件越来越苛刻，而且在技术措施下，其已被权利人蚕食殆尽。合理使用的大门被关闭，它直接使公众的表达自由等权利受到侵害，因此，合理使用的被扼杀对公共利益的损害同样明显。

3. 知识产权人滥用权利对公共利益的侵害。因滥用权利对公共利益造成的侵害，在知识产权领域表现得尤为突出。现实生活中，权利人利用各种技术标准限制和打压竞争对手、对消费者进行掠夺性和歧视性定价、对产品进行捆绑搭售等，不但直接影响了消费者福利，还限制了公平竞争。总之，在知识产权独占主义思潮下，权利人和社会公众之间利益平衡的精神被严重扭曲了，这不但使知识产权制度丧失了正当性，还使对该制度保持着足够期待的公众利益落空。

二、知识产权公益诉讼构建的理念突破

面对知识产权人和公共法益之间的失衡，唯一可行的办法是架构起一种全新的诉讼机制——知识产权公益诉讼机制。在此之前，我们还需要在以下两个方面对传统的民事诉讼理念加以突破。

（一）要突破传统的诉权理念

根据传统的诉权学说，必须在当事人实体权益受侵害时才能提起诉讼，诉权的主体必须是与民事纠纷有直接利害关系的人。[①] 这样的诉权理论在利益和利益主体之间存在一一对应的关系，理性的当事人是其自身利益的最佳代表，实体法制度对利益的规定业已周延自洽的假定之上。[②] 如果说，传统的诉权理论在利益封

① 金文彪：《公益诉讼与我国传统诉讼理念的冲突和衡平》，载《长春师范学院学报》2005 年第 1 期。

② 齐树浩：《环境公益诉讼原告资格的扩张》，载《法学论坛》2007 年第 3 期。

闭的社会还有计可施的话，那么，在利益不断分化，主体的利益身份日益多元化的今天将变得寸步难行。比如说作为知识产权人对立面而存在的公众，他们既是私法上的主体，又是公共利益的享有者。他们既可以对自己的智力成果享有私法上的权利，也有权分享他人的创造活动带来普惠利益。因此，如果我们把既有的诉讼模式架构在个体权利之上，显然忽略了作为集体性权利需要诉讼救济的存在。因此，传统诉权理论仅将个体性权利纳入救济范围是十分狭隘的。正是照顾到当今社会主体利益具有多元性的特点，许多国家都纷纷通过利益衡量之方法，扩充诉讼程序的张口，赋予主体以新型的诉权。公益诉讼有效回应了当今社会利益整合分化之现实，能在审判权和公民权之间架构起一道桥梁[①]，因此，公益诉讼制度就成了当今社会立法者重构公共法益的重要手段。面对知识产权的扩张和滥用所带来的对公共法益的侵害，我们同样需要在法律上作出回应，及时地架构起这样一种机制。

（二）要突破传统的当事人适格理论

和传统诉权理论相适应，传统的当事人理论把适格的当事人限定在只有法律明确规定享有实体法上的权利义务者之上。也就是说，当事人要起诉到法院，除非能够证明其受法律保护的实体权利已经或正在受到侵害，否则将欠缺诉讼资格。传统理论的目的主要是防止公民的滥诉、节约诉讼资源。但在群体之间的相互影响日益增强，整个世界也正裂变为一个存在明显利益冲突的超级联合体的情形之下，把“诉讼案件仅放在两个当事人之间进行考虑的框架就越来越显得不甚完备了”。基于此，很多国家纷纷开始软化其诉讼资格的标准，从而扩充利害关系人的范围。程序当事人理论的提出就是其标志。按照这种理论，任何一个主体，只要其与程序的结果有利害关系或者可能因该结果而受不利影响，都有权参与到程序当中，成为适格当事人。正如著名法学家科恩所说的那样：“凡是以自己名义起诉、应诉的人，就是当事人，当事人并不以民事权利或法律关系的主体为限。”[②] 程序当事人理论的提出，不仅满足了“正当程序”原则的基本要求，还有效扩充了适格当事人的范围，使日渐增加的公益案件和权利救济制度之间开始对

---

① 参见［意］莫诺·卡佩莱蒂：《福利国家与接近正义》，刘俊详主译，法律出版社 2000 年版。

②［日］谷口安平：《程序正义与诉讼》，王亚新、刘荣军译，中国政法大学出版社 2002 年版。

接，在公共利益遭受侵害时，任何人都可以主动地启动诉讼程序，从而参与到使受损的公共法益得以重建的活动中来。面对知识产权扩张带来的对公共利益的影响，我们同样需要引入程序当事人理论，使更多与案件没有直接利益的主体都有权参与到该程序中来，以自己的名义，要求对侵犯公共利益的行为加以制裁。

三、知识产权公益诉讼构建的制度安排

既然知识产权公益诉讼制度的构建势在必行。那么，我们究竟如何在立法层面上加以展开？鉴于公益诉讼制度更多是传统诉讼模式的范式转型而并非一种全新的诉讼制度，因此，我们仅就该制度的一些特殊问题展开探讨。

（一）知识产权公益诉讼的受案范围

尽管从诉讼法理上看，一切侵害公共法益的行为都可以纳入公益诉讼的范围，但考虑到我国目前知识产权案件司法资源的有限性，因此，在构建公益诉讼制度时，可以把以下几种案件作为受案之重点。

1. 侵害公共领域的案件。具体而言包括违反《商标法》第 8 条、第 10 条、第 11 条、第 12 条、第 16 条和违反《著作权法》第 4 条、第 5 条以及违反《专利法》第 22 条、第 25 条的规定[①]，把本属于公有领域的知识和信息纳入个人专有权对公共利益造成损害的情况。

2. 权利人滥用知识产权对公共利益造成侵害的情形。这是我国目前需要建立公益诉讼制度的重点领域，但考虑到《反垄断法》自 2008 年在我国开始实施，为与之相衔接，可以把得以提起公益诉讼案件的范围重点圈定在该法所规定的属于垄断行为或反竞争的行为之上。

3. 其他违反公共利益的行为。这是一个兜底性的条款，鉴于部门法结构与功能之特点，我们无法将所有知识产权领域严重违反公共利益的行为都纳入，因此，通过一个兜底性的条款将此类案件也纳入公益诉讼的范围，如著作权或邻接权人

---

① 本文发表于 2008 年，其法律规定指向 2001 年《商标法》、2001 年《著作权法》以及 2000 年《专利法》。相应的法条内容应对应 2019 年《商标法》第 8 条、第 10 条、第 11 条、第 12 条、第 16 条，2020 年《著作权法》第 4 条、第 5 条，以及 2020 年《专利法》第 22 条、第 25 条。

违反规定滥用技术措施对公共利益造成侵害，权利人通过事实标准独占和垄断技术市场、侵害公共利益等。

（二）知识产权公益诉讼的原告范围

为了鼓励更多主体加入维护公共利益的行列，我们建议，未来知识产权公益诉讼的原告至少应包括以下几类主体。

1. 检察机关。鉴于知识产权纠纷的技术性和检察机关的专业性，可以将检察机关作为重要的原告，以启动公益诉讼程序。实际上，很多国家或地区都有把检察机关作为知识产权公益代表的做法。我们可以借鉴该做法，在检察机关中设置专门的部门和机构，以担负起维护知识产权公益之职责。

2. 社会团体。如著作权集体管理组织和各种行业组织等，由于这些组织在法律知识的储备、经济能力和举证能力等方面具有明显的优势，因此应成为知识产权公益诉讼的重要参与力量。

3. 个人。虽然个人在经济实力上与公益诉讼中实力雄厚的知识产权人还难以抗衡，但我们不能因此就漠视个人在公益诉讼中的重要性。实际上，前面所提到的我国学者请求宣告 3C 集团专利无效案就是由个人主动提起的。

（三）知识产权公益诉讼的诉讼费用承担

为鼓励当事人对侵害知识产权公益的行为积极诉讼，我们应对现有的诉讼费用制度进行改革，规定提起公益诉讼的原告可以免交或象征性地交纳诉讼费。如果被告败诉，则应承担案件产生的所有费用，包括诉讼费、律师费、因制止侵权行为和调查取证所支付的费用等。这有利于鼓励人们与侵害知识产权公共利益的行为作斗争。

（四）知识产权公益诉讼奖惩制度的构建

为体现对侵害公共利益行为的惩罚和对提起公益诉讼者的奖赏，我们还可以构筑起以下两种奖惩机制：

1. 从国库当中抽调部分资金用以设立专门基金，或对损害者科以惩罚性赔偿，或按胜诉后挽回损失比例对提起公益诉讼者进行奖励。

2. 为了防止当事人的滥诉和恶意诉讼，我们应建立起相应的公益诉讼损害赔偿制度，甚至是国家赔偿制度，对因原告错误或恶意提起诉讼而导致知识产权人损失的行为予以赔偿。

（五）知识产权公益诉讼当事人处分权限制制度

为防止当事人串通对知识产权公共利益进行诈害，我们应建立起当事人处分权限制制度。例如，原告变更或放弃诉讼请求的权利应得到法院准许；除非原告起诉的证据不足，原告撤诉一般不允许；双方当事人不能自行和解，但可以在法院主持下进行调解。[①]

总之，知识产权公益诉讼制度的探讨在我国刚开始，希望本文的研究对改革我国相应立法有所助益。如果知识产权公益诉讼制度建立起来了，也希望更多的人主动参与知识产权公益诉讼，通过自己的实际行动维护知识产权制度下的公共法益。只有如此，一个符合我们自身道德建构的知识产权机制才能循环发展，而作为内蕴于该机制的知识产权人和社会公众之间利益平衡的精神也才能得到贯彻和执行。

① 阮大强：《论经济公益诉讼的基本原则》，载《天津市财贸管理干部学院学报》2001年第4期。

民间文学艺术保护的模式与价值选择*

民间文学艺术（expression of folk lore）是指“来自某个群体或者由某个群体的一些个体所表达并被认为是符合群体期望的文学或艺术创作，这些文学或艺术创作通过不断模仿、口传心授或其他方式世代相传，并为整个群体所保持和发展，从而成为该群体文化和社会特征的表现形式”[①]。我国是一个有56个民族、数千年历史的文明古国，民间文学艺术资源非常丰富。但是，我国没有充分展现出在民间文学艺术上的国际竞争优势。除经济大潮和全球一体化使文化多样性发展受到严重冲击这一原因外，另一个重要的原因就在于我们对民间文学艺术表达还缺少一个有效的法律保护机制，许多具有重要价值、对我国国际竞争利益具有重要意义的保护对象都还未纳入我们的立法视野。尽管1990年《著作权法》首次确认了民间文学艺术表达享有著作权并受法律保护，具体保护办法由国务院另行规定，但是时至今天，这一规定仍尚未出台，这在很大程度上影响了我国对民间文学艺术保护和利用的进程。有鉴于此，笔者认为，我们十分有必要对民间文学艺术的保护问题作一理论上的探讨，这不但使我国在将来进行相应立法时有所借鉴；同时，它也是我们整合优势知识产权资源从而发挥我国最大化知识产权战略利益的客观需要。

---

* 原载《西南民族大学学报》2008年第5期。

① 张辰:《论民间文学艺术的法律保护》，载郑成思、唐广良主编:《知识产权文丛（八）》，中国方正出版社2002年版，第80页。

一、民间文学艺术保护的价值分析

（一）民间文学艺术保护的两种价值立场

在对民间文学艺术进行保护的过程中，首先面临的一个问题就是：我们将基于什么样的价值立场来对民间文学艺术加以保护？对该问题的回答，不仅关系到民间文学艺术保护的正当性，还是我们在众多的保护模式中进行选择的重要理论依据。从更进一层意义上说，它甚至还直接影响到我国民间文学艺术法律保护机制的具体建构与体系安排，影响到我国民间文学艺术知识产权的战略利益持续存在和长久发展，因此对该问题作一探讨实属必要。

而在有关民间文学艺术保护的具体价值选择上，素有这样两种观点：一种观点认为保护民间文学艺术就是在保护人类创作之“源”。民间文学艺术表达与现代文化之间是“源”与“流”的关系。如果人们仅仅注重各种智力创作之“流”的保护，而忽视对它们的“源”关注，那么人类的民间文学艺术资源必将枯熄，而所谓的现代文化也将在根本上变成无源之水。因此，对民间文学艺术的法律保护，其终极目的是促进现代文化的发展，以保证现代文明能从生生不息的传统文化资源中汲取足够的养分和资料。①因此，这样一种观点的实质是把民间文学艺术的保护放在一种工具主义的立场上来加以认识，认为民间文学艺术的保护，其本身并非目的，而仅仅是达致人类现代文化繁荣的一种手段罢了。这种观点在本质上乃保护的工具主义论，由于其并未省察传统知识产权保护与民间文学艺术保护之间的差别，没有认识到民间文学艺术对文化传承、对保持民族特性和对人类创新的直接价值，因此该种理论并没有成为世界各国进行民间文学艺术保护时价值分析的主流。

而另一种观点则与此相反，它是 2002 年 3 月 25 日，世界知识产权组织在日内瓦召开的政府间委员会关于“知识产权、传统知识和民间文艺”的第三次会议中，绝大多数国家所提出来的一种价值主张。与会国家认为，保护民间文学艺术的目的主要有四个：其一，就是要控制民间文学艺术的公开和使用；其二，就是

① 郑成思：《创新之“源”与“流”》，载《中国人民大学民商法复印资料》2002 年第 8 期。

要激活民间文学艺术的商业价值和财产属性；其三，就是通过保护，激励以传统为基础的创新；其四，也是最重要的，那就是通过对民间文学艺术的归属确认和有效保护以防止民间文学艺术资源的减损、诋毁和滥用。[①]

（二）我国民间文学艺术保护的立场选择

不管对民间文学艺术保护的价值分歧，学术界以及国际社会之间有多大程度的不同，笔者认为，在对我国民间文学艺术进行保护时，以下两点是我们必须清楚认识并需牢牢把握的：

其一，从国内层面来看，保护民间文学艺术的核心目的就是要实现我国宝贵而有限的民间文学艺术资源永久流传、世代发展，从而使其不至在历史的长河中被淹埋。传统知识产权的保护，其更多侧重于通过赋予特定主体以财产权利和精神权利的方式，从而刺激人类的知识生产和文化创新，使更多的科学和文学艺术作品在产权机制的激励下得以涌现。但对民间文学艺术的保护，我们首先应当关注的是民间文学艺术资源本身的留存、维持和发展，使其不因人为的滥用和各种歪曲性使用而消亡、流变乃至灭失。我国民间文学艺术资源相当丰富，但由于受到现代文明的强烈冲击以及人们的不当使用，民间的文学艺术正以可怕的速度在消亡和灭失。因此，我们立法的当务之急是将“保持”视为民间文学艺术保护最直接的立法目的和最紧迫的任务，强调对民间文学艺术表达的整理和传承，并以此为中心，构建相应的制度。只有这样，我们才能实现民间文学艺术知识产权利益的可持续利用和可持续发展，也才能使我国多民族的文化特性得到延续与传承。

其二，从国际层面来看，保护民间文学艺术则主要是为了增加我国在国际文化贸易中的砝码，就是为了改变我国和西方发达国家在知识产权争夺上不平衡的利益格局。一方面，比如说在电子电路、移动通讯和半导体技术等方面，英美等发达国家几乎拥有了此类专利的半壁江山。因此，在这些领域中与发达国家相竞争显然是一个长期的过程。但另一方面，我国又是一个地大物博、资源丰富、统一的多民族国家，我们拥有十分丰富的传统知识和民间文学艺术资源。而研究如

---

① Intergovernmental Committee on Intellectual Property and Genetic Resources, Traditional Knowledge and Folklore; Third Session; Geneva, June 13 to 21, 2002; Final Report on Experiences with the Legal Protection of Expressions of Folklore; p.48.

何充分利用这样一笔知识产权资源，使其发挥最大的竞争利益，将是我国和发达国家在国际层面上展开知识产权战争的重要工具。据有关资料的统计，我国的对外贸易中利用民间文学表达形式的纺织品、美术品和其他轻工业产品在我国出口产品的比重是越来越大，仅 1991 年一年我国利用民间文学艺术造型生产之产品出口创汇就是 37 亿美元。[①] 而近年这个数字还在继续上升。因此，在我们进行相关的制度设计时，确保我国在国际贸易中能够取得应有的“对价”则应成为我们对民间文学艺术进行保护时另一十分重要的价值关注点。我们认为，只有牢牢把握了上述两个方面的问题，我们的制度设计才能有一个正确的价值导向，也才能使我们的立法在实现对民间文学艺术保护和弘扬的同时，又能很好促进民间文学艺术的价值产出，使我国获得最大化的国际竞争利益。

二、民间文学艺术保护的模式选择

前面，我们主要探讨了民间文学艺术保护的价值选择问题。以下我们将进一步探讨民间文学艺术保护的具体模式。如果说价值问题的探讨是研究民间文学艺术保护的总体立法思维的话，那么具体模式的选择则是在应然价值判别下对民间文学艺术保护的具体制度建构，它是民间文学艺术保护国家宏观战略的具体策动。因此，模式选择是否正确和符合本国的国情实践，对我国民间文学艺术的保护同样十分重要。

而围绕民间文学艺术保护的具体立法之安排，理论界和各国的实践做法不可不谓差距甚大。但归结起来不外乎在这样两种模式中作出决策与权衡，一种是放入传统的著作权当中加以保护，另一种则是认为应当建立起一种专门法的保护进路。那么，我国究竟该做如何的安排？笔者在下文中将通过对这两种保护模式的优劣比较和法理争议的探析以表明我国的应然立场和选择。

（一）对著作权保护模式的评析

1. 著作权保护肯定主义

对于民间文学艺术的保护，著作权模式是很多国家的首选制度架构。之所以

---

① 柏玉华：《创作、传播、使用民间文学艺术的经济与政治条件》，载《著作权》1993 年第 4 期。

如此，主要是因为，民间文学艺术中的大部分具有与著作权法所保护的作品相类似之特征。比如说它们都属于文学、艺术和科学领域内的智力创作；都具有独创性；都能被有形形式加以复制利用和都具有非物质性等特征。另外就像很多学者所言，只要排除作品只能是个人创作这一固有的著作权法上的传统观念，将民间文学艺术表现形式理解为集体或群体创作，那么用著作权模式来对民间文学作品进行保护就是最为安全和妥当的。[①] 比如说民间文学艺术中的民间故事、诗歌等就类似于著作权法上的口述作品；歌曲和乐曲等音乐表达形式以及舞蹈、游戏和仪式等民间文学艺术就类似于音乐、戏剧、曲艺、舞蹈和杂技艺术作品；民间建筑与建筑作品，民间雕塑与美术作品也都具有很大的相似性。著作权保护模式主要的优点在于：第一，由于民间文学艺术和著作权作品之间具有极大的同构性，因此，我们可以利用著作权法中已有的相关原则和制度来对民间文学艺术加以保护，这样可为我们节约大量的制度转换成本。第二，著作权采取自动保护原则，可以免去主体为申请保护而承担的复杂的程式与手续，从而提高保护的效率。第三，著作权的保护时间较长，可以实现保护利益的持续与恒久。第四，世界上很多国家都采取版权保护，因此，采用著作权保护模式有利于实现民间文学艺术保护的国际协调等。尽管主张采用版权保护的学者也承认民间文学艺术表达与一般的作品之间有区别，二者之间具有不协调之处，但他们认为，这些问题是可以通过现行规则的调整来加以解决的。用他们的话来说就是："我们不能因为对民间文学艺术表达版权保护的一些不和谐因素就全盘否定版权保护的合理性，毕竟版权是历经了上百年的考验而成为现今较为系统完善的保护途径的，且其丰富的权利机制和制度原理具有很大灵活性，完全能够适应对民间文学艺术表达保护之需要。"[②]

2. 著作权保护的反对主义

虽然民间文学艺术与著作权法上的文学艺术作品之间具有高度的契合性，版权法保护模式的确成了国际社会对民间文学艺术表达的最初选择，[③] 但这并不是说，用著作权模式来对民间文学艺术提供保护就没有任何问题了。如果我们仔细加以分析

---

① 王鹤云：《保护民族民间文化的立法模式思索》，载《中华读书报》2002 年 8 月 6 日。

② 刘华、胡武艳：《民间文学艺术及其特别保护体系研究》，载《华中师范大学学报（人文社会科学版）》2004 年第 5 期。

③［西］德利娅·利普希克：《著作权与邻接权》，联合国教科文组织译，中国对外翻译出版公司 2000 年版，第 66 页。

的话，就会发现二者之间实际上存在诸多的本质差异，而这种差异不但表明文学艺术作品与民间文学艺术之间存有本体性区别，而且该种区别在很大程度上也就成了反对者否定著作权保护模式的致命理由。具体来说，著作权和民间文学艺术的不协调性表现在以下方面：

其一，著作权法从一开始就不是用来回答保护民间文学艺术或传统知识问题的。现行著作权制度建立在西方经济和社会体制基础上，经过三百余年的发达史，著作权制度“已经成为一部服务于现代工业和信息社会的严密法律机器”[①]，著作权法现代化的法律特质决定了它与追求传统，强调历史文化和艺术之保存与发展的民间文学艺术之间难于融合。因此，著作权法之保护模式在立法的根本旨趣上与民间文学艺术不同，这使其难以承担实现促进和弘扬民间文学艺术之宏旨。

其二，著作权法保护单一作者的制度禀赋也与民间文学艺术不相为谋。著作权法的核心是通过确认智力创作者对其创作成果的控制权，来鼓励和激发个体的创作能力的。而民间文学艺术最主要的特征是其群体性，个体的因素在民间文学艺术的创作中非常微弱。因此，在民间文学艺术中，我们几乎无法找到一个著作权法意义下具有独立法律人格的作者。如此一来，如果采用著作权法来保护的话，就必然会使权利因为没有一个确定的归属主体而使该权利保护的最终目的归于落空。

其三，著作权法的“独创性”要求也很难与民间文学艺术表达的创作特征相吻合。“独创性”是作品获得著作权保护的前提。一般认为，“独创性”是指作品应该体现作者的个性，体现作者自己的劳动、技巧与判断。独创性的最低要求是作品由作者独立完成，而不是抄袭、模仿和剽窃之结果。但民间文学艺术是在漫长的历史过程中形成的，其间，即使某个个体在模仿和传播的时候加入了一些个性化的表达，但这些个性化的表达终将因为其慢慢被吸收为民间文学艺术的有机组成部分而最终无法辨认。因此，很多民间文学艺术将最终由于不符合著作权法的“独创性”要求而被排除于保护的大门之外。

其四，著作权法只保护民间文学艺术作品，而民间文学艺术的范畴较民间文学艺术作品远为宽泛，它包括原住民的生活方式、价值观体系和信仰传统等。因此，著作权法保护模式无以涵盖所有的民间文学艺术对象。另外，虽然版权的保

---

① 韦之、凌华：《传统知识产权的若干思考》，载郑成思主编：《知识产权文丛（第八卷）》，中国方正出版社 2002 年版，第 172 页。

护是较专利保护时间更长，但著作权的保护毕竟仍然是有时间限制的。它只能对作者生前和死后的一段时间提供救济。因此，著作权保护模式对民间文学艺术难以提供长期、稳定而又有效之保护。

总之，无论从何种视角来看，反对者都认为，利用著作权保护并非民间文学艺术的最佳保护途径，如果我们执意要把民间文学艺术的保护糅合到版权的框架下进行的话，其结果就是在破坏了版权自身和谐系统的同时也使民间文学艺术得不到一个很好的归宿，可谓两全而不能齐美。因此，寻求民间文学艺术保护的模式变革就成了很多民间文学艺术资源发达国家一个新的重要的探索方向。

（二）单行立法模式的分析

运用著作权法来保护民间文学艺术存在诸多难以逾越的障碍，在客观效果上，其也并不能实现民间文学艺术保护利益的最大化和促进民间文学艺术的维持与保存等目的，因此，很多国家都开始积极在著作权保护模式之外寻求新的更优的保护模式。而特别的单行立法从目前国际的最近发展来看，已成很多国家的首选。《民间文学艺术表达保护示范法》对民间文学艺术表达予以著作权外的“特别权利”保护就是这种发展趋势的具体表现。[①] 笔者认为，该种保护模式预示了民间文学艺术未来的发展方向，可以为我国所效仿。但在究竟如何构建这样一个行之有效的规范群上，笔者倒是有以下几点建议：

1. 构建一个群体性的“民间文学艺术权”

民间文学艺术的创作群体所享有的权利应当是一个具有类似著作权性，但又不完全等同于著作权的权利。在国外，有人提出以“等同（quid-pro-quo）”理论来支持非正规创新者的权利主张。依据这一理论，既然在特定对象上的正规创新者得产生新的知识产权，那么与之相关或相似的对象有关的非正规创新就应该导致一种类似权利（cognate rights）的产生。有学者将这一权利称为“民间文学艺术权”，并认为“将‘民间文学艺术权’作为特别的和独一无二的而不是类似于著作权的权利或许会更好一些”。[②] 参加世界知识产权组织在日内瓦召开的政府间委

---

① 刘华、胡武艳：《民间文学艺术及其特别保护体系研究》，载《华中师范大学学报（人文社会科学版）》2004 年第 5 期。

② Enyinna Sodienye Nwauche. A Critical Evaluation of the Provisions of Nigerian Copyright Law for Folklore IIC, Vo.33, May 2002: 602.

员会关于“知识产权、传统知识和民间文艺”会议的国家也普遍认为，民间文学艺术表达是群体发展、传播、分享的，所以现行的知识产权制度不能充分地满足传统群体对集体权利或社区权利的需要。虽然集体创作和集体所有不是所有民间文学艺术的共同特征，但是成员国仍然已经意识到了建立法律解决措施来满足群体认可的集体权利和集体知识的需求和愿望。因此，笔者认为，我们在制定单行法时，可以考虑借鉴这一概念。当然，这一经建构起来的民间文学艺术权虽然在性质上属于知识产权的范畴，但与传统知识产权相比，它还具有自身的显著特征。尤其是与传统的著作权制度进行比较的话，它具有集体性、时间上的永久存续性和不可转让性等特征。所谓集体性是指民间文学艺术权以不确定性的创作群体为保护对象，而时间上的永久存续性和不可转让性则是指民间文学艺术不受时间限制而永久存在，同时为了保证民间文学艺术文化特质的维持与稳定，民间文学艺术权不得转让。民间文学艺术权的这些特征，从根本上说是由民间文学艺术表达自身客观特性所决定的。

2. 应特别强调公法手段的介入与运用

由于民间文学艺术表达受群体生存环境的影响甚大，任何群体生存环境改变、生活习俗变迁和传统文化断裂，或者传承人物质生活匮乏、后继乏人以及观念改变等，都将导致民间文学艺术表达从活的文化形态褪变为死的“文物”。因此，保障群体的传统生活状态不遭受破坏性冲击，保障传统来源地的文化生态的可持续发展以及保障传承人的生活水平和精神上的荣誉感，这些除需要我们从私法的视角加以重视外，更需要我们借助公法的手段来加以调整和规制。我们可以通过相关行政主体介入的方式，从公权保障的角度确立民间文学艺术的保护范围、保护方针、物质资料归属等；建立起对外国团体和个人考察、收集民间传统文化资料的出入境管理制度及相关的保密制度，防止民间文学艺术表达的流失和毁坏。笔者坚信，在私法和公法的协同保护下，利用两种保护手段的各自优势，我们一定能在民间文学艺术表达保护上达到理想的结果，在保持和传承文化的同时维护在该问题上的主权利益，为我国在未来的经济竞争中赢得更多的主动权。

三、结语

民间文学艺术的保护是一个复杂而富具争议的问题，绝大多数的国家都从问题的“所是”和“应是”的立场出发，提出了建构相应制度的方法和意见。我国作为一个民间文学艺术资源的大国，应从弘扬民族文化和提升民族竞争力的双重视角来省视我们自己的立场与主张，并积极建构相应的制度体系。只有我们审时度势，合理省察自己在国际化背景下的利益结构，并不失时机地促成符合我国现实国情民间文学艺术之相应立法，我们才能在未来新一轮的国际化谈判中有所准备，使民间文学艺术保护的国际规范朝着有利于我国的方向发展，从而使我们取得更多的国际利益。

我国地理标志保护模式质评

——兼论发展中国家知识产权立法的应然思维*

随着全球各国知识产权战略化安排的渐次推进、许多国家尤其包括部分发达国家在内对知识产权制度本质的重新检视以及广大发展中国家对 TRIPs①架构下利益安排反思自觉的不断深入，知识产权视野中的许多问题被重新开放出来②，地理标志保护就是当中颇富成效的一个。今天，我们以一种国际化的思维重新申鉴地理标志保护的模式问题，就不失为该种开放的现实明证。

一、商标保护范式：地理标志弱势利益国家的一种弱式安排

地理标志的保护、TRIPs 协议的诞生终结了此前在该问题上国际规则缺失的一般图景。作为一种通过表面上主权国家平等谈判的政治方式来加以提供的制度物品，TRIPs 协议充分满足了自由市场下体现在商品和服务国际贸易中地理标志利益法律保护的集体需求。但作为发达国家宰制下的产物，TRIPs 协议更多表达的也只是部分得以主导协议走向之国家的利益和诉求。这当中欧盟和美国无疑是最大的受惠者。这可以从 TRIPs 协议中对葡萄酒、烈酒与普通商品地理标志区别加以保护以及许多照顾到美国等国家利益的例外规定窥豹一斑。

而和欧盟有着同样强势地理标志利益的广大发展中国家兴许是知识储备的匮乏，抑或是对 TRIPs 协议运作规则的无知，当然更主要的是结构性参与知识产权

* 原载《学术论坛》2008 年第 1 期。

① 即《与贸易有关的知识产权协定》，载中国保护知识产权网，http://ipr.mofcom.gov.cn/zhuanti/law/conventions/wto/trips.html，最后访问时间：2023 年 6 月 6 日。以下对此简称不再解释。

② 这当中包括知识产权与公共健康、知识产权与人权、知识产权与全球发展等。

全球框架话语争辩优势的显著不足，导致它们对 TRIPs 协议所构筑的地理标志保护及其所内蕴的利益倾向表现出一种集体性的无意识和一种前反思性接受的痕迹和取向。这可以从它们对 TRIPs 架构下地理标志保护规则的具体建构仍属各国的一种地方性知识之漠然得到印证。也就是说，对于地理标志的保护，TRIPs 协议并不是完全刚性的结构，它实际上赋予了各国在不违反协议规定最低保护要求的前提下，可根据本国的实际状况作利益最大化安排的自主选择。广大发展中国家少有根据自己的立场构建地理标志保护本国理想图景者，而更多的是陷入了发达国家为自己树立的知识产权保护的既有范式。如它们当中许多选择了不体现地理标志强势利益的商标架构来实现对地理标志的保护。而更为致命的是，受地理标志商标保护范式的影响，很多国家对该种强势资源弱势保护的情形居然都无力有所意识，在需要它们重构一种更具适应性、更能体现国家利益的新制度时，其要么以商标保护模式更符合本国的传统，要么以利用现有的制度结构利于节约社会成本，甚或是商标保护模式有利于和主要贸易伙伴之间实现制度的对接来加以推辞。

它们殊知，当我们在以他者（贸易伙伴们）的眼光来省思自己的问题时，他者早已为我们“示范性”地注入了某种合法性的范式，而该种范式本身却是他者充分思量后与其本国场景相一致的“语境化”的物品。也就是说，这些作为贸易伙伴的“他者”并不是地理标志的优势国。因此，商标保护的路径安排是它们在经过充分酝酿后而作出的符合其本国旨趣的利益考量。一方面，发展中国家前反思性地接受地理标志商标保护模式并赋予其正当性力量，极易使自己和他者之间不自觉地形成一种合作性的共谋；另一方面，其自身也因深嵌该种既定模式而形成强烈的路径依赖，这使得在场景置换后需要它们进行适应性制度创新时而变得有些动弹不得，这不可不谓是发展中国家地理标志商标保护范式危机的开始。

二、专门法进路：地理标志强势利益国家的一种强式判准

然而，所幸的是，TRIPs 并没有成为一种规训。出于对 TRIPs 签订过程中发达国家话语强势姿态的集体印记，出于对协议出笼后发达国家依凭种种理由对自己承诺义务履行拒绝的在场体认，以及对 TRIPs 全球化结构性安排未经争辩价值

单一性和政治理想要素丢失的重新发现和再认知，发展中国家已不再把知识产权既有的全球性规则作为一种前见性的常识问题加以认可。它们强调，任何一个作为人们日常所接受并当作合法知识加以认可的论题，都应当成为一个可以宣扬、可以传播和可以公开讨论的问题。只有经过竞争或争夺这样的集体性历史工作后所达致的价值才是具有可接受性的。

具体到地理标志保护问题上，TRIPs 协议之后，一大批东欧和亚非拉发展中国家都纷纷摆脱了对地理标志商标保护范式前见性接受的无意识做法。它们开始根据自己的立场，主体性地建构自己的利益判准和理想的规则图景。比如说，当它们经过充分省思和检视后发现，与自己有着共同利益立场的法国及其欧盟国家地理标志专门立法的模式和本国有着高度的契合性时，它们几乎不计制度转换的成本代价而不遗余力地构筑起了类似的国内保护模式。我们姑且不论地理标志专门立法模式的技术优势、制度潜能及其智识贡献，但它至少反映了这些国家在地理标志利益问题上的价值立场和意思取向。因为，专门立法的保护同依附于商标法保护相较而言，前者更显示了该国在保护对象上的利益谨慎。同时，专门立法大多都对地理标志提供了一种强式保护，它充分宣泄了这些国家在地理标志保护上的强势利益判准。

不唯如此，针对具体的全球性知识产权规则，广大发展中国家在积极强调对这些规范作问题化处理，并试图对它们在发生学意义上作政治哲学追问[①]的同时，也积极利用知识产权全球规则（主要是 TRIPs）的间隙空间，试图经由诉诸普遍主义的手段而将在一定程度上或在某些颇为重要的方面体现本国利益的理想图景从主权的疆界拓展至全球的视角。具体言之，就是当那些具有强势地理标志资源的发展中国家在对本国的利益进行了根本性的检讨，并就此展开了专门化制度安排后，它们开始重新省察 TRIPs 结构下利益秩序的合理性。当它们发现，TRIPs 对葡萄酒和烈酒提供的明显优于普通商品保护的规定实际上只是迎合了部分国家的利益而表现为价值的单一性时，它们又积极利用成员国谈判建立葡萄酒多边通知和注册制度的机会，要求把 TRIPs 对葡萄酒和烈酒的优惠保护同时推及其他的

① 该种政治哲学意义上的追问主要是在发达国家的学者们的引领下发生的。这方面的领军人物如澳大利亚著名知识产权学家彼德·达得豪斯，美国著名版权学家劳伦斯·莱斯格等。发展中国家如国内知识产权学界的“对价”理论、“利益平衡”理论在很大程度上也是该种追思的开始。

产品[①]。

总之，在地理标志保护问题上，发展中国家从前见性接受发达国家的商标范式开始到根据自己的判准构筑专门立法强式保护的理想图景；从对国家利益进行内部检省着手到开始寻求诉诸普遍主义的全球接纳，无不反映了发展中国家在知识产权问题上理性自觉的开始。发展中国家这种以主体性而不仅仅是概念意义上的主权性姿态参与知识产权全球规则重构的活动，不仅有利于培育自身对这些规则制定的意思自觉和理性判识的能力，还有利于从根本上改变此前仅由某些发达国家决定知识产权全球规则的生成或决定其合法性取向的做法，使其开始朝由发达国家和发展中国家一道，通过主体间性的方式，在交往和商谈当中生成和演化的方向改进。[②]经由这种方式的逻辑转换后，需要发展中国家省思的，已不再是如何反抗由发达国家通过其示范建构起来的知识产权全球秩序的问题，而恰恰是发展中国家如何根据本国的场景作语境化的判断，有意识地按自己的秩序理想去同构这些规则的问题。

三、价值和技术优点：地理标志专门法保护范式的比较优势

回到地理标志的保护，我们认为专门立法模式比商标架构下的保护立法更优，更能体现地理标志强势利益国家的判准，其理由在于：首先，从宏观的价值角度看，专门立法模式是广大发展中国家对本国利益充分考量后所作的一种强式制度安排，它充分体现了发展中国家自己的利益判准和价值立场，因此它本身是语境化和场景化的。其次，专门立法尽管是一种本土的制度进路，但它为具有强势地理标志资源的发展中国家在未来国际规范的谈判中提供了自己的准据和判式；同时，作为一种价值输出，它还得以塑造未来国际共享的立法规范，使自身的强势

---

① 更耐人寻味的是，在这场集体性的争辩过程中，发展中国家本身甚至开始分化，它们基于自己的利益判准，或者加入了与自身利益有更加亲缘关系的国家行列，积极阻挠地理标志扩大保护的进程；或者与欧盟等一道，积极展开强化地理标志保护的智性努力。究其实，“发展中国家”也并非共同利益的代名词，因为国家利益始终是场景化和语境化的。发展中国家分化的自觉恰好表明了其对主权利益判识的理性觉醒。

② 该种规则形成机制的转向，其所包含的秩序意义是显而易见的：它为发展中国家参与知识产权全球规则的同构提供了某种可能。

利益可能在全球框架下得以确认。最后，随着全球采取专门立法模式国家数量的日益增多，它将在根本上改变与采行商标保护模式国家间的对比结构，从而影响试图与其进行贸易往来国家的制度选择，诱致它们也走上专门立法的保护途径，这能在根本上改变自己与代表弱势保护商标范式国家间的力量对比，使未来的国际谈判朝有利于自己的方向发展。

质言之，一方面，从价值的层面来看，专门立法模式本身就是一种意识形态化的制度器物。它是广大发展中国家在 TRIPs 后，对 TRIPs 关于地理标志全球利益安排进行反思后所作的一种强制制度安排。它反映了发展中国家自身的利益结构，是大多数发展中国家对自身地理标志强势利益的实践表达。作为一种准据和判式，它具有价值范式的意义。

当然，另一方面，从客观的技术角度来看，专门法保护模式之所以应成为地理标志强势利益国家的首选安排，其原因在于相较于专门法保护而言，商标保护范式具有许多不能强化发展中国家地理标志强势利益的致命弱点，具体而言表现在以下方面：第一，地理标志作为一国历史延续的文化现象，同时又是具有重要国际竞争利益的财产，其不能也不应被转化为商品的通用名称。而在商标架构下，即使注册为证明商标和集体商标，由于商标的机理内在地允许其向商品通用名称蜕变，也不利于一国保持地理标志强势利益的稳定，不符合对地理标志强式保护原则。第二，商标侵权的判准要以消费者的混淆为前提，而地理标志的特点则在于它的知名性或者说可归因性。[①] 即地理标志除表示该商品的来源外，它往往还指示着商品的特定品质和较强的市场声誉，这恐怕也是各国如此重视以及 TRIPs 结构下成员国对其保护利益产生如此重大分歧的根本原因。因此，对地理标志的保护就不能停留在消费者的混淆上，即使是属于不会导致混淆的搭载行为也应被划为禁止之列；而这同样又为弱式意义上的商标保护所不能提供。[②] 第三，商标范式下，地理标志要得到保护通常必须在该地理标志注册为证明商标或集体商标后才能获得，未注册就不能获得相应之保护。而在大多数国家都采行自愿注册且国民的注册意识都不是很高的前提下，许多地理标志就可能因未被注册而得不到有效

① 黄武双、谢瑜：《简论地理标志之地理性与知名性》，载王立民、黄武双主编：《知识产权法研究（第1卷）》，北京大学出版社 2005 年版。

② 董炳和：《地理标志知识产权制度研究——构建以利益分享为基础的权利体系》，中国政法大学出版社 2006 年版。

的保护。这不利于主权国家整合和统辖所有的地理标志资源，以形成强大的竞争合力。① 但是，一国如果采行专门立法，规定生产者或有关行业组织未将有关地理标志加以注册时，有关行政部门可以行使该权利，它就有利于避免部分地理标志逃避保护和监管的虚空，能从根本上增强主权国家地理标志竞争利益的体效应。第四，地理标志商标模式往往是一种绝对的私权范式，即国家在该领域更多表现为“守夜人”的角色。在其对地理标志授权 / 确权后，对地理标志产品的生产和监管则更多地仰赖行业组织本身。而在一国行业协会不甚发达的情况下，对地理标志商品的监管不力就成了一种通常现象。这同样不利于主权国家地理标志利益的整体提高。第五，商标保护范式往往都具有管理主体组成人员单一性——他们都往往来自一个部门，如商标局或者是商标专利局和保护手段划一性——不管是何种地理标志都是证明商标或集体商标模式的特点，这就在很大程度上不能保证地理标志保护的科学性，也不利于各国针对不同地理标志的实际状况作强弱不同的范式安排，从而实现本国地理标志保护利益的最大化和最优化。第六，商标保护范式具有自身稳定的结构性，导致了它在制度品格上表现为相对的封闭性和不兼容性。它难以适应地理标志多样化对制度开放性的要求。另外，把地理标志保护糅合在商标范式当中，也不利于地理标志权人集中了解自己的权项，增加了其保护的制度成本。总之，不管从哪个角度来看，商标范式并不是地理标志保护的最佳进路，而专门法模式则是未来具有地理标志强势利益国家的最好选择。

四、中国状况：我国地理标志专门法安排的语境前提

既然如此，未来的中国将如何做安排？在对这个的问题展开论证之前，要先看一看我国地理标志保护的语境问题，换言之，就是中国未来确立自己地理标志保护理想图景的判准或者说其现实基础究竟为何。

我们都知道，未来民族国家的竞争，强化输出自己的优势知识产权资源，并对其作战略化的安排，以为自己攫取更多的国际竞争利益将是既定的发展趋势。中国作为一个后起的发展中国家，新技术和新产品开发能力有限，在版权、专利和驰名商标的拥有和培育方面不及发达国家。但作为一个地域广袤、历史悠久的

---

① 按 TRIPs 的规定，对国内未加以保护的地理标志，它同时也不能在其他成员国获得保护。

民族国家，我们拥有着丰富的地理标志和传统资源。加强对这些客体的保护，不仅有利于我国国际贸易竞争力的根本提升，还直接攸关我国占人口大多数农村经济的发展以及广大农民的增收。因此，在中国，强化地理标志的保护，具有良化安排和根本改造国际秩序下本民族竞争力的意义。这恐怕也就是未来我国地理标志保护立法的基本现实和根本出发点。

因此，基于前面的判准，中国未来地理标志保护的基本架构应当是一种强式意义上的制度安排。中国在地理标志保护上所表现出来的也应当是和欧盟以及许多拥有地理标志强势利益的发展中国家更为相近的姿态；而不是相反，走到以美国为首的代表地理标志弱势利益的国家的立场，采用它们弱式意义上的商标保护范式。

然而，这里值得提到的一个事件就是，1996年，当TRIPs理事会年度报告确认，根据TRIPs第24条第2款进行的审查允许代表们就TRIPs关于地理标志之规定的适用范围进行探讨时，很多国家即充分开始利用这一机会，提出了将协定第23条的适用范围扩大到其他产品上的建议。印度、孟加拉国、古巴、匈牙利、巴基斯坦、斯洛文尼亚、牙买加、肯尼亚等一大批发展中国家也加入了扩大保护的行列。

五、制度构建：我国地理标志专门法进路的实践安排

在确立了我国未来地理标志保护的应然立场应当是一种强式制度安排后，最后需要探讨的一个问题就是：如何在规范的层面上对该种安排加以实践？

在此之前，有必要对我国既有的制度作一番检讨。目前，我国主要有两套制度系统在共同管辖地理标志的运转：一种是商标保护范式，另一种则是地理标志产品的“专门法范式”。如前文所述，商标保护范式由于具有天生保护不足等弱点，因此不应成为我国地理标志保护的理想制度选择。兴许是基于此种考虑，随后我国又构建了另一套表现出与法国等具有强势地理标志利益国家之间有着无限亲缘关系的专门法系统——原产地域产品保护制度（随后演化为地理标志产品保护模式）。但该套制度又因其存在法律位阶较低[①]、规范内容多有瑕疵[②]等缺点而饱

---

① 其不但不能取代商标法，而且因与商标法相抵触而从立法理论上应被加以撤销。

② 比如说，它存在国家行政权对地理标志干预过度、许多重要的机制如撤销权制度、司法审查制度、权利人民事救济等制度尚付诸阙如等方面的缺点。

受学者诟病。同时，我国目前两套制度系统共同运作，地理标志保护出现多头管理甚至相互冲突的现象也比比皆是。当然，在省察中国近年来的知识产权立法过程时，我们可以认为，迄今为止，我国的整个知识产权法律在很大程度上是一个主要由某些技术或工具连接起来的存在诸多冲突或矛盾的法律集合体。立法更多关注的是法律的特定功效而较少关注制度本身赖以为凭的作为其正当性之先决条件的本国理想图景，更多关注的是法律规则的面面俱到和数量而缺失法律发展的应然方向。[①] 地理标志保护相应立法则仅是该方面的典型代表而已。

那么，如何对我国现有的制度加以改造？笔者认为，从一种理想主义的进路来看，我们应当构造和法国以及一些发展中国家如爱沙尼亚等相同的专门立法。只是在作新的法律建设时应注意以下问题：第一，未来主管我国地理标志保护的不应是具体某一个部门，而应当是由多个与地理标志保护有关的部门共同组成的一个价值中立的地理标志国家保护委员会。[②] 第二，针对不同地理标志所需要的技术及相关知识的不同，应当在前述委员会下设多个不同的专业委员会，分别负责不同类别地理标志的审核。第三，应当确认地理标志的私权属性。也就是说，国家并不是地理标志的所有权人，而仅仅是地理标志的注册管理机关，有权申请注册地理标志的当事人应当是生产者、自然人或行业协会。同时，地理标志产品相关行业标准也应由申请者提供。第四，应当强调国家地理标志保护委员会在地理标志使用中的监管权力，包括对地理标志地域范围的划定和争议的裁定、地理标志的强制注册、地理标志产品生产标准的强制推行、对相关违法使用地理标志的行为以及地理标志在国外受侵害时提供救济措施等。第五，应当强调地理标志利益的稳定，即它不能转变为商标的通用名称，地理标志的存续也不受时间限制等。[③] 第六，规定地理标志侵权的判准不以混淆为前提，对地理标志权利人提供民事、刑事和行政三维一体的保护。[④] 只有按照前述构造模式，我们才能真正实现地理标志问题上的国际利益最大化，才能真正促进我国优势知识产权资源的良化安排和民族竞争利益的根本提升。

---

① 邓正来：《中国法学的批判与建构》，载《政法论坛》2006 年第 1 期。

② 张玉敏主编：《中国欧盟知识产权法比较研究》，法律出版社 2005 年版，第 146—179 页。

③ 王笑冰：《法国对地理标志的法律保护》，载《电子知识产权》2006 年第 4 期。

④ BurkhartGoebil. Geographical Indications and Trademarks–The Road From Doha [C]. 964 VOL.93 TMR.

图书在版编目 (CIP) 数据

中国知识产权的理论新建与制度创新 / 黄汇著. —
北京：中国法制出版社，2023.7
ISBN 978-7-5216-3336-8

Ⅰ. ①中…　Ⅱ. ①黄…　Ⅲ. ①知识产权—研究—中国
Ⅳ. ① D923.404

中国国家版本馆 CIP 数据核字（2023）第 035461 号

责任编辑：吕静云　赵律玮　　　　封面设计：李　宁

中国知识产权的理论新建与制度创新
ZHONGGUO ZHISHI CHANQUAN DE LILUN XINJIAN YU ZHIDU CHUANGXIN

著者 / 黄　汇
经销 / 新华书店
印刷 / 三河市紫恒印装有限公司
开本 / 710 毫米 ×1000 毫米　16 开　　　　印张 /15　字数 /261 千
版次 / 2023 年 7 月第 1 版　　　　2023 年 7 月第 1 次印刷

中国法制出版社出版
书号 ISBN 978-7-5216-3336-8　　　　定价：75.00 元

北京市西城区西便门西里甲 16 号西便门办公区
邮政编码：100053　　　　传真：010-63141600
网址：http://www.zgfzs.com　　　　**编辑部电话：010-63141781**
市场营销部电话：010-63141612　　　　**印务部电话：010-63141606**
（如有印装质量问题，请与本社印务部联系。）